LOGO-DESIGN

Die englischsprachige Ausgabe dieses Buches erschien 2010 unter dem Titel „Deconstructing – Logo Design" bei RotoVision, Schweiz.

© RotoVision SA 2010

Aus dem Englischen von der MCS Schabert GmbH, München, unter Mitarbeit von Bea Reiter (Übersetzung).

Bibliografische Information der Deutschen Nationalbibliothek
Die Deutsche Nationalbibliothek verzeichnet diese Publikation in der Deutschen Nationalbibliografie; detaillierte bibliografische Daten sind im Internet über http://dnb.d-nb.de abrufbar.

Alle Rechte der deutschen Ausgabe
© 2011 Stiebner Verlag GmbH, München

Alle Rechte vorbehalten. Wiedergabe, auch auszugsweise, nur mit ausdrücklicher Genehmigung des Verlages.

Printed in China

www.stiebner.com

ISBN-13: 978-3-8307-1399-9

Für Adam.

Love you, bro

Matthew Healey

LOGO-DESIGN

Über 300 internationale Logos in der Analyse

stiebner

INHALT

Inhalt

WAS IST EIN LOGO?	6
HISTORISCHER ÜBERBLICK	8
DEKONSTRUKTION DES LOGOS	10
DER DESIGNPROZESS	12
GLOBAL KONTRA LOKAL	20
DIE ZUKUNFT DES LOGODESIGNS	22
LOGOSTUDIEN	24
LEBENSMITTEL	26
Fallstudie: La Baguette	38
Fallstudie: Santa Margherita Group	40
MODE & EINZELHANDEL	42
Fallstudie: Michelle Fantaci Jewelry	48
GESUNDHEIT & SCHÖNHEIT	50
Fallstudie: IntelliVue Unplugged	56
PRODUKTION & MARKETING	58
Fallstudie: Schindler	74
Fallstudie: Artoil	78
Fallstudie: Acherer	80
IMMOBILIEN & ÖFFENTLICHER RAUM	82
Fallstudie: The Port of Long Beach	88
REISE & TOURISMUS	90
Fallstudie: One&Only Cape Town	96
Fallstudie: Croatian National Tourist Board	98
SPORT	100
Fallstudie: Odsal Sports Village (OSV)	106
MEDIA & ENTERTAINMENT	108
Fallstudie: Stories – Projects in Film	122
Fallstudie: Falco Invernale Records	124
Fallstudie: *The New York Times*	126

INTERNET & TELEKOMMUNIKATION	130
Fallstudie: GotSpot	140
ARCHITEKTUR & DESIGN	142
Fallstudie: Elemental	154
GROSSE UNTERNEHMEN & KONZERNE	156
Fallstudie: Paul Wu & Associates	168
Fallstudie: Agility	170
Fallstudie: Chartis	174
GEMEINNÜTZIGE ORGANISATIONEN & ÖFFENTLICHE HAND	176
Fallstudie: Tenth Church	190
Fallstudie: City of Melbourne	192
UMWELT	194
Fallstudie: North Shore Spirit Trail	200
FOKUS AUF …	202
… die Form	204
… die Farbe	210
… die Schrift	216
… alternative Formate	220
… die Entwicklung einer kompletten Identity	222
… Figuren & Motive	224
… Mixed Media & 3D	226
… Claims	230
… das Überarbeiten eines Logos	232
Verzeichnis der Beiträge	234
Register	237
Danksagung	240

WAS IST EIN LOGO?

Das Wort „Logo" kommt vom griechischen *logos*. Das kann sowohl „Wort" als auch „Gedanke" bedeuten. Daher erscheint es erst einmal paradox, dass „Logo" meist als „Bildzeichen" verstanden wird und sich in der Regel auf eine Marke bezieht. Eine Marke wird jedoch erstens über einen Namen und zweitens über Bilder kommuniziert. Genau genommen fungiert ein Logo somit als Zeichen oder Piktogramm, als ein mehr oder weniger abstraktes visuelles Zeichen, das auf ein Wort verweist.

In der Anfangszeit des modernen Branding wurde ein Markenname häufig in einer charakteristischen Handschrift dargestellt, wie eine Unterschrift. Dieser Ansatz wird auch heute noch verwendet. Bei diesen Wortmarken mussten die Kunden lesen können, um sie zu verstehen, daher war es gängige Praxis, das geschriebene Wort durch ein Piktogramm zu verstärken, um den Erkennungswert zu erhöhen. Auf diese Weise waren auch Produkte ohne markanten Namen leicht wiedererkennbar. Häufig wurden dafür einfache geometrische Formen verwendet.

Ein Dreieck, ein Kreis oder ein Stern ist für sich allein genommen lediglich ein Bildzeichen, in Kombination mit einem Namen wird jedoch mehr daraus. Ein Bildzeichen wird zum Logo, wenn wir es mit einem Markennamen in Verbindung bringen und ihm so eine bestimmte Bedeutung verleihen. Der Prozess, ein Bildzeichen mit einer Bedeutung zu verknüpfen, steht im Mittelpunkt des Branding. Frühe Logos sahen häufig aus wie kleine Illustrationen, die genau das darstellten, was die Marke zu bieten hatte. Auch heute ist die Grenze zwischen einem Logo und einer Illustration mitunter noch fließend.

Lord & Taylor, das berühmte Kaufhaus an der Fifth Avenue in New York, verwendet seit über 150 Jahren verschiedene Varianten des oben abgebildeten Logos. Es sieht einer Unterschrift ähnlich.

Pepsi Cola ist eine weitere amerikanische Marke, deren Anfänge bis in das 19. Jahrhundert zurück reichen. Doch das aktuelle Logo (rechte Seite) sieht völlig anders aus als die oben abgebildete Version, die in den 1890ern verwendet wurde.

Diese Illustration – aus einer der ersten Werbeanzeigen für die Seifenmarke Ivory aus den 1870ern – ist in gewisser Hinsicht ein Logo, da der Name der Marke mit einer visuellen Gedächtnisstütze verknüpft wird.

Was ist ein Logo?

Der Modernismus sorgte dafür, dass Logos einfacher und minimalistischer wurden und manchmal nur noch aus schlichten Initialen oder einem Namen ohne visuelles Element bestanden. Solche Zeichen sind Logos (im Gegensatz zu bloßen Namen in einer bestimmten Schrift), da sie einen eigenen typografischen Stil aufweisen, der die gesamte visuelle Kommunikation der Marke bestimmt. Globale Marketingkampagnen, die Logos im öffentlichen Bewusstsein verankern, sind inzwischen so gängig, dass ein Bildzeichen theoretisch auch ohne ein geschriebenes Wort funktionieren könnte.

In der Praxis verfügen jedoch nur wenige Marken über die enormen Werbebudgets für solche Kampagnen. Daher bleibt die konventionelle Lösung aus Bildzeichen plus Wortzeichen die häufigste Form von Logos. Bestimmte Wahrheiten über die DNA eines Logoentwurfs sind zeitlos; dementsprechend gilt: Ein Logo

- muss Form und Farbe aufweisen,
- enthält in der Regel ein typografisches Element, das den Namen kommuniziert,
- muss für die Verwendung in unterschiedlichen Kontexten in Varianten existieren,
- enthält visuelle Symbole oder Darstellungen, die sowohl universell als auch kulturell spezifisch sein können.

Um sämtliche Elemente eines Logos so zu entwickeln, dass die Marke wie vom Eigentümer gewünscht wahrgenommen wird und ihre strategischen Ziele erfüllt werden, muss ein Logodesigner die Elemente dieser DNA sorgfältig auswählen und zudem die Kombination finden, in der diese möglichst harmonisch zusammenwirken. Genau dabei will dieses Buch helfen.

Der Mikrobloggingservice *Twitter* verwendet auf seiner Website eine Illustration von Simon Oxley, die gar nicht extra dafür angefertigt wurde. Es handelt sich hier auch gar nicht um das Logo von Twitter – und jedermann kann die Illustration gegen Bezahlung der Lizenzgebühr herunterladen und seinerseits verwenden –, doch wird diese Zeichnung von vielen auf Anhieb mit Twitter assoziiert und funktioniert deshalb ähnlich wie ein Logo.

Mit entsprechender Marketingunterstützung wird ein Symbol wie das runde Pepsi-Logo der Arnell Group ein derart vertrauter Anblick, dass er schließlich auch ohne den Markennamen funktioniert.

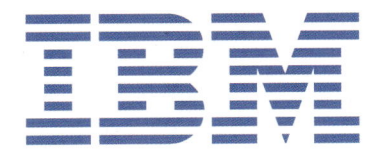

Wohl das beste modernistische Logo ist das zeitlose IBM-Logo. Es besteht aus den funktional gestalteten Initialen des Unternehmens. Das ästhetische Styling stammt von Paul Rand.

Im 19. Jahrhundert wurden Marken durch symbolträchtige Illustrationen und ausgefallene, damals aber gängige Schriften identifiziert. Diese Rolle wurde im 20. Jahrhundert von Logos und verschiedenen, aus diesen Logos entwickelten Elementen übernommen.

HISTORISCHER ÜBERBLICK

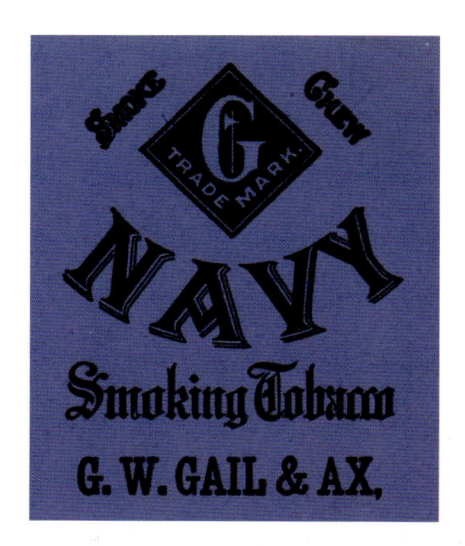

Die ersten Logos – auch Marken, Warenzeichen oder Firmenzeichen genannt – wurden von Hand auf Kisten, Ballen und Flaschen angebracht, damit Händler, Gastwirte, Postkutschenfahrer und Hafenarbeiter wussten, wem der Inhalt gehörte. In einer Zeit, in der es weder Supermärkte noch Werbung gab, waren nicht die Kunden die Zielgruppe des Logos, sondern die Händler und Lieferanten.

Die ersten Markenzeichen wurden auf Holz oder Tuch gebrannt oder gedruckt oder mithilfe von handgefertigten Formen in Keramik oder Glas geprägt. Es versteht sich von selbst, dass diese Prototyplogos ziemlich primitiv aussahen und einfarbig waren.

Mechanische Reproduktion

In der zweiten Hälfte des 19. Jahrhunderts bewirkten die Folgen der industriellen Revolution – wachsende Auswahl für den Verbraucher und Fortschritte in der Drucktechnik –, dass Marken eine visuelle Identity entwickelten, deren Zielgruppen die neu geschaffenen Massenmärkte waren. Viele Marken hatten noch kein Logo, doch die Hersteller erkannten bereits, dass Worte allein nicht mehr ausreichten, um diese neuen Verbraucher zu erreichen. Man benötigte eine visuelle Sprache.

Die Farblithografie ermöglichte die Verwendung von Bildern in Werbung und Verpackung. Logos konnten mechanisch reproduziert und dadurch deutlicher und einheitlicher als bisher dargestellt werden. Sie waren zwar immer noch einfarbig, doch jetzt wurden sie verwendet, um dem Verbraucher den Markennamen mitzuteilen.

Anfang des 20. Jahrhunderts wurde die visuelle Sprache von Marken in der Regel von einer Werbeagentur oder einer entsprechenden Abteilung innerhalb des Unternehmens definiert. Häufig wurde das Design eines Logos grob vom Firmenchef skizziert und anschließend an einen „Gebrauchsgrafiker" weitergegeben, zur Reproduktion für Anzeigen, Verpackung, Beschilderung und Firmenbriefpapier. Viele Logos aus dieser Zeit ähneln eher Illustrationen als den abstrakten Symbolen, die man später bevorzugt einsetzen sollte.

Die ersten Logos mussten per Gesetz durch den Begriff „Trade Mark" gekennzeichnet werden. Im Kürzel „TM" oder ® hat sich diese Praxis bis heute erhalten.

Gebrauchsgrafiker hatten wenig mit der Entwicklung zu tun, sondern konzentrierten sich auf rein mechanische Arbeiten.

Populärkultur

Nach dem Zweiten Weltkrieg legte die von Werbung beherrschte Verbraucherkultur des Westens mehr Wert auf die visuelle Sprache von Marken. Nur langsam setzte sich die Vorstellung durch, dass Logos von professionellen Designern entworfen werden sollten. Die Markenidentitys wurden immer komplexer und spiegelten damit das Ziel von Werbung wider: den Kaufwunsch nach einem bestimmten Produkt zu wecken. Die Attraktivität einer Markenidentity hing zunächst davon ab, wie elegant sie wirkte. Danach kam ein nüchterner Modernismus auf. Dem folgte ein reduzierter Space-Age-Look und der wurde schließlich von einem möglichst plastischen 3D-Effekt abgelöst.

Die Entwicklung des Logodesigns wurde durch technologische und kulturelle Veränderungen bestimmt. Von 1960 bis 1990 hatten der nun wesentlich günstigere Farbdruck, neue Verfahren zur technischen Reproduktion und die aufkommende Popkultur entscheidenden Einfluss auf das Design von Logos. Diese sollten das Käuferinteresse vor allem durch ein ungewöhnliches, interessantes Aussehen wecken.

In den 20 Jahren ab 1990 sorgte der Computer für grundlegende Veränderungen beim Logodesign. Spezialeffekte wie Ebenen, Muster, Tiefenschärfe, Farbverläufe, Schlaglichter und Schlagschatten lassen sich damit schnell und einfach erstellen. Die computergenerierte Ästhetik von Fernsehen und Web sorgte dafür, dass der 3D-Look immer beliebter wurde.

Neue Druckverfahren und die Popkultur waren die Voraussetzung dafür, dass Apple in 1980ern ein sechsfarbiges Logo für Werbung und Briefpapier verwenden konnte.

AEG war zwar nicht das erste Unternehmen mit einem Logo, aber es war das erste, das das Konzept eines Logos erweiterte und für alle unternehmerischen Aktivitäten einheitlich gestaltete.

Das berühmte BMW-Logo ist bis heute im Wesentlichen unverändert geblieben. Allerdings wurde es immer wieder aktualisiert – vor Kurzem durch Interbrand –, um aktuelle grafische Verfahren und veränderte Vorstellungen der Zielgruppe zu berücksichtigen.

DEKONSTRUKTION DES LOGOS

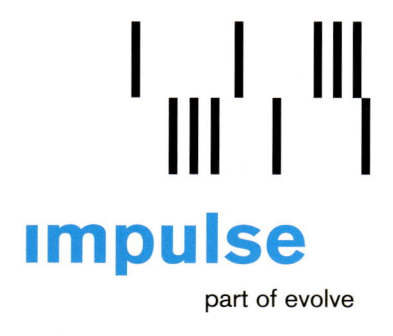

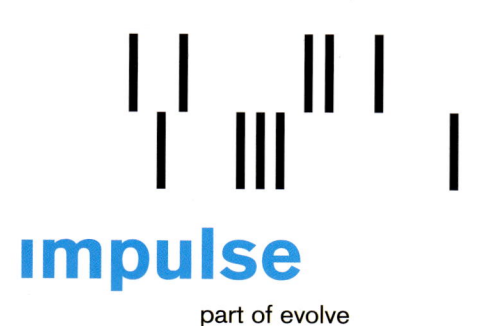

Ende des 20. Jahrhunderts meinte man, für alles ein Logo zu brauchen: Nicht nur Unternehmen, auch Veranstaltungen, Werbekampagnen, gemeinnützige Organisationen, Schulen, Religionsgemeinschaften, Klubs, Partys und sogar Privatpersonen hatten eines. Die naheliegenden Lösungen im Logodesign wurden dermaßen überstrapaziert, dass es von sinnlosen Abstraktionen und visuellen Klischees nur so wimmelte.

In letzter Zeit wurden daher auf der Suche nach Originalität die alten Regeln des Logodesigns ausgetestet und bewusst gebrochen. Die klassischen Regeln aus der Ära von Paul Rand – Einfachheit, Kontrast und Lesbarkeit – werden häufig über Bord geworfen. Bei alternativen Lösungen werden verschiedene Form- oder Farbvarianten eines Logos gleichzeitig verwendet. Das fordert die Vorstellung heraus, ein Logo müsse ein unveränderliches Zeichen sein, und ersetzt sie durch einen visuellen Ausdruck der Markenwerte, der flexibler und variabler ist. Heute wird die DNA des Logodesigns, bildlich gesprochen, häufig in einzelne kleine Stücke zerhackt und auf dem Boden des Ateliers verteilt, wo sie dann darauf wartet, von einem Designer zu einer neuen, aufregenden Sequenz zusammengesetzt zu werden.

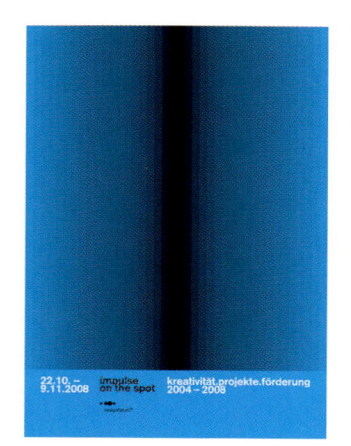

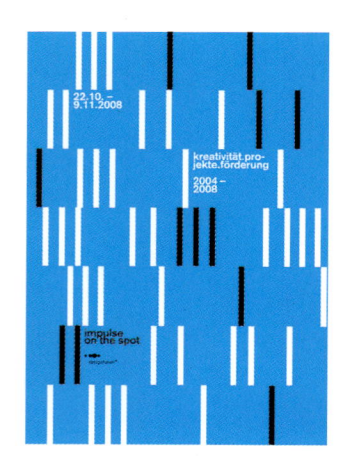

Die Arbeiten des Designers Alexander Egger sind eine Reaktion auf intellektuelle Fragen im aktuellen Logodesign. Im Auftrag von Nonfrontiere Design gestaltete Egger einen Satz austauschbarer Logos für impulse, ein Förderprogramm für die Kreativbranche der österreichischen Bank aws (Austria Wirtschaftsservice). Die schwarzen Balken „wandern": Sie stehen für die Impulse kreativer Ideen, Geistesblitze, die Selektion des kreativen Prozesses und die verschiedenen Elemente einer musikalischen oder grafischen Komposition.

Braucht man ein Logo?

Angesichts einer Flut von Marken und dem Aufkommen nichtvisueller Medien wie Twitter stellt sich die Frage, ob man Logos heute überhaupt noch braucht. Allerdings herrscht zunehmend Einigkeit darüber, dass die visuelle Orientierung unserer Mediengesellschaft nicht geringer wird, sondern noch weiter zunimmt. Eine gute visuelle Markenpositionierung, die mit einem Logo beginnt, scheint heute wichtiger zu sein als je zuvor. Sie hilft dem Kunden dabei, sich inmitten des immer größer werdenden visuellen Wirrwarrs für eine Marke zu entscheiden, erinnert ihn daran, was er an der Marke positiv findet, und bestärkt ihn in der Auswahl der Marke.

In einigen Sonderfällen, wie der hier abgebildeten visuellen Identity für ein Übersetzungsbüro, macht der Kontext der Markenkommunikation ein Logo überflüssig, doch dabei handelt es sich um eine Ausnahme, die wie üblich die Regel bestätigt.

Alexander Eggers Design für das deutsch-italienische Übersetzungsbüro Puhm zeigt, wie man die Markenidee durch einen Briefkopf mit unterschiedlichem Inhalt kommunizieren kann – ganz ohne Logo.

DER DESIGNPROZESS

Gute Logos entstehen nicht durch Zufall. Sie entwickeln sich, langsam und bewusst, und zwar durch eine genaue Untersuchung der Werte, Träume, Versprechen und Marketingziele der Marken, für die sie stehen. Zum Entwurf eines Logos gehört ein bestimmter Prozess, und wenn ein Designer diesen Prozess beherrscht, kann das Ergebnis dadurch besser werden.

Das Konzept

Ein Logo soll das Wesen einer Marke durch ein einfaches visuelles Zeichen vermitteln. Ein gutes Logo funktioniert auf unterschiedlichen Ebenen:

- Auf der untersten Ebene muss ein Logo den Namen der Marke enthalten oder darauf Bezug nehmen,
- auf der nächsten Ebene kann es das Angebot hinter der Marke – das Produkt oder die Dienstleistung – vermitteln, allerdings werden wir noch zeigen, warum dies in der Praxis selten vorkommt,
- auf einer höheren Ebene muss das Logo einer bestimmten Zielgruppe die strategischen Ziele des Unternehmens kommunizieren,
- und schließlich sollte das Logo implizit Werte, Sehnsüchte und Versprechen der Marke vermitteln.

Bei genauerer Betrachtung dieser Ebenen stellt sich allerdings heraus, dass viele Designer es vorziehen, diesen Prozess in umgekehrter Reihenfolge anzugehen.

Die Werte

Viele Markenversprechen lassen sich nur schwer in Begriffe fassen. Durch die geschickte Verwendung von Designkonventionen für Farben, geometrische oder frei fließende Formen, Texturen, Muster etc. – diese können universell oder kulturell spezifisch sein – lässt sich jedoch ein Bezug herstellen; um etwa ein abstraktes Markenkonzept als Logo darzustellen, muss sich ein Designer mit Symbolik, Ikonografie und kulturellen Konventionen auskennen.

Ein Beispiel: Ein Finanzdienstleister will Seriosität und Zuverlässigkeit vermitteln und verwendet daher Dunkelblau – eine Farbe, die die meisten Menschen mit diesen Werten verbinden. Auch Formen können bestimmte Gefühle hervorrufen, speziell wenn ein wenig eingängiges Symbol verwendet wird – etwa ein Gänseblümchen für einen Bauunternehmer –, erhält das Logo einen zusätzlichen Reiz. In einigen Fällen kann die ansprechendste Lösung darin bestehen, verschiedene Varianten eines Logos zu entwickeln, die auf einem gemeinsamen Konzept basieren und jeweils einen Aspekt der Firmenaktivitäten repräsentieren, dabei jedoch ein einheitliches visuelles Element aufweisen, das für die Grundwerte der Marke steht.

Die Identity von Interbrand für das Schweizer Bauunternehmen Implenia basiert auf einem Logo, bei dem es sich um das Foto einer Blüte handelt. Dieses überraschende Moitiv regt zum Nachdenken über die Werte des Unternehmens an.

Die Strategie

Das Logo muss die strategischen Anforderungen der Marke erfüllen, muss die Zielgruppe überzeugen, muss sich vom Wettbewerb abheben, muss zum Kauf anregen. Auch in dieser Beziehung ist die geschickte Auswahl der Designelemente von entscheidender Bedeutung. Ein Logo kann verschiedene Zielgruppen haben, sodass eine einzige Lösung unter Umständen nicht alle Kunden anspricht. Die strategische Richtung für das Logodesign hängt davon ab, welche Ziele und welche Zielgruppen Vorrang haben.

Das Angebot

Häufig wird erwartet, dass ein Logo das darstellt, was das Unternehmen tut. In der Vergangenheit war das auch kein Problem, da Firmen in der Regel nur einen Geschäftszweck hatten. Heute ist das schon schwieriger. Ein Logo kann eine visuelle Metapher sein, die mit einem Strich ausdrückt, was ein Unternehmen macht, aber das ist kein Muss und häufig sogar unmöglich. Die meisten Marken bieten sowieso mehr als nur ein Produkt oder eine Dienstleistung an. Und selbst wenn es möglich wäre, ein Logo zu entwerfen, das nur das Produkt zeigt, geht man damit immer das Risiko ein, die Marke zu allgemein wirken zu lassen.

Der Name

Hat man sich für ein Symbol entschieden, wird es irgendwie mit dem Namen kombiniert – in einer passenden Schriftart. Egal, ob es sich dabei um eine Handschrift oder die Variation einer Standardschrift handelt, Schrift ist mehr als nur Buchstaben: die Art und Weise, in der die Buchstaben dargestellt werden, vermittelt einen bestimmten Charakter und ein Wertesystem. Bauhaus und Bodoni sind so unterschiedlich wie die Beatles und Beethoven. Zur Auswahl der richtigen Schriftart muss ein Designer wissen, wie die verschiedenen Schriften die Wahrnehmung des geschriebenen Namens beeinflussen.

Logodesigns müssen heutzutage mehr Anforderungen erfüllen als früher. Die Markenerfahrung ist erheblich komplexer und differenzierter geworden. Daher muss ein Logo auch die entsprechenden Werte heute subtiler ausdrücken. Eine vollständige Markenidentity kann auch Geräusche, Gerüche und taktile Elemente beinhalten. Das Logo bezieht sich heute nicht nur auf eine Marke, sondern ist, um es in den Worten des Markengurus Jörg Zintzmeyer zu sagen, der Projektor und gleichzeitig die Leinwand, auf der wir die Bilder sehen. Das Logo muss der Inhalt sein.

Bei der Entwicklung des Konzepts wurden die verschiedenen Varianten digital in Fotos eingefügt, die den Kontext für das Logo zeigen. So konnte man Sichtbarkeit und Wirkung des künftigen Logos besser beurteilen.

Der Designprozess

Der Designprozess

Das Briefing

Die Idee der Marke, die strategischen Ziele, der Kontext, in dem das Logo verwendet werden soll – das sind die wichtigsten Faktoren, von denen ein Logodesign beeinflusst wird. Designer und Kunde interpretieren diese Faktoren jedoch nicht immer gleich. Sie sollten sich von Anfang an auf ein schriftlich fixiertes Designbriefing einigen, das festlegt, was mit dem Logo erreicht werden soll, was es vermitteln soll und was es enthalten bzw. nicht enthalten soll. Nur so haben beide Seiten eine genaue Vorstellung davon, welche Erwartungen, Bezugspunkte und Kriterien für den Design- und Freigabeprozess des vorgeschlagenen Konzepts gelten sollen.

Der amerikanische Experte für Designmanagement Peter Phillips hat den Prozess erforscht, mit dem ein gutes Designbriefing erstellt wird. Seine Theorien und praktischen Empfehlungen werden weltweit von Unternehmen umgesetzt. Wird das Designbriefing richtig erstellt, ist Phillips zufolge die größte Herausforderung bereits gelöst, noch bevor der Designer überhaupt einen Handgriff gemacht hat.

Es gibt keine allgemeingültige Formel für ein erfolgreiches Designbriefing. Es könnte vorgeben „Das Logo soll heiter wirken", ohne anzugeben, wie das zu bewerkstelligen ist, oder festlegen „Das Logo soll orange sein" und einen Grund dafür nennen – orange, weil diese Farbe allgemein als heiter gilt oder weil Kunden diese Farbe bereits mit der Marke assoziieren. Ein eindeutig formuliertes Designbriefing gibt einem Designer Parameter vor. Im besten Fall ist ein Designbriefing auch Ansporn und Inspiration.

Ein Designer muss dem Kunden vermitteln können, welche Bedeutung die Designelemente der vorgeschlagenen Lösung haben. Wenn schriftlich festgehalten wurde, wie die DNA eines Logos funktionieren soll, um die Marke zu repräsentieren, ist das nicht nur bei der Entwicklung des Logos eine große Hilfe, sondern auch bei der Präsentation des fertigen Logos vor dem Kunden und anderen Beteiligten.

Designentwicklung

Obwohl heute praktisch alle Grafikdesigner am Computer arbeiten, sind viele der Meinung, dass ein Stift erst einmal die beste Möglichkeit ist, um Worte und abstrakte Gedanken in Symbole, Bildzeichen, Gesten und Buchstaben zu verwandeln. Wenn Ideen auf dem Papier Gestalt annehmen, ergeben sich neue Möglichkeiten, sie miteinander zu kombinieren. In dieser Phase können die Ideen für ein Logo – die Designklischees – am besten beurteilt und auch schnell wieder verworfen werden. Sie dient aber auch dazu, die Fantasie zu bändigen, und manchmal stellt man fest, dass eine Idee, die so einfach wie genial erschien, in zwei Dimensionen gar nicht funktioniert.

Es sollte jetzt aber auch angenehme Überraschungen geben, etwa dass sich zwei oder mehr Elemente mühelos zusammenfügen und etwas Neues sichtbar wird. Es können interessante Parallelen entstehen, Symbole und Buchstaben spielen miteinander und verkörpern plötzlich die Essenz der Marke. Wenn sich ein Designer beim Zeichnen verliert, wenn er sich auf die Form konzentriert, den Kontakt zur Gegenwart verliert und eins wird mit den Ideen um ihn herum, dann ist das der beste Teil des Jobs.

Implenia hebt sich mit seinem Logo stark von seinen Wettbewerbern ab, die ein eher unspektakuläres Design verwenden.

Nachdem man sich darauf geeinigt hatte, ein Gänseblümchen als Logo von Implenia zu verwenden, erarbeiteten die Designer von Interbrand die Darstellungsweise in Bleistiftskizzen. Das Logo musste ästhetisch perfekt sein und eindeutig mit der Marke in Verbindung gebracht werden – es durfte also nicht als zufälliges Bild einer Blüte wahrgenommen werden.

Während des Entwicklungsprozesses werden Skizzen der Konzepte und Varianten von allen beurteilt, die am Ergebnis beteiligt sind.

Konventionen, Klischees und Originalität

Eine der größten Herausforderungen für Logodesigner und ihre Kunden besteht darin, etwas Originales zu entwickeln, gleichzeitig aber in den Grenzen der Konvention zu bleiben, damit das Ergebnis funktionell und verständlich ist. Das ist das Paradoxe am Design – man muss sich im Rahmen bestimmter Konventionen bewegen, damit die Symbolik funktioniert, möchte aber auch die Grenzen des Alltäglichen sprengen und etwas Neues erfinden. Mitunter ist das frustrierend und führt dazu, dass Entwürfe entstehen, die etwas nachahmen oder völlig sinnfrei sind.

„Ich will so etwas wie den Swoosh von Nike", sagt der Kunde, aber natürlich gibt es bis auf ein Logo, das aussieht wie eine Kopie des Swoosh, nichts, mit dem man diese Forderung erfüllen könnte. Manchmal sagt der Kunde auch: „Ich will etwas völlig Neues", aber dann gefällt ihm das Ergebnis nicht, weil er so etwas noch nie gesehen hat und es nicht einordnen kann.

Um solche Situationen zu vermeiden, arbeiten Designer mit verschiedenen Strategien. Zuerst machen sie sich mit dem vertraut, was es gibt, um Designklischees zu vermeiden und überstrapazierte Konzepte zu vermeiden. Die Lektüre der zahlreichen Logobücher, die jedes Jahr erscheinen, die Teilnahme an Designforen und -blogs im Internet und die Mitgliedschaft in Berufsverbänden sind Möglichkeiten, um Ideen für Problemlösungen zu sammeln und herauszufinden, wie andere Designer mit einer schwierigen Aufgabenstellung umgegangen sind.

Man sollte auch so viel wie möglich über die Bedeutung der verschiedenen Elemente in einem Logodesign lernen. Wenn ein Designer in der Lage ist, Fragen wie „Worauf beziehen sich diese Kurven?", „Was assoziiert man mit dieser Schriftart?" oder „Was bedeuten diese Farben in anderen Ländern?" zu beantworten, kann er etablierte Konventionen zu seinem Vorteil nutzen, anstatt sich von ihnen einengen zu lassen.

Falls möglich, sollten Konventionen, die ein Kunde unbedingt verwenden bzw. vermeiden möchte, im Briefing festgehalten werden. Wenn die Logoskizzen an der Wand hängen, werden sie anhand des schriftlichen Briefings beurteilt. Können sie die Markenidee vermitteln? Erfüllen sie die strategischen Erwartungen? Je besser das Briefing ist, desto einfacher und genauer können die Entwürfe beurteilt werden.

Präsentation vor dem Kunden

Wenn ein Designer mehrere Dutzend Ideen für ein neues Logo entwickelt hat, ist die Versuchung groß, dem Kunden alle vorzustellen. In der Regel ist das aber ein Fehler, denn Kunden haben meistens nicht die Qualifikation, um komplexe Designentscheidungen zu treffen, und suchen daher nur selten die beste Lösung aus. Wenn die Aufgabenstellung des Briefings erfüllt wurde, ist klar, warum das ausgewählte Design das beste aller möglichen Designs ist. Bei der Präsentation vor dem Kunden sollten die Logoentwürfe am besten mitten auf einem leeren Blatt Papier oder in einer Art kontextabhängigen Attrappe auf einer Verpackung, einem Foto oder einer Printanzeige platziert werden.

Die Ausführung

Konnte man sich auf ein Konzept für das Logodesign einigen, dann wird es Zeit, das Logo detaillierter darzustellen. Jetzt beginnt die Arbeit am Computer. Die Bleistiftskizzen werden entweder gescannt und nachgezeichnet oder noch einmal neu gezeichnet. Man kann zwar ein einfaches Zeichenprogramm verwenden, aber die meisten professionellen Designer arbeiten mit Vektorgrafiken, da die Dateien dann um einiges vielseitiger sind.

Die Ausführung muss perfekt sein. Das ist deshalb so wichtig, weil die Zielgruppe die Qualität unterbewusst wahrnimmt. Ein schlecht gezeichnetes, mit einer Standardschrift versehenes Logo lässt eine Marke amateurhaft wirken und setzt implizit ihr Angebot herab.

Kontext

Da ein Logo für einen Briefkopf anders aussehen muss als eines, das an der Seite eines Flugzeugrumpfes verwendet wird, bedeutet eine perfekte Ausführung auch, den Kontext zu berücksichtigen, in dem das Logo zu sehen ist: Werbeträger und Verfahren zur Reproduktion des Logos, seine Größe und ob das Logo seine Umgebung dominiert oder Teil eines Ganzen ist, wie das z. B. bei einer Unter- oder Empfehlungsmarke der Fall ist. Von einem Logo gibt es häufig zwei oder mehr Varianten: ein detailliert ausgearbeitetes für Großformate und eine leicht vereinfachte Version, die in kleinen Formaten verwendet wird.

Logodesign hing schon immer von dem Kontext ab, in dem es erscheint, und dieser Kontext ist heute erheblich komplexer als früher. Früher ging es lediglich es um Printanzeigen, Verpackung, Beschilderung, Briefpapier und vielleicht noch um das Schlussbild einer Fernsehwerbung. Heute muss ein Designer all das und zusätzlich noch das Internet, Internetvideos in verschiedenen Auflösungen, mobile Displays, die Ausführung in exotischen Materialien, großformatige Außenwerbung und eine ganze Menge anderer Situationen berücksichtigen, in denen die Eigentümer der Marke unter Umständen nur wenig Kontrolle über Details der Präsentation haben. Der immer mehr von Spezialeffekten bestimmte Kontext wird nicht nur zunehmend digitaler, sondern ist auch noch äußerst kurzlebig.

Wahrnehmung

Früher hing die Wiedergabe eines Logos davon ab, dass man ein paar einfache Regeln befolgte: kontrastreich, schlicht, lesbar, einfach und einprägsam, und in Schwarz-Weiß musste es auch funktionieren. Heute brechen Logodesigner diese Regeln – ständig. Designs, die früher als chaotisch, unleserlich unhandlich oder hässlich abgelehnt worden wären, werden heute von Kunden beklatscht und vom Verbraucher angenommen. In einer Medienökologie, die Innovation verlangt und Logos in einem Kontext platziert, müssen diese mehr können, als nur an ein Markenbild oder eine Markenerfahrung zu erinnern. Heute kaufen die Verbraucher mit dem Produkt auch das Logo.

Ein Logo muss mit den wechselnden Erwartungen einer anspruchsvollen Zielgruppe Schritt halten können. Die Logos von Autoherstellern hatten in den 1990ern häufig die Form einer „Blase", um den Chrom auf den Emblemen der Autos nachzuahmen. So wirkten die Logos „realer" und taktiler und vermittelten den Genuss, mit diesem Auto zu fahren, besser. Als sich die Kunden an diesen Effekt gewöhnt und gelernt hatten, Logos so zu lesen, mussten die anderen Autohersteller wohl oder übel nachziehen.

Wenn ein Logodesign angenommen wurde und in allen für die Produktion benötigten Formaten vorliegt, gehen viele davon aus, dass die Arbeit damit zu Ende ist. Das war aber nur der Anfang. Das Logo ist der Ausgangspunkt einer kompletten Identity. Diese entwickelt sich ständig weiter, und ein neuer Kontext verlangt weitere Variationen des Formats. Darüber hinaus brauchen alle, die mit dem Logo arbeiten, Richtlinien dafür, wie sie das Logo in ihrem spezifischen Kontext am besten verwenden.

Bei der feintypografischen Optimierung der Endfassung des Implenia-Logos mussten die Digitalbilder akribisch bearbeitet werden. Interbrand entwickelte auch Vorgaben dafür, wie das Gänseblümchenlogo in Kombination mit typografischen Elementen in verschiedenen Kontexten zu verwenden ist. Für Kontexte, die nicht die Möglichkeit der Verwendung von Farbe bieten, wurden auch Schwarz-Weiß-Versionen erarbeitet.

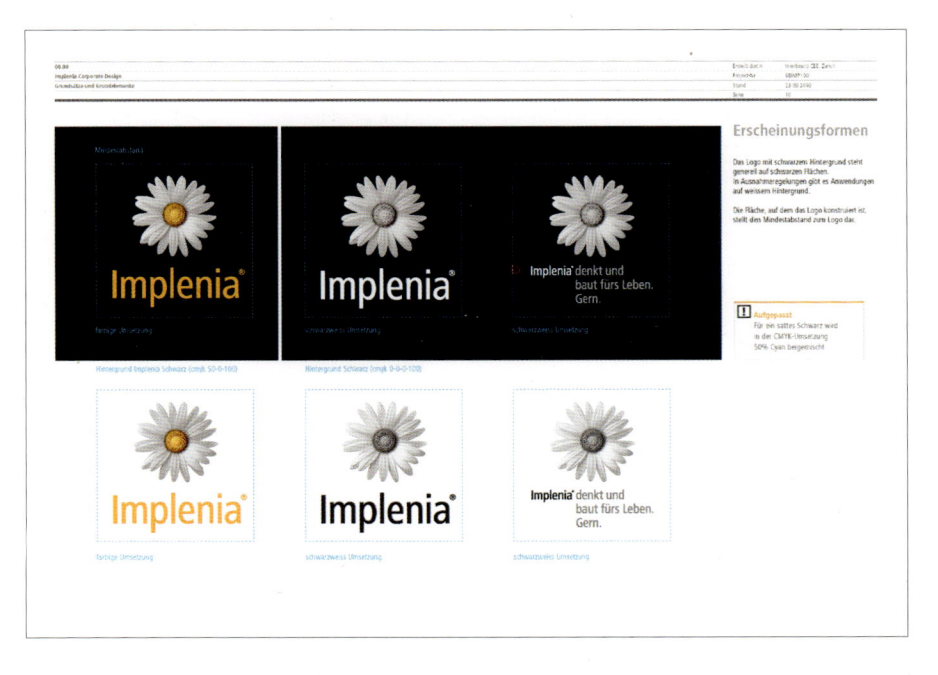

Der Designprozess

Sensibilität

Zuverlässigkeit

Kunde	Implenia
Markeninfo	Größtes Bauunternehmen der Schweiz
Agentur	Interbrand
Chefcreative-director	Jörg Zintzmeyer
Designdirector	Gion-Men Krügel-Hanna
Designer	Clair-Jean Engelman und Designer von Interbrand Zürich, Köln und Moskau
Schriftart	Linotype Frutiger Next Condensed
Farben	Gelb (PMS 1235) und Schwarz
Designkonzept	Ziel war es, eine Bildmarke zu entwickeln, die die Werte des Unternehmens verkörpert: umsichtiges und sensibles Vorgehen bei Planung und Bau, Umweltbewusstsein und Lösungen, die über das Naheliegende hinausgehen.

Der Designprozess

Ein Logo funktioniert nicht isoliert: Es muss Typografie, Farbpalette und Stil der Markenidentity ergänzen, um Werte, Charakter und Versprechen der Marke in visuellen Begriffen vermitteln zu können. Doch das Logo steht nach wie vor im Zentrum des Systems und wird auch häufig genutzt, um in Sekundenschnelle die volle Wirkung der Marke zu vermitteln.

GLOBAL KONTRA LOKAL

In den 1980ern verwendete Pepsi in der UdSSR, wo die Marke damals eine Monopolstellung hatte, eine kyrillische Version seines Logos. Nach dem Zusammenbruch der Sowjetunion war das lokale Image im Wettbewerb mit dem „westlichen" Konkurrenzunternehmen Coca-Cola aber ein Nachteil. Die kulturelle Wahrnehmung von Logos verändert sich ständig und ist häufig das Ergebnis von Faktoren, die sich nur schwer vorhersehen lassen.

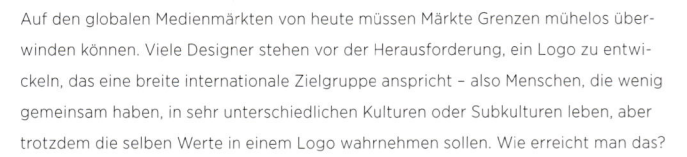

Nach dem Firmenzusammenschluss führten die Speiseeismarken Wall und Algida ein einheitliches Markensymbol ein. Die ursprünglichen Markennamen wurden jedoch beibehalten.

Auf den globalen Medienmärkten von heute müssen Märkte Grenzen mühelos überwinden können. Viele Designer stehen vor der Herausforderung, ein Logo zu entwickeln, das eine breite internationale Zielgruppe anspricht – also Menschen, die wenig gemeinsam haben, in sehr unterschiedlichen Kulturen oder Subkulturen leben, aber trotzdem die selben Werte in einem Logo wahrnehmen sollen. Wie erreicht man das?

Ein zentraler Faktor bei der „Globalisierung" einer Marke ist die Übersetzung von Namen. Man muss sicherstellen, dass sie sich von Sprechern anderer Sprachen einfach aussprechen lassen, dass sie nichts Unanständiges bedeuten, dass es nicht bereits ein Unternehmen im Land gibt, das diesen Namen schon benutzt, und dass die entsprechende URL in allen Ländern noch verfügbar ist. Die Lösung dieser Probleme kann viel Zeit und eine Menge Ressourcen in Anspruch nehmen.

Die visuellen Aspekte einer Markenidentity können genauso schwierig sein. Die konventionelle Bedeutung von Grundformen kann je nach Land unterschiedlich sein, Farben können andere Assoziationen auslösen, ja selbst Schriftarten können bei Menschen verschiedener Länder verschiedene Gefühle hervorrufen. Ein Designer muss all diese Punkte berücksichtigen, wenn er seine Entwürfe für die weltweite Verwendung „übersetzt".

Natürlich kann man selbst von weltgewandten und vielgereisten Designern nicht erwarten, dass sie sämtliche Konnotationen kennen, die ein Design in verschiedenen Ländern haben kann. Der globale Markt ist ungeheuer vielfältig, und die öffentliche Wahrnehmung verändert sich kontinuierlich. Eine Designlösung, die in einem Land noch vor einem Jahrzehnt völlig unmöglich gewesen wäre, ist heute vielleicht zulässig, umgekehrt kann dies genauso der Fall sein. Um solchen Fallstricken zu entgehen, ist ein Partner vor Ort unerlässlich.

Global kontra lokal

Bei globalen Marken stellt sich oft heraus, dass eine einzige Variante eines Logos nicht überall und in allen Anwendungen funktioniert. Vielleicht muss ein anderer Name in das Design integriert werden, oder es gehört eine bestimmte Form oder Farbkombination einem Wettbewerber, oder es muss ein altes Bild beibehalten werden, um das Gleichgewicht der Marke aufrechtzuerhalten, und manchmal muss eine Markenidentity angepasst werden, um unterschiedliche Zielgruppen zu berücksichtigen.

In diesen und anderen Fällen gibt es gute Gründe dafür, mit verschiedenen Varianten eines Logos zu arbeiten. Je nach Anforderung kann ein Logo leicht modifiziert oder auch komplett geändert werden. Ein lokales Logo kann durch ein globales Markensymbol oder eine Empfehlungsmarke verstärkt werden. Ein globales Logo kann durch lokale Partnermarken unterstützt werden.

Egal, ob es bei den Änderungen um einzelne Buchstaben, Form, Farbe oder auch eine Kombination dieser Elemente geht, bei der Ausführung gilt stets der gleiche Grundsatz wie für das Original: Sie muss handwerklich perfekt sein, und die vom Logo verkörperten Werte, Ideale und Versprechen der Marke müssen auf allen Märkten vermittelt werden – unabhängig von den strategischen Gründen, die zu einer lokalen Anpassung geführt haben.

Erwartung

Nostalgie

Kunde	Central Wisconsin State Fair
Markeninfo	Landwirtschaftsmesse mit Tierausstellung, Warenverkauf, Imbissbuden und Unterhaltungsangeboten
Agentur	Erik Borreson Design
Designer	Erik Borreson
Typografie	Mickey Rossi/subflux.com
Schriftart	Ballpark Wiener
Farben	Dunkelrot (PMS 200) und Schwarz
Designkonzept	Die Zielgruppe der Veranstaltung ist lokal begrenzt. Daher werden Elemente, die sich auf den Veranstaltungsort beziehen (z. B. die Farbgebung und der Baustil der Scheune) sofort erkannt. Aufgabe war es, ein Logo zu entwickeln, das alle Altersgruppen anspricht – Personen, die die Landwirtschaftsmesse zum ersten Mal besuchten, aber auch Stammgäste. Das mit einer Illustration versehene Logo kann für Werbung verwendet und auf Merchandisingartikeln angebracht werden. Logos für rein lokale Marken werden in der Regel nicht grenzübergreifend verwendet. Daher ist ein figurativer, ja sogar illustrativer Designansatz möglich, ohne die Ikonografie eventuell für eine andere Zielgruppe „übersetzen" zu müssen.

DIE ZUKUNFT DES LOGODESIGNS

Die Idee eines Logos und die Konventionen im Logodesign haben sich im Laufe von zwei Jahrhunderten entwickelt, doch die Regeln im Logodesign ändern sich immer noch. Junge Designer gehen an die Grenzen, und traditionelle Regeln (die von berühmten Grafikdesignern wie Paul Rand aufgestellt und jahrzehntelang bei der Ausbildung gelehrt wurden) gelten nicht mehr automatisch.

Trends wie der 3D-Look sind heute allgegenwärtig, da Globalisierung und Multikulturalismus manche Stile und Einflüsse schnell populär werden lassen. Manchmal hat man den Eindruck, dass beim Logodesign nur noch der Reiz des Neuen gilt und die Markenwerte plötzlich Nebensache sind. In welche Richtung entwickelt sich Logodesign? Branding muss nachhaltig sein. Seine Komponenten sollten „zukunftssicher" sein (um es mit einer Formulierung von Landor Associates zu sagen). Ein gutes Logo muss wechselnde Moden überstehen und in der Lage sein, die Vorstellungen und Werte der Marke auch langfristig zu vermitteln. Das gelingt einem Designer nur, wenn er versteht, wie die Design-DNA des Logos funktioniert.

Bestimmte inhärente Elemente wie Form und Farbe sind für jedes Bild- oder Wortzeichen grundlegend, und die meisten Logos werden auch in Zukunft einen Namen enthalten. Wir werden jedoch mehr und mehr Mashups sehen: aus technischen und organischen Formen, natürlichen und künstlichen Farben, handgeschriebenen und mechanischen Schriften, Retrolook und futuristischen Stilen. Logos werden fließender werden, sie werden ihr Aussehen verändern oder spontan die Buchstaben wechseln. Man sollte diese Entwicklung nicht als Symptom für Chaos und Verfall sehen, sondern als Zeichen für Vitalität, Anpassungsfähigkeit und den Schlüssel zum Überleben von Marken.

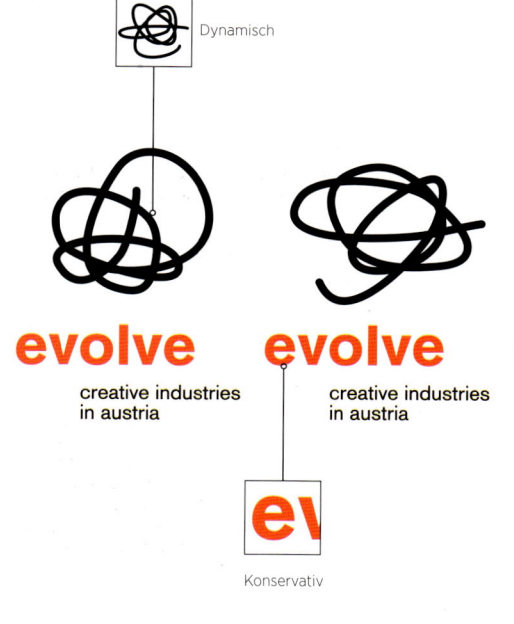

Kunde	Evolve/bmwa
Markeninfo	Bundesministerium, das die Entwicklung von Design- und Kreativunternehmen in Österreich fördert
Designer	Alexander Egger für Nofrontiere Design
Schriftart	Akzidenz Grotesk
Farbe	Rot (PMS Warmred)
Designkonzept	Obwohl das Logo wegen des wahllos geänderten Gekritzels bei der Wiederholung auf den ersten Blick ausgesprochen postmodern wirkt, ist es in anderer Hinsicht sehr traditionell. Die Position des Symbols über dem Schriftzug sowie die österreichischen Nationalfarben bilden ein seriöses Gegengewicht zur kreativen Anarchie und vermitteln, dass die Flexibilität des Programms auf wirtschaftlicher Stabilität beruht.

Die Zukunft des Logodesigns

Da Unternehmen immer höhere Anforderungen an ein Logo stellen und häufig verlangen, dass es die Aufgabe einer kompletten Markenidentity erfüllt, muss es in der Lage sein, Markenwerte und strategische Ziele auszudrücken.

In Zeiten einer Hochkonjunktur darf eine Markenidentity auch ruhig einmal extravagant sein. Viele Unternehmen produzieren für ihre Marken aufwendig gestaltetes Werbematerial als Eyecatcher. Doch in einer Rezession müssen Unternehmen sparen, und das macht sich auch beim Markenmaterial bemerkbar. Alles was ausgefallen und übertrieben wirkt, wird als überflüssig angesehen. Jedes Element der Markenidentity muss mehr und besser arbeiten. Das Logo trifft es zumeist am härtesten. Daher muss man ein Logo haben, das die Marke möglichst genau und in ihrer Gesamtheit ausdrücken kann.

Man kann wohl davon ausgehen, dass Logodesign auch in Zukunft von technologischen und kulturellen Änderungen bestimmt werden wird. Für viele neue Marken gilt, je unkonventioneller das Logodesign, desto besser. Einige Logos sprengen die Grenzen der Lesbarkeit, was ihren besonderen Reiz ausmacht, andere sind mit voller Absicht langweilig und minimalistisch – sie sollen von unerwünschtem kulturellen Ballast frei sein; und bei wieder anderen verschwimmen die früher präzise definierten Grenzen zwischen Logo und Illustration.

Dieses Buch enthält zahllose Beispiele und Fallstudien, die erklären, warum die verschiedenen Elemente eines Logos ausgewählt wurden und wie sie zusammenspielen, um die Marke zu kommunizieren. Und die detaillierte Analyse dieser Elemente erklärt, wie die Design-DNA des Logos aussieht.

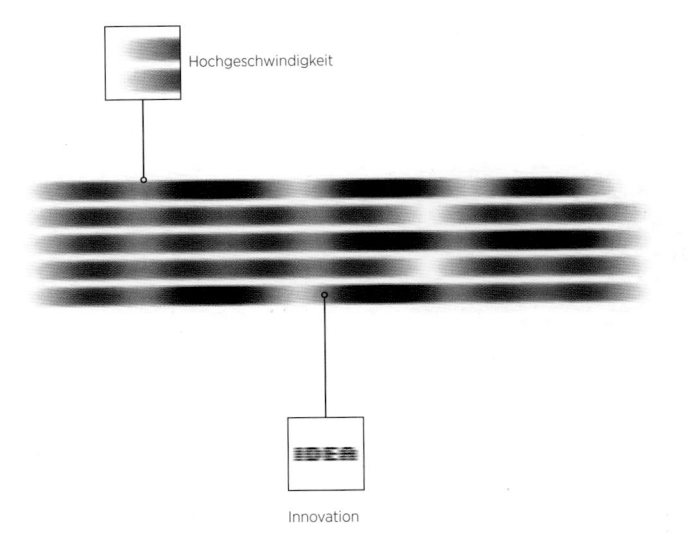

Hochgeschwindigkeit

Innovation

Kunde	IDEA
Markeninfo	Showroom des japanischen Unternehmens ATMJ mit neuer ATM-Technologie
Agentur	Interbrand
Creativedirector	Hideto Matsuo
Designer	Koichi Fujimura
Schriftart	Maßgeschneidert, inklusive animierter Unschärfe
Farben	Schwarz und Weiß
Designkonzept	Dieses Logo mit Buchstaben aus Punkten, die an Datenbits oder eine Kathodenstrahlröhre erinnern, verschwimmt zu einer fast nicht differenzierbaren Masse. Das steht für die Geschwindigkeit einer Datenübertragung und ist eine Metapher für die in unserem Leben allgegenwärtige ATM-Technologie.

LOGOSTUDIEN

ACHERER
MILLER & GREEN
UMW
THE BAR
ABA
360° MALL
TON MOBEL
EUROFEED
PROJECT COMPASS
Walmart
LOUD
ASYAD
DOCK
VANQUISH
LUXURY DRINKS SPECIALIST
sochi.ru 2014

Lebensmittel

Ein Logo für Lebensmittelmarken oder Restaurants muss uns auf einer ganz elementaren Ebene ansprechen und mit warmen Farben und einladenden Formen arbeiten. Gesund und biologisch sind die erwünschten Eigenschaften – kalt und mechanisch dagegen sicher nicht. Wie die Beispiele zeigen, stehen einem Logodesigner dennoch viele Möglichkeiten offen, um etwas Leckeres „zuzubereiten".

Modern

Herkunftsort, klassisch

Kunde	The Olive Family
Markeninfo	Marke für griechisches Olivenöl, die ins Ausland expandieren und andere Olivenbaumprodukte vertreiben möchte.
Agentur	Kanella
Designer	Kanella Arapoglou
Schriftarten	Royalscript und Bodoni
Farben	Grüntöne (Prozessfarben)
Designkonzept	Basis für das Logo sind eine stilisierte Sonne und Ackerland. Das verweist auf die Herkunft der Produkte aus dem Mittelmeerraum. Die unkonventionelle Anordnung des Textes vermittelt in Kombination mit dem Bildzeichen sowohl klassische Werte (hohe Qualität des Öls) als auch einen frischen, modernen Ansatz. Beim Spitzenprodukt Bio-Olivenöl ist das Logo auf Goldfolie geprägt, um die Besonderheit zu betonen.

Anspruchsvoll, marktbeherrschend

VANQUISH
LUXURY DRINKS SPECIALIST

Kunde	Vanquish
Markeninfo	Großhändler für Premiumweine, Champagner und Spirituosen
Agentur	Inaria
Creative-director	Andrew Thomas
Designer	Andrew Thomas, Naomi Mace und Andy Bain
Schriftart	Maßgeschneidert
Farben	Schwarz und Gold (API-Folie: Hazy Gold 4026m)
Designkonzept	Der Markenname steht für Überlegenheit und eine führende Stellung, dafür steht die Königskrone. Die Kombination dieses Symbols mit den charakteristischen Kohlensäurebläschen im Champagner ergibt ein unverwechselbares Bildzeichen, das diese Großhandelsmarke am oberen Ende des Marktes ansiedelt und sowohl den Firmennamen als auch die Branche mit einem Augenzwinkern verstärkt.

Charmant

VITICOLTORI SIN DAL 1927
LUISA

Großzügig

Kunde	Luisa
Markeninfo	Weingut und Weinvertrieb in Corona, Italien, in Familienbesitz; der Betrieb war vor über 80 Jahren von Francesco Luisa und seinen Söhnen gegründet worden.
Agentur	Minale Tattersfield Design Strategy Group
Designer	Marcello Minale, Ian Delaney und Valeria Murabito
Illustrator	Chris Mitchell
Schriftart	Trajan
Farben	Schwarz und Weiß, auf einigen Etiketten in Kombination mit Metallicfarben
Designkonzept	Das Weingut Luisa ist ein typisches Beispiel für diese Art familiengeführter Unternehmen in Italien. Es zeichnet sich durch Engagement, harte Arbeit und strenge Standards der Eigentümer aus. Das Designteam wusste, dass sich die Persönlichkeit der Marke am besten durch den Verweis auf die Familie ausdrücken ließ, denn diese fungiert als Empfehlung und gibt dem Käufer das Versprechen persönlicher Integrität. Die visuelle Spielerei mit dem Ortsnamen (er bedeutet übersetzt „Krone") und die Verwendung einer eleganten, leicht extrovertierten Typografie schafft einen unverwechselbaren Markencharakter. Der langgezogene Schweif des L steht für die Weinberge in den Hügeln und für die Flüssigkeit des Weines.

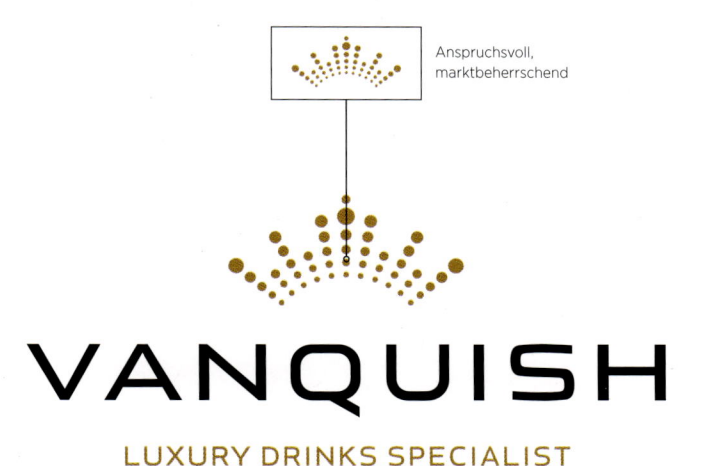

Lebensmittel

Lebensmittel

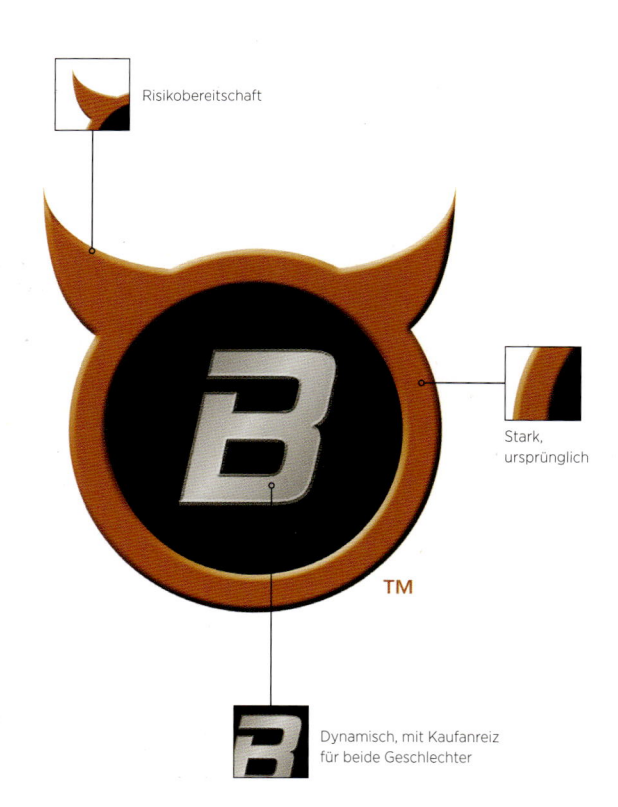

Klarheit, Einfachheit, Ehrlichkeit

Kunde	Tapio
Markeninfo	Neuer, unabhängiger Produzent von alkoholhaltigen Premiummixgetränken. Der Newcomer auf einem hart umkämpften Markt hatte gute Ideen, musste sich aber zuerst Vertrauen beim Verbraucher verschaffen. Die Marke kam 2007 auf den Markt und war zunächst nur beim Luxuskaufhaus Selfridges erhältlich. Inzwischen wurde die Produktpalette erweitert, und die Marke gewinnt immer mehr Anhänger.
Agentur	Transfer Studio
Artdirectors/ Designer	Valeria Hedman und Falko Grentrup
Schriftart	Maßgeschneidert
Farben	Rot (PMS 186) und Burgunderrot (PMS 1807)
Designkonzept	Das schlichte Etikett suggeriert Produktreinheit und übt auch in den stark gefüllten Regalen des Einzelhandels einen starken Kaufanreiz aus. Das abstrakte Blattmuster suggeriert ein natürliches Produkt. Die einfache Farbpalette kann für neue Produkte und Geschmacksrichtungen beliebig erweitert werden.

Risikobereitschaft

Stark, ursprünglich

Dynamisch, mit Kaufanreiz für beide Geschlechter

Kunde	Bad Breed Energydrink
Markeninfo	Alternativer Energydrink von Innovative Beverage Concepts, der für den aktiven, stilbewussten Verbraucher entwickelt wurde. Für das Getränk werden nur natürliche Aromastoffe und komplexe Kohlenhydrate statt Zucker verwendet. Es enthält außerdem brasilianische Guaraná und Matetee, ergänzt durch Elektrolyte.
Agentur	Mary Hutchison Design
Designer	Mary Chin Hutchison
Schriftart	Handgezeichnetes B, basierend auf der Hermi Head 246
Farben	Silber (PMS 800), Orange (PMS 159) und Schwarz
Designkonzept	Das Logo sollte einen Bezug zum Namen haben – daher der Buchstabe B – und ein einfaches Bildzeichen sein, das sich auch für Marketingmaterial wie Aufkleber und Merchandisingartikel wie Kleidung verwenden ließ. Die meisten Energydrinks auf dem Markt haben ein maskulines, sportliches Image. Dieses Logo sollte die Dynamik der Marke betonen und so stylish und elegant wirken, dass es sowohl Männer als auch Frauen anspricht.

Lebensmittel

Eigenwillig, hebt sich von den Wettbewerbern ab

Kunde	Cocoa Deli
Markeninfo	Kinnertion Confectionery wollte eine Schokoladensorte für Erwachsene auf den Markt bringen, die chic, aber auch eigenwillig sein sollte.
Agentur	R Design
Artdirector	Dave Richmond
Designer	Iain Dobson
Schriftart	Maßgeschneidert, Basis war ein Kreis
Farbe	Schokoladenbraun (PMS 497) und Vanille (PMS 9180)
Designkonzept	Da der Markt für Luxusschokolade in der Regel seriös und zugeknöpft wirkt, wurde ein anderer Ansatz verfolgt. Der Designer wollte suggerieren, dass man mit Schokolade Spaß haben kann. Die Ausführung musste schlicht und präzise sein, um das Image einer Luxusmarke zu vermitteln. Mit den Kreisen nebeneinander, die an einen Cartoon mit weit aufgerissenen Kinderaugen oder offene Münder erinnern, kam eine spielerische Note dazu.

Hohe Qualität

Kunde	Lobkowicz Bier
Markeninfo	Brauerei in der Tschechischen Republik mit 400 Jahren Tradition, die nach dem Ende des Kommunismus an die adlige Familie Lobkowicz zurückgegeben wurde.
Agentur	Anderson Creative
Designer	William Anderson
Schriftart	Handgezeichnet
Farben	Rot, Gold, Braun und Schwarz
Designkonzept	Das Briefing gab vor, die Verpackung moderner zu gestalten und ein Logo zu entwickeln, das typischer für Bier sein und für mehr Kaufanreiz im Einzelhandel sorgen sollte. Um die historische Verbindung zur Familie Lobkowicz beizubehalten, wurde eine Frakturschrift verwendet und das Familienwappen in das Logo aufgenommen. Das Gerstenbündel im Logo weist darauf hin, dass die Besitzerfamilie die Gerste für ihr Bier selbst anbaut und mälzt.

Tradition

29

Lebensmittel

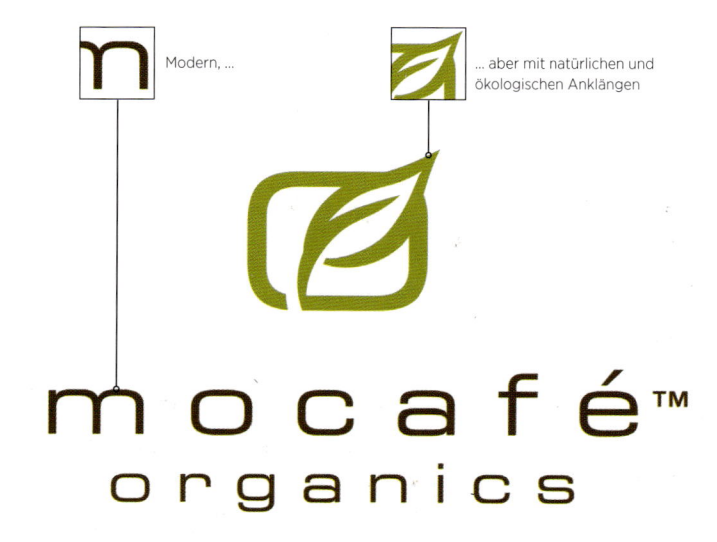

m — Modern, …

🍃 — … aber mit natürlichen und ökologischen Anklängen

mocafé™ organics

Kunde	Mocafé Organics
Markeninfo	Premiumsortiment mit Frappémischungen aus natürlichen Inhaltsstoffen von Innovative Beverage Concepts, das von Baristas in professionellen Cafés genutzt werden soll.
Agentur	Mary Hutchison Design
Designer	Mary Chin Hutchison
Schriftart	Eurostile Extended Two
Farben	Braun (PMS 4975) und Grün (PMS 383)
Designkonzept	Die Grundidee für dieses Logo war ein Blatt an einer künstlichen Struktur. Das Ergebnis steht für ein Gleichgewicht zwischen dem Organischen und dem Technischen. Der Kunde wollte eine Marke entwickeln, die sich visuell von anderen Getränken aus natürlichen Inhaltsstoffen unterscheidet und Qualitäten wie Reinheit, Einfachheit und Natürlichkeit vermittelt, ohne dabei nach „Müsli" auszusehen.

A — Zeitgemäß

ARTISAN
ASHBOURNE
BAKED BY HAND
ENGLAND
BISCUITS

ENGLAND — Individualistisch

Kunde	Artisan Biscuits
Markeninfo	Hersteller von Premiumkeksen, die nach alten Rezepten und mit qualitativ hochwertigen Zutaten von Hand hergestellt werden. Die Marke wird zwar weltweit vertrieben, die Produkte werden jedoch alle in einer Bäckerei im englischen Derbyshire produziert.
Agentur	Irving & Co.
Designer	Julian Roberts
Typograf	Rob Clarke
Schriftart	Maßgeschneidert, auf der Basis der Gotham
Farbe	Braun (PMS 7503)
Designkonzept	Grundlage für das Logo war eine Manufakturmarke, wie sie von Handwerkern auf Möbeln und anderen handgefertigten Artikeln verwendet wird. „Der Schriftzug sollte zeitgemäß, schlicht und zeitlos aussehen", so Julian Roberts. Die schlichte, aber elegante Anordnung der modernen Schrift vermittelt die handwerkliche Herstellung der Marke, ohne dabei auf klischeehafte Zeichen oder typografische Tricks zurückzugreifen – und das macht das Logo einfach zeitlos.

Lebensmittel

Kunde	Duchy Originals (Peter Windett & Associates)
Markeninfo	Premiumnahrungsmittel aus biologischem Anbau, das in Großbritannien hergestellt wird.
Agentur	Irving & Co.
Artdirector	Peter Windett
Designer	Julian Roberts
Typograf	Rob Clarke
Schriftart	Maßgeschneidert, inspiriert durch Kalligrafie
Farbe	Schwarz (Produktion in verschiedenen Farben)
Designkonzept	Das alte Logo von Duchy Originals war veraltet und wirkte überladen. Der Kunde wollte die traditionellen Elemente wie das Wappen oder die Krone beibehalten und gab Designer und Typografen den Auftrag, alles zu modernisieren. Sie überarbeiteten das Logo und den Namen so, dass die wesentlichen Merkmale und die Hinweise auf den aus der englischen Königsfamilie stammenden Besitzer erhalten blieben, aber um einiges moderner wirken.

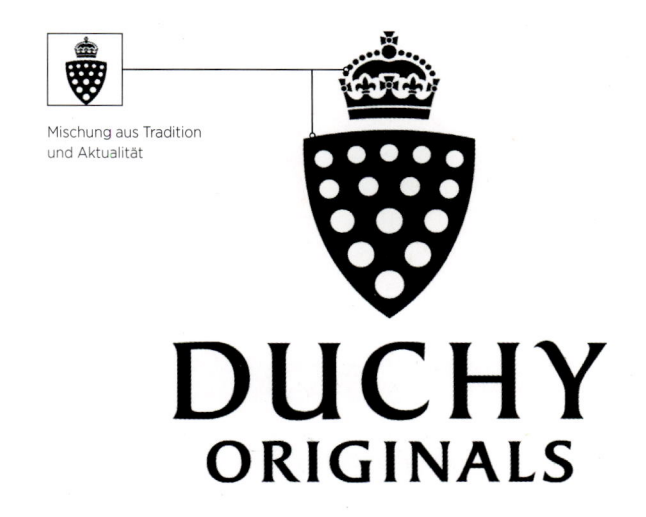

Mischung aus Tradition und Aktualität

Kunde	Fresh Productions
Markeninfo	Großhändler für abgepackte Salate und fertig geschnittenes Gemüse, der große Supermärkte im Stadtgebiet Kuwaits beliefert.
Agentur	Paragon Marketing Communications
Artdirector	Konstantin Assenov
Schriftarten	Englisch: Frutiger; Arabisch: Maßgeschneidert, auf der Basis der Frutiger
Farben	Grün (PMS DS 290-1) und Orange (PMS DS 36-1)
Designkonzept	Die Produkte werden an gesundheitsbewusste Verbraucher verkauft. Der Kunde strebte einen Stil an, der durch europäische und japanische Werbung und Verpackung inspiriert ist. Ein schlichter, schnörkelloser Stil sollte nicht nur die Markenwerte Frische und gesundes Essen verstärken, sondern auch dafür sorgen, dass sich die abgepackten Lebensmittel in den Regalen von der Konkurrenz abheben. Bei den schlichten Formen und Umrissen machte der Designer Anleihen bei modernen Verpackungen des Westens und Japans. Die kräftigen, kontrastreichen Farben vermitteln sofort den Eindruck von Frische. In der Illustration aus Blättern und Obst ist der verkürzte Firmenname FP zu erkennen.

Frisch

Einfach

31

Lebensmittel

Urban, trendy, dennoch handwerklich

Kunde	Deek Duke
Markeninfo	Ein libanesisches Restaurant suchte eine Identity, die die libanesische Kultur widerspiegelte und die Werte Urbanität, hohe Anspruchshaltung und Jugendlichkeit vermittelt.
Agentur	Fitch
Artdirector	Steve Burden
Designer	Jimmy Kmeid
Schriftart	Maßgeschneidert
Farben	Rot (PMS 185) und Gelb (PMS 1235)
Designkonzept	Die Form des Buchstabens D ist in der arabischen und in der lateinischen Schreibweise fast gleich. Daher lag es nahe, das D zum zentralen Element des Logos zu machen. Die einfache, blockhaft wirkende Schrift greift den jungen, anspruchsvollen Stil der Gäste auf, die das Restaurant gerne zu seinen Kunden zählen möchte.

Handgemalt ...

Kunde	O'Asian Kitchen
Markeninfo	Restaurant der gehobenen Klasse mit moderner asiatischer Küche in Seattle, USA
Agentur	Mary Hutchison Design
Designer	Mary Chin Hutchison
Schriftart	Gotham Book
Farben	Metallic-Rot (PMS 8883) und Silber (PMS 877)
Designkonzept	Das rote Schriftzeichen im Logo wurde als abstrakte Referenz an eine Reisschale mit Essstäbchen entwickelt und kombiniert traditionelle asiatische Kalligrafie mit modernen westlichen Buchstaben. Das grobe Aussehen des O soll bei der Zielgruppe auch Assoziationen an die Form von Dim-Sum-Speisen wecken, die von Hand geformt werden.

... in Kombination mit moderner Schrift

Lebensmittel

Kunde	Rumors
Markeninfo	Restaurant und Steak-House in Kuwait; Zielgruppe hippe junge Menschen
Agentur	Paragon Marketing Communications
Artdirector	Mohammed Alasfahani
Schriftart	University Roman DTC
Farbe	Schwarz
Designkonzept	Die Identity des Restaurants musste zum Namen passen und vermitteln, dass es sich dabei um einen Ort handelt, an dem die Gäste frei reden, Klatsch verbreiten und sich mit Freunden und Familie unterhalten können. Die Schriftart wurde wegen der damit verbundenen Assoziationen und dem besonders runden Buchstaben O gewählt, der Platz für die ineinandergreifenden Gesichter bot und auf diese Weise illustriert, wie sich Gerüchte verbreiten.

Freundlich, spielerisch

Fröhlich, sonnig

Kunde	Okotie's
Markeninfo	Cateringservice in Manchester, Großbritannien, der sich auf afrikanische und karibische Küche spezialisiert hat und gesundes, authentisches Essen liefert.
Agentur	Imagine CGA
Designer	David Caunce
Schriftart	Maßgeschneidert
Farben	Rot- und Orangetöne (Prozessfarben auf der Basis von PMS 145, PMS 120, PMS 137 und PMS 193)
Desigkonzept	Eine stilisierte Sonne schafft die stärksten Assoziationen zur Marke und weist den Kunden auf die Herkunft des Essens hin. Der schlichte, locker wirkende Schriftzug ist eine Referenz an die entspannte, unkonventionelle Atmosphäre, die man in Afrika und der Karibik vermutet, und dient außerdem der Positionierung der Marke am Markt.

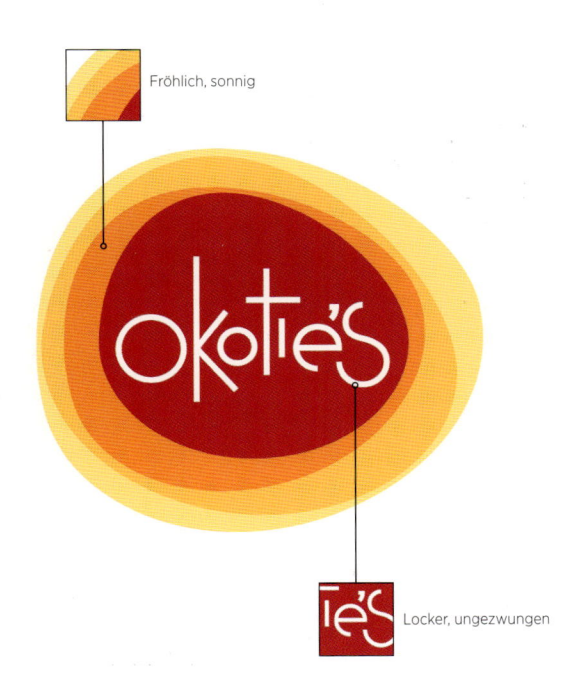

Locker, ungezwungen

Lebensmittel

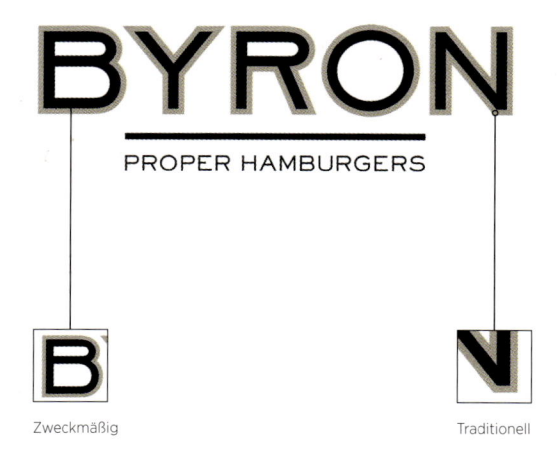

Zart

Extravagant

Kunde	Fiona Cairns
Markeninfo	Englischer Hersteller von handgefertigten und dekorierten Torten für alle Gelegenheiten
Agentur	Irving & Co.
Artdirector/Designer	Julian Roberts
Typograf	Peter Horridge
Schriftarten	Modern (überarbeitet), Claim in Gotham
Farben	Magenta (PMS 190) und helles Beige (PMS 7499)
Designkonzept	Die Aufgabenstellung war klar: Der Kunde wollte ein Logo haben, mit dem man Feste, Eleganz und etwas typisch Englisches assoziiert. Die Persönlichkeit von Fiona Cairns und die Kupferstiche von George Bickham dienten als Inspiration. Die zarten Schnörkel sind so elegant und unverwechselbar wie das Produkt, für das sie stehen. Der inverse Schriftzug in einem dicken rosafarbenen Punkt verleiht ihm eine festliche Ausgelassenheit, die den Charakter der Marke hervorragend vermittelt.

Zweckmäßig

Traditionell

Kunde	Byron Proper Hamburgers
Markeninfo	Eine kleine Kette von Premium-Hamburger-Restaurants, die ihre Zutaten von lokalen Produzenten und Lieferanten bezieht.
Agentur	Irving & Co.
Artdirector	Julian Roberts
Designer	Caroline Mee und Milos Covic
Schriftart	Maßgeschneidert, inspiriert von Kaffeehausschildern aus den 1950ern
Farben	Gold (PMS 7530) und Schwarz
Designkonzept	Auf dem Markt für Hamburgerrestaurants tummeln sich viele „Gourmet"-Restaurants, obwohl der Begriff im Grunde genommen bedeutungslos ist. Irving entwickelte sowohl den Namen als auch das Logo für das bodenständige Start-up-Unternehmen, das gar keine „Gourmet"-Marke sein will. Als Inspiration für die visuelle Lösung diente das sachliche Design von traditionellen Londoner Cafés und Metzgereien. Der Name Byron und die schlichte Form des Logos unterstützen die Markenwerte Ehrlichkeit und Integrität sowie das Bestreben der Kette, „echte Hamburger" zu servieren.

Lebensmittel

Kunde	LaBouchee
Markeninfo	Start-up in Abu Dhabi, das sich auf Torten spezialisiert hat.
Agentur	Natoof Design
Artdirector	Mariam bin Natoof
Schriftarten	Englisch: Freebooter Script; Arabisch: maßgeschneidert, basierend auf dem englischen L
Farben	Braun (PMS 464) und Gelb (PMS 130)
Designkonzept	Das französische „La Bouchee" bedeutet „Bissen" oder „Mundvoll". Das Design kombinierte die Elemente der Marke – Bissen, Torte und Namen – zu einem harmonischen Ganzen. Das Bild steht für die hohe Qualität, die der Kunde wünscht. Farbe und Form sollen appetitanregend wirken. Weil es für das Arabische nicht so viele digitale Schriften wie fürs Englische gibt, wurden nach Auswahl und Bearbeitung des englischen Fonts die arabischen Buchstaben von Hand gezeichnet. Details wie Schnörkel und Strichstärke wurden bearbeitet, damit sie zusammenpassen. (Firmenlogos müssen in den Emiraten per Gesetz beide Sprachen enthalten.) Das Logo ist so flexibel, dass es für verschiedenste Zwecke verwendet werden kann.

Wohlschmeckend

Filigran

Kunde	Balaboosta Delicatessen
Markeninfo	Traditioneller New-York-Style Deli in Portland, Oregon, USA
Agentur	Jeff Fisher LogoMotives
Designer	Jeff Fisher
Schriftarten	Serific und Baskerville
Farben	Braun (PMS 470), Rot (PMS 166) und Blassgelb (PMS 120, 10 %)
Designkonzept	Zuerst wollte der Kunde, ein bekannter Koch, der bereits zwei andere erfolgreiche Restaurants in Portland besitzt, das Bild einer Kellnerin im Retrostil in das Logo aufnehmen. In der Endfassung besteht das Logo aus einem einfachen, ovalen Design, das bereits für die Identity der beiden anderen Restaurants verwendet wurde. Als Inspiration für Design und Farbpalette diente der Fliesenboden des historischen Gebäudes, in dem der Deli untergebracht ist. Die serifenbetonte Schrift verkörpert das Durchsetzungsvermögen, das im Allgemeinen mit New York assoziiert wird, während die leichtere, traditionelle Serifenschrift für Qualität und guten Geschmack steht.

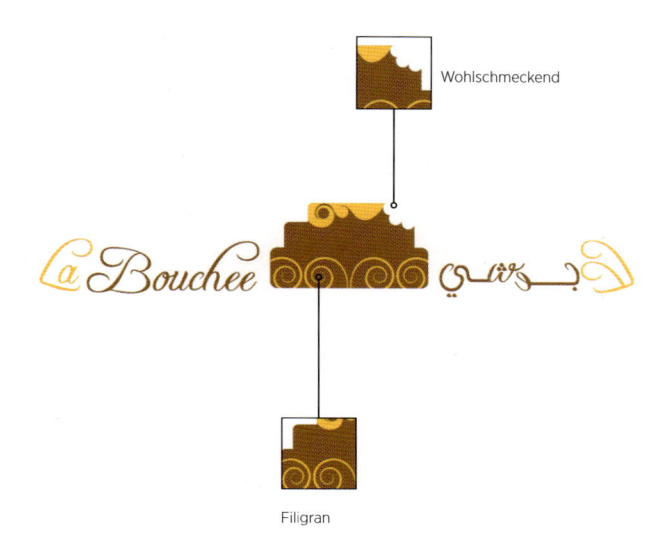

Altmodisch, geschmackvoll

Lebensmittel

Tradition, mexikanische Kultur

Kunde	One Amigo
Markeninfo	Die Firma exportiert mexikanische Produkte nach Neuseeland, und brauchte dafür ein Logo mit Bezug auf Mexiko, Tequila und Pesos.
Agentur	Frank & Proper
Designer	Brett King
Schriftarten	Maßgeschneiderte Frakturschrift, mit Belwe Medium
Farben	Gelb (PMS 1235) und Rot (PMS 200)
Designkonzept	Das Logo erinnert sowohl an eine Münze als auch an den Schraubverschluss einer Tequilaflasche. In den Buchstaben A wurde die Zahl 1 eingefügt, um ein unverwechselbares Bildzeichen zu schaffen. Die visuellen Assoziationen verstärken den Namen, um die Marke so einprägsam wie möglich zu machen.

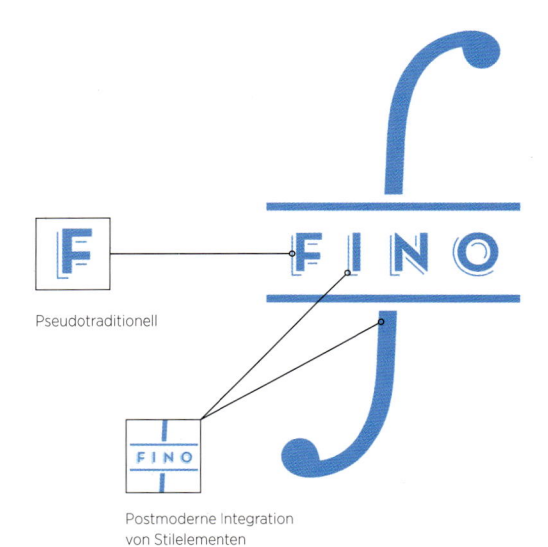

Pseudotraditionell

Postmoderne Integration von Stilelementen

Kunde	Fino
Markeninfo	Importeur von europäischen Lebensmitteln in die USA
Agentur	MINE
Designer	Christopher Simmons und Tim Belonax
Schriftarten	Maßgeschneidert, mit Neutra
Farbe	Blau (PMS 2995)
Designkonzept	Die Marke ist neu, daher konnte auch die Identity völlig neu entwickelt werden. Die Business-to-Business-Marke brauchte einen eleganten Look. Als Inspiration dienten alte europäische Verpackungslogos aus der ersten Hälfte des 20. Jahrhunderts. Die Designer kombinierten klassische und moderne Elemente so, dass ein elegantes, stimmiges Logo in einem sehr zeitgemäßen Hellblau entstand.

Lebensmittel

Kunde	Innovative Beverage Concepts, Inc.
Markeninfo	Das Unternehmen entwickelt neue Getränke, vor allem für Kaffeebars.
Agentur	Mary Hutchison Design
Designer	Mary Chin Hutchison
Schriftart	[keine]
Farbe	Rot
Designkonzept	Das Logo dieser hinter den Kulissen tätigen Firma musste die bereits im Namen genannten Werte vermitteln: Innovation, Getränke und moderne Konzepte. Die beiden Kreise suggerieren auf den ersten Blick viel, was mit Getränken zusammenhängt – Luftblasen, Ringe, Dosen und Tassen –, sollen aber auch Gedankenblasen anklingen lassen. Das minimalistische Aussehen steht für das sachliche Vorgehen der Firma bei der Entwicklung neuer Produkte und ist zudem ein starkes visuelles Symbol.

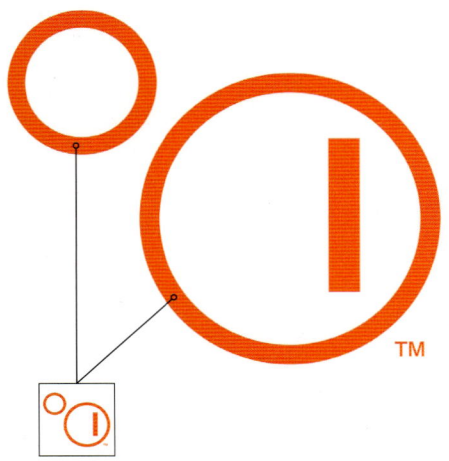

Stark, schlicht, mit Bezug auf Getränke

Kunde	Quick Chek
Markeninfo	Kette mit über 100 kleinen Lebensmittelläden in New York und New Jersey in Familienbesitz, die 1966 als Erweiterung der Molkerei Durling Farms gegründet wurde.
Agentur	Lippincott
Designer	Peter Chun, Aline Kim und Kevin Hammond
Schriftart	Frutiger (überarbeitet)
Farben	Dunkelgrün (PMS 348) und Hellgrün (PMS 376)
Designkonzept	Die Firmenleitung von Quick Chek wollte sich vom Wettbewerb absetzen, indem sie die Marke als Anbieter von „frischen Lebensmitteln" repositionierte, ein Attribut, das man normalerweise nicht mit kleinen Lebensmittelläden in Verbindung bringt. Aus dem Anfangsbuchstaben Q wurde ein Kreis, das Symbol für Vollkommenheit. Außerdem enthält das Logo ein dunkelgrünes Blatt, das sowohl für Frische als auch für ein qualitativ hochwertiges Angebot steht.

Frisch

Praktisch

LA BAGUETTE
Flexible Formate erfüllen die unterschiedlichen Anforderungen einer Bäckereikette

Markeninfo Nach einem Besitzerwechsel sollte die Kette aus mehreren Bäckereien in Kuwait ein komplettes Rebranding erhalten, um die Modernisierung des Unternehmens und das erweiterte Warenangebot deutlich zu machen.

Agentur Paragon Marketing Communications

Artdirector Louai Alasfahani

Schriftarten Englisch: Myriad Bold; Arabisch: maßgeschneidert auf Basis der Myriad Bold

Farben Blau (PMS 291), Orange (PMS 144) und Grau (PMS Cool Grey 8)

Designkonzept Die neuen Eigentümer wollten eine frische Identity, die die positiven Änderungen der Kette auf den ersten Blick vermittelte. Obwohl La Baguette den seit über 20 Jahren existierenden Namen beibehielt, musste es seine Identity überarbeiten, um modern zu wirken und die Investitionen in modernste Anlagen deutlich zu machen.

Paragon schlug die Begriffe Qualität, Ernte und Natur vor, um das Markenversprechen an den Kunden zu formulieren. Dies führte dann zur Wahl einer Weizenähre als Sinnbild für Natur und Gesundheit, die von symmetrisch aufgebauten Formen in hellen Komplementärfarben umgeben ist und durch den Namenszug in serifenlosen arabischen und englischen Fonts weiter verstärkt wird. Die Symmetrie des Bildes ist ein wichtiger Bestandteil des visuellen Eindrucks und vermittelt, dass die Kunden in jeder der über ein Dutzend Filialen im Großraum Kuwait gleich hohe Qualität erwarten können.

Im Kontext des lokalen Marktes ließ sich die daraus resultierende Identity problemlos auf Beschilderung, Verpackung, Werbung und Lieferwagen anwenden, sodass die Markenpositionierung deutlich zu vermitteln war. Die Elemente können ohne Schwierigkeit neu angeordnet werden, sodass etwa an der Ladenfront, wo das vertikale Logo nicht genügend Wirkung entfalten würde, eine lange horizontale Version verwendet werden kann. Untergeordnete grafische Elemente des Logos, wie die Farbfelder in Blau und Orange, werden in leicht abgeänderter Form etwa auf Einkaufstüten verwendet. Die Luxusvariante für die Verpackung hochwertiger Schokolade besteht aus der einfarbigen Version Weiß-auf-Gold.

Das Logo wird in zwei Varianten verwendet: Eine vertikale Version mit dem Bildzeichen über dem Namen und eine horizontale Version, bei der die Namen in einem langen Streifen links und rechts vom Bildzeichen platziert sind. Bei dieser Variante ist von Vorteil, dass der zweisprachige Name symmetrisch verwendet werden kann.

Auf der Beschilderung der Ladengeschäfte dominieren die zwei Namen das Logo, während beim vertikalen Format für Verpackungs- und Umhüllungsmaterial sowie für Werbung das Bildzeichen dominiert.

Zeitgenössisch für
den Nahen Osten

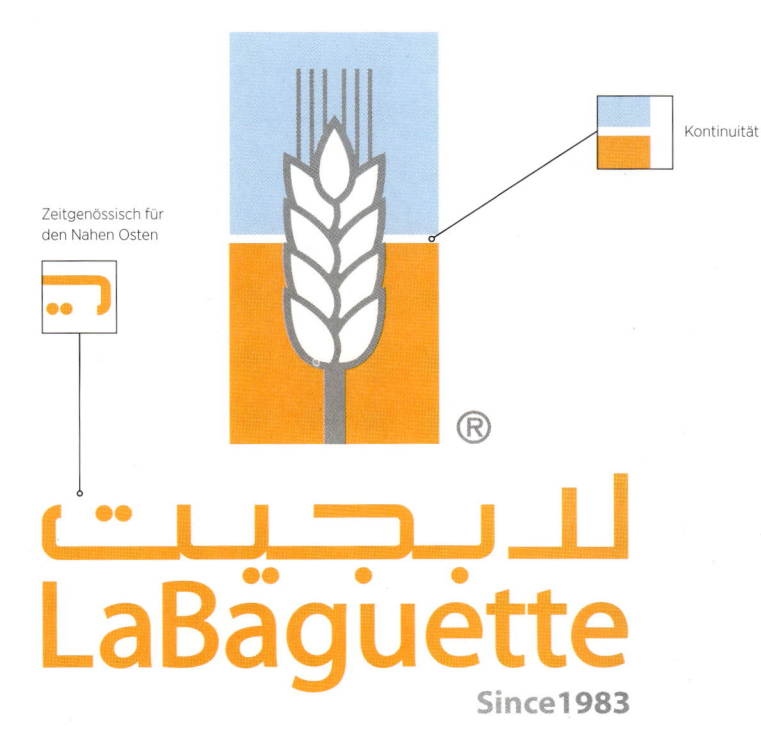

Kontinuität

LaBaguette
Since 1983

Für das Verpackungsmaterial von Luxusprodukten wird eine einfarbige Version des Logos invers auf goldfarbenes Papier gedruckt. Das Logo für die Beschilderung der Ladengeschäfte ist so konstruiert und beleuchtet, dass es sowohl tagsüber als auch nachts problemlos zu erkennen ist.

Lebensmittel: Fallstudie

39

SANTA MARGHERITA GROUP
Auf Weinetiketten muss ein Logo die schwierige Aufgabe erfüllen, sowohl Symbol als auch Illustration zu sein.

Markeninfo Einige italienische Weingüter in Familienbesitz wollten das Image ihrer Weine modernisieren und deren Präsenz in den Regalen verbessern, gleichzeitig aber auch den Wiederkennungswert früherer Weinetiketten beibehalten und weiter nutzen sowie deren Designkonventionen berücksichtigen.

Agentur Minale Tattersfield Design Strategy Group

Designer Marcello Minale, Ian Delaney und Valeria Murabito

Illustratoren Chris Mitchell und Andrew Davidson

Schriftarten Santa Margherita: maßgeschneidert; Torresella: Jupiter, Sassoregale: Mason

Farben Santa Margherita: Burgunderrot (PMS 188), Torresella: Goldfolien, Sassoregale: Goldfolien

Designkonzept Die Weine von Torresella werden im östlichen Veneto produziert, einer in weiten Teilen noch sehr ursprünglichen Region im Nordosten Italiens. Die Produktpalette erreichte ihr Potenzial nicht, was zum Teil daran lag, dass sie über zu wenig Regalpräsenz verfügte. Als Teil eines neuen Flaschenetiketts entwarf Minale Tattersfield ein neues Logo mit einer Weinranke in Form eines T vor einem Hintergrund aus stilisierten, für die Region typischen Pflanzen und Tieren. Das Etikett vermittelt den Eindruck von frischen, zugänglichen Weinen in einer unberührten Umgebung – Harmonie mit der Natur. Außerdem wurde die Marke um Prosecco erweitert.

Die Weine von Sassoregale stammen aus der Maremma, einer dünn besiedelten Gegend der Toskana, die sich ihre Wildheit teilweise noch bewahrt hat. Die alten Etiketten konnten weder die regionalen Wurzeln der Weine noch die Werte der Marke vermitteln. Die aktuellen Etiketten zeigen eine neue Identity mit dem Kopf eines Ebers, die Herkunft und Tradition der Weine berücksichtigt. Der Rest des Etiketts wird vom Familienwappen ausgefüllt, das bereits vorher verwendet wurde und daher von Kunden wiedererkannt wird. Die Herausforderung bei der Flagshipmarke bestand darin, die lange Geschichte des Weinguts zu berücksichtigen, gleichzeitig aber seinen modernen Ansatz bei der Weinherstellung deutlich zu machen. Die Designer mussten daher eine starke neue Markenidentity schaffen, die bekannte Elemente nutzte und gängige Designkonventionen berücksichtigte, um die Kunden nicht zu überfordern. Das neue Logo zeigt die Villa der Familie Marzotto in Gold (auf fast allen Etiketten geprägt), was die jahrhundertelangen Verbindungen der Familie zu dieser Region verdeutlichen und gleichzeitig für mehr Präsenz in den Regalen sorgen soll.

Weinetiketten sind häufig sehr kreative und auffallende Entwürfe. Marken, die ein traditionelles Image pflegen und bei ihren Flaschenetiketten klassische Konventionen berücksichtigen, konkurrieren jedoch im Kampf um die Aufmerksamkeit der Kunden mit den radikaleren und mitunter recht schrillen Designs weniger traditioneller Marken. Daher erscheint eine geschickte Kombination von konservativem Design mit modernen Elementen wie Goldfolie und dezentem Unterdruck erforderlich.

Traditionell

Die T-förmige Weinranke ist detailliert genug, um als Illustration zu dienen, aber auch so schlicht, dass sie als Bildzeichen in verschiedenen Farbkombinationen funktioniert.

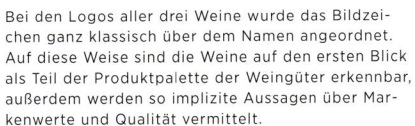

Bei den Logos aller drei Weine wurde das Bildzeichen ganz klassisch über dem Namen angeordnet. Auf diese Weise sind die Weine auf den ersten Blick als Teil der Produktpalette der Weingüter erkennbar, außerdem werden so implizite Aussagen über Markenwerte und Qualität vermittelt.

Lebensmittel: Fallstudie

41

MODE & EINZELHANDEL

Die Modebranche beschäftigt sich per Definition mit aktuellen Designtrends, daher könnte man auf den Gedanken kommen, dass sich die Vorstellung davon, wie ein gutes Modelogo auszusehen hat, von Jahr zu Jahr ändert. Die Beispiele hier zeigen aber, dass Persönlichkeit und visuelle Identity einer Modemarke langfristig modern und aktuell wirken können, wenn sie kontinuierlichen Wandel als Markenwert sehen.

Elegant und klar

Kunde	Miriam Haskell
Markeninfo	New Yorker Schmuckdesignerin aus dem frühen 20. Jahrhundert, deren Produkte heute noch angeboten werden.
Agentur	Think Studio, NYC
Designer	John Clifford und Herb Thornby
Schriftart	Peignot (modifiziert)
Farben	Grün (PMS 382) und Metallic-Bronze (PMS 8600)
Designkonzept	Das Aussehen der 80 Jahre alten Marke sollte aktualisiert werden, ohne jedoch den Bezug zur langen Firmengeschichte zu verlieren. Bis dahin hatte das Unternehmen zwei Logos benutzt: eine schwer leserliche Unterschrift und eine aus Großbuchstaben bestehende Serifenschrift, die visuell wenig ansprechend war. Die Designer beschäftigten sich mit der Typografie der 1920er-Jahre, der Zeit, in der Miriam Haskell ihr erstes Geschäft in Manhattan eröffnet hatte. Das Schmuckdesign ist überladen und aufwendig, daher wurde als Kontrast ein schlichter, klarer Look angestrebt. Zierelemente wie das verlängerte R und K geben dem Firmennamen Persönlichkeit, während die auffällige Farbpalette auf die Art des Produkts verweist.

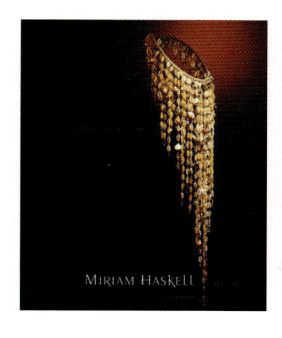

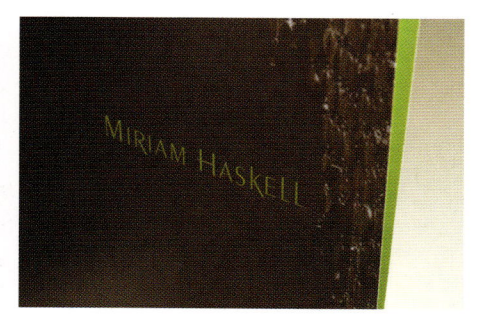

Dezent und subtil

Kunde	C+ Jewelry
Markeninfo	Die Schmuckmarke macht aus Konsumartikeln Schmuck und gibt Objekten durch eine veränderte Wahrnehmung eine neue Bedeutung.
Agentur	MINE
Designer	Christopher Simmons und Tim Belonax
Schriftart	[keine]
Farben	Verpackung: weiße Folie; Briefpapier: transparente und schwarze Folien
Designkonzept	Die Identity spiegelt die Philosophie des Unternehmens wider, Werte zu schaffen, indem Perspektiven verschoben und vertraute Objekte in neuem Licht präsentiert werden. Das Logo nutzt bekannte typografische Symbole – das Plus- und das Copyright-Zeichen – neu und schafft so ein Bildzeichen, das das Markenkonzept perfekt vermittelt. Mithilfe von transparenten und farbigen Metallifolien wird das Logo so präsentiert, dass der Kunde zuerst eine Seite umblättern muss, um das Licht einzufangen und den Text freizulegen. Das Ergebnis verleiht der Marke einen eigenen Reiz und Glaubwürdigkeit auf einem anspruchsvollen Modemarkt.

Geheimnisvoll, exklusiv

Kunde	Fair Trade Jewellery Co.
Markeninfo	Kanadischer Schmuckhersteller, der Materialien mit Fairtradezertifikat verarbeitet.
Agentur	Seven25. Design & Typography
Creativedirector	Isabelle Swiderski
Designer	Joel Shane
Schriftart	Egret (modifiziert)
Farben	Türkis (PMS 337) und Grau (PMS Cool Grey 10)
Designkonzept	Die Marke muss nicht nur für den ethikbewussten Konsumenten, sondern auch für den Luxusmarkt attraktiv sein. Das Konzept besteht darin, Liebe in all ihren Formen darzustellen und dafür die Bildsprache von Mythologie und Natur zu verwenden. Abgesehen von seinen prächtigen Schwanzfedern hat der Pfau in vielen Kulturen allegorische und mythische Bedeutung. Der Vogel als stilisiertes Symbol verleiht der Marke eine geheimnisvolle Aura, gleichzeitig wird die Exklusivität des Produkts durch die schlichtschöne Linienführung betont, deren Rundungen von der ungewöhnlichen Typografie wieder aufgenommen werden.

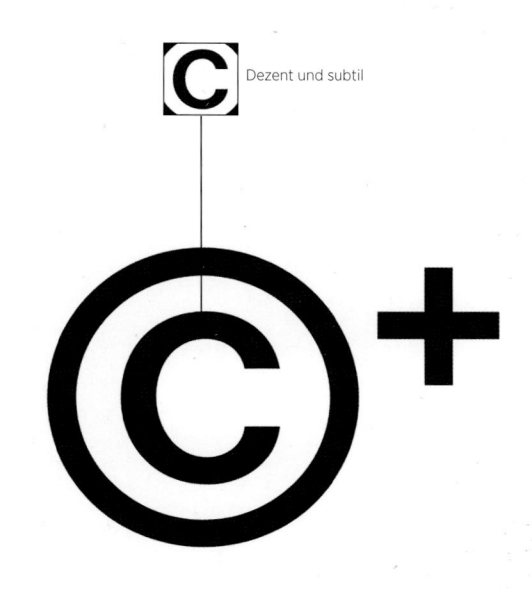

Runde Buchstaben verstärken die Logoformen

Mode & Einzelhandel

Mode & Einzelhandel

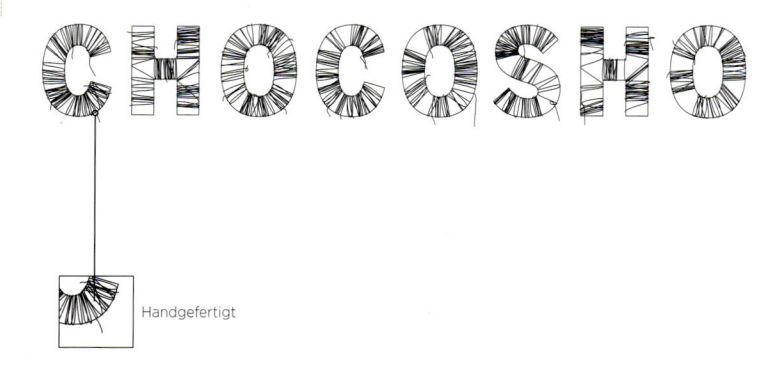

CHOCOSHO

Handgefertigt

Kunde	Chocosho
Markeninfo	Website für Onlineverkauf, auf der junge, unabhängige Modedesigner vertreten sind.
Agentur	//Avec
Designer	Camillia BenBassat
Schriftart	Handgezeichnet, basierend auf der Benton
Farbe	Schwarz
Designkonzept	Viele der im Onlineshop angebotenen Stücke sind nur in limitierter Stückzahl erhältlich und/oder handgefertigt. Um diese individuelle Qualität zu vermitteln, wurde das Logo von Hand gezeichnet und das Kommunikationsmaterial nicht im Offsetverfahren, sondern im traditionellen Hochdruck angefertigt.

et Modern, individuell

grettasloane

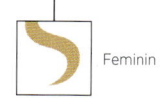

Feminin

Kunde	Gretta Sloane
Markeninfo	Exklusive Modeboutique in Oklahoma City, deren Zielgruppe Frauen der Mittel- und Oberschicht im Alter von 25 bis 40 Jahren sind. Das Geschäft führt viele Premiummarken. Der Name hat keine bestimmte Bedeutung und wurde von den Eigentümern lediglich wegen seiner Assoziationen zu Luxus und moderner Weiblichkeit ausgesucht.
Agentur	Mosaic Creative
Designer	Tad Dobbs
Schriftart	Maßgeschneidert, basierend in etwa auf Optima
Farben	Dunkelbraun (PMS 7533) und Beige (PMS 4655)
Designkonzept	Der Kunde wollte einen Stern in das Logo integrieren, in Anlehnung an das Logo des Kaufhauses Macy's. Der Designer dagegen war der Meinung, dass ein klassischer Look nötig wäre, wollte aber vermeiden, dass das es altmodisch wirkt. Daher wurde die Schrift von Hand bearbeitet, damit sie eine klar definierte Form und elegante dünne und dicke Striche bekam, was am besten zu der hochpreisigen Mode passt. Die Verwendung von Kleinbuchstaben sorgt für ein modernes Aussehen. Das Logo musste akzentuiert genug sein, um für die Beschilderung des Ladens verwendet zu werden, aber auch in kleinerer Version auf Einkaufstaschen und Preisschildern funktionieren.

Kunde	Lankabaari
Markeninfo	Ladengeschäft in Finnland, in dem Strickgarne und Handarbeitszubehör verkauft werden und wo sich Kunden auch die Möglichkeit bietet, Kaffee zu trinken, sich zu unterhalten und zu stricken. Der Name ist finnisch und bedeutet „Garnbar".
Agentur	Studio EMMI
Designer	Emmi Salonen
Schriftart	Maßgeschneidert
Farbe	Türkisgrün
Designkonzept	Kunde und Designerin wollten ein Logo entwickeln, das auch jüngere Leute anspricht und Interesse für das Stricken bei ihnen weckt. Es musste warm und einladend wirken und die Idee vermitteln, dass das Geschäft mehr ist als nur ein Ort, um Strickgarne und Zubehör zu kaufen – dass es nämlich auch ein Ort ist, an dem man andere Leute treffen und sich gut unterhalten kann.

Frisch, jugendlich und einladend

Kunde	Velda Lauder
Markeninfo	Hersteller von maßgeschneiderten Korsetts
Agentur	Planet
Designer	Bobbie Haslett und Phil Bradwick
Schriftart	Lainie Day
Farbe	Gold (PMS 876)
Designkonzept	Die Modedesignerin, die in den Medien mit zahlreichen positiven Berichten bedacht wird, war der Meinung, dass ihre Identity nicht zur Qualität ihrer Kleidungsstücke passte und nicht attraktiv genug für die Zielgruppe war. Da sie vor Kurzem eine Korsettserie im Vintagestil auf den Markt gebracht hatte, ließen sich die Designer von Planet bei der Entwicklung der neuen Identity davon inspirieren. Das alte Logo wirkte handgezeichnet, für das neue Logo wurde nach wie vor ein Korsett als Illustration verwendet, aber eines, das femininer ist und zum Vintagestil der neuen Kollektion passt.

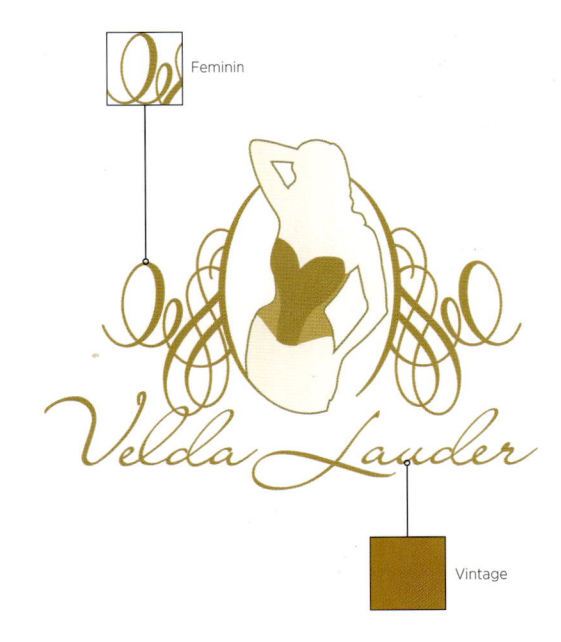

Feminin

Vintage

Mode & Einzelhandel

Mode & Einzelhandel

DESIGNERS
AT DEBENHAMS

D — Schlicht, modisch

Kunde	Designers at Debenhams
Markeninfo	Dachmarke, die im Kaufhaus Debenhams in Großbritannien ca. 30 führende Modedesigner dem Massenmarkt zugänglich macht.
Agentur	R Design
Designer	Dave Richmond
Schriftart	Futura Light
Farbe	Schwarz
Designkonzept	Dieses äußerst schlichte Logo besteht lediglich aus Buchstaben und einer Linie. Es assoziiert exklusive Mode, ohne auf den Look oder das Logo eines einzelnen Designers Bezug zu nehmen. Andererseits wird durch die Sperrung des Schriftzugs und die ausgewogenen Proportionen – über und unter der Linie – ein zu allgemeines Erscheinungsbild vermieden und so der Eindruck von Exklusivität vermittelt.

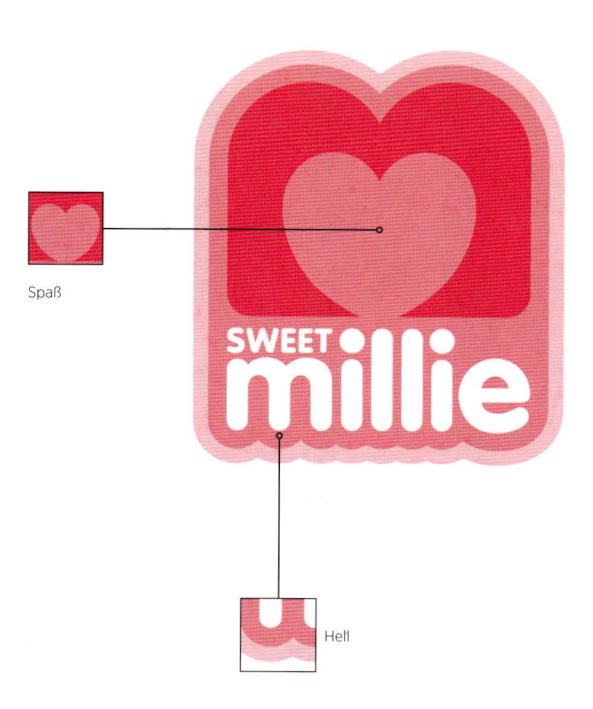

Spaß

Hell

Kunde	Sweet Millie
Markeninfo	Unkonventionelle Bekleidung und Accessoires für Mädchen der Altersgruppe 2 bis 8, die durch ein führendes britisches Kaufhaus verkauft werden.
Agentur	R Design
Artdirector	Dave Richmond
Designer	Iain Dobson
Schriftart	VAG Rounded
Farben	Rosatöne (PMS 226, PMS 224 und PMS 217)
Designkonzept	Zielgruppe der Marke sind zwar die Eltern, die die Kaufentscheidung treffen, aber auch die Mädchen müssen sich angesprochen fühlen, die die Sachen ja tragen sollen. Die Herzform geht immer, und der farblich abgestufte Rand darum bildet ein M im leichten Retrostil, das zur Farbstimmung passt. Die abgerundeten Kleinbuchstaben wirken einladend und zugänglich.

Mode & Einzelhandel

Modisch, spielerisch

Kunde	Šimecki
Markeninfo	Kroatischer Hersteller und Einzelhändler von Damen- und Herrenschuhen
Agentur	Studio International
Designer	Boris Ljubičić
Schriftart	Maßgeschneiderte Kombination aus DeVine und Helvetica
Farben	Rot (PMS 180), Gold (PMS 465) und Grau (PMS Cool Grey 6)
Designkonzept	In der kroatischen Sprache werden einige Buchstaben durch Akzentzeichen bezüglich der Aussprache verändert. Der Name des Kunden ist ein Beispiel hierfür – das S am Anfang wird ähnlich wie Sch im Deutschen ausgesprochen. Der Designer griff das auf, indem er beim Wortzeichen den Akzent durch einen Damenschuh ersetzte. Auf Marketingmaterial wie Einkaufstüten und Schaufensterdekorationen wird die stilisierte Silhouette des Schuhs durch Fotos von Herren- und Damenschuhen ersetzt. Die Kombination von zwei Schriftarten mit und ohne Serifen im S des Bildzeichens schafft einen weiteren Bezug zur Produktpalette.

Vielseitig

Kunde	Retreasured
Markeninfo	Unternehmen, das Handtaschen aus alten Decken, recycelten Materialien und sonst vorgefundenen Stoffen herstellt.
Agentur	Frank & Proper
Designer	Brett King
Schriftart	Maßgeschneidert
Farbe	Als Stempel produziert, der mit verschiedenen Druckfarben auf Etiketten und Anhängern verwendet werden kann.
Designkonzept	Das Logo musste deutlich machen, dass das Unternehmen seine Produkte von Hand fertigt und dafür recycelte Materialien verwendet, aber auch Menschen ansprechen, die sich für umweltfreundliche Designerhandtaschen interessieren. Das von Hand gezeichnete Logo ähnelt Schriftzügen aus den 1950ern. Der charmante Vintagelook wirkt sowohl schlicht als auch ausgefallen und passt mit seiner starken Persönlichkeit hervorragend zu den Markenwerten.

Handgefertigt

Ausgefallen

47

MICHELLE FANTACI JEWELRY

Entwicklung eines erfolgreichen Markenzeichens unter Missachtung der traditionellen Regeln für Logodesign

Markeninfo	New Yorker Schmuckdesignerin
Agentur	//Avec
Designer	Camillia BenBassat
Schriftart	[keine]
Farben	Rot- und Gelbtöne in Aquarelltechnik
Desigkonzept	Das Logo kombiniert die Initialen MF der Kundin so, dass es an die organischen Formen erinnert, von denen sich die Designerin bei ihren Entwürfen inspirieren lässt. Auf Marketingmaterial wie Visitenkarten, Broschüren und Verpackungen wird das Logo nur als Ausschnitt verwendet, sodass es als Teil eines größeren Ganzen wirkt. Da es in Aquarelltechnik gemalt wurde und nicht die sonst üblichen scharfen Ränder aufweist, wirkt das Logo spontan und gewagt.

Das Konzept der Marke – individuelle Kunstwerke, die die Schönheit des Materials und die Persönlichkeit der Trägerin unterstreichen – wird durch die abstrakte Darstellung in Aquarelltechnik vermittelt, die auf jedem Teil der Identity anders aussieht. Ein Standardlogo mit den typischen traditionellen Merkmalen hätte dies nicht vermocht.

Die weichen, unscharfen Ränder des impressionistisch wirkenden Logos sind nicht sofort lesbar. Sie vermitteln dem Betrachter das Gefühl, spontan, fast zufällig zu sein.

Einzelne Teile des Logos werden auf Visitenkarten, Geschenkkarten und anderem Marketingmaterial verwendet und lassen den Eindruck entstehen, dass die Marke aus einem kompletten Lifestyle-Ethos besteht.

Spontan

Organisch

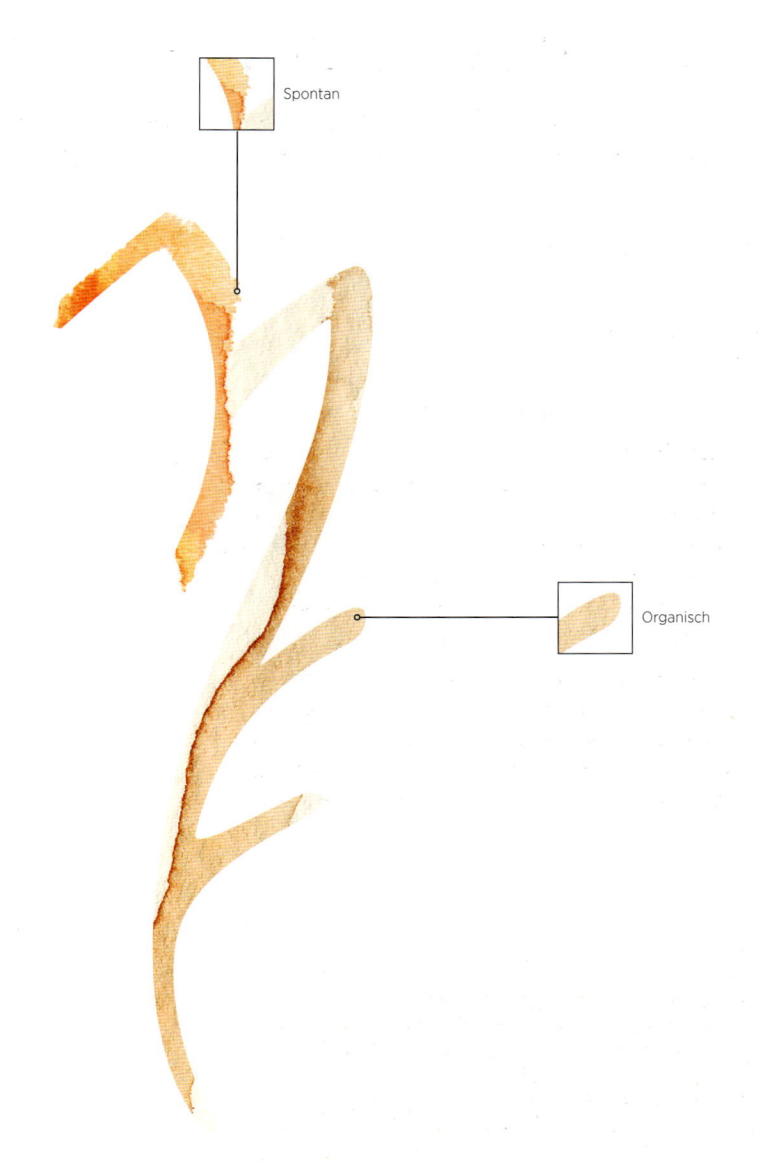

Die an organische Formen erinnernden Pinselstriche in Aquarelltechnik wirken organisch und individuell und lassen ein Gefühl von Bewegung entstehen, das auf Tanzen, Natur oder auch Sex anspielt. Die klaren, erdigen Farben fallen ins Auge, wirken aber nie grell und lassen den Schmuckstücken genügend Raum zur Präsentation.

GESUNDHEIT & SCHÖNHEIT

Beim Logodesign für die Medizin- und Wellnessbranche geht es häufig darum, Ängsten zu begegnen und Erwartungen zu erfüllen. Marken in diesen Bereichen sollten daher klar, sachlich und kompetent auftreten, aber auch mitfühlend und um das persönliche Wohl besorgt. Die Farbe Rot wird gemeinhin mit Blut assoziiert und ist in der Regel tabu, aber wie alle Regeln des Logodesigns kann auch diese einmal gebrochen werden.

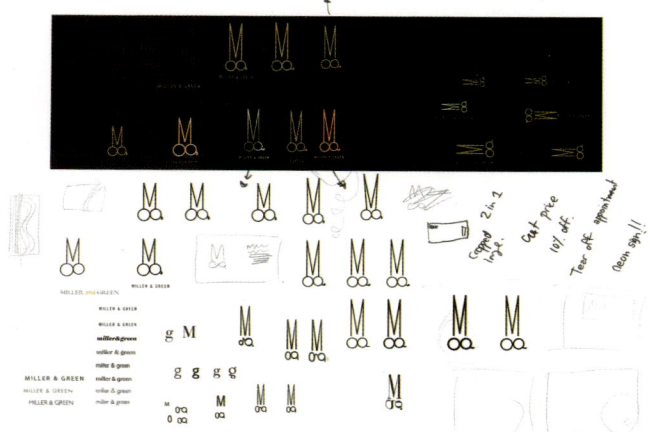

Spielerisch

Qualität, Service

Kunde	Miller & Green
Markeninfo	Unabhängiger Friseursalon in Sydney, Australien
Agentur	Landor Associates
Creative-director	Jason Little
Designer	Pan Yamboonruang und Angela McCarthy
Schriftart	AT Sackers
Farben	Grün (PMS 382) und Dunkelgrau (PMS 412)
Designkonzept	Als dieser Salon 2007 eröffnet wurde, trug seine Markenidentity dazu bei, das zu vermitteln, was der Gründer als „tolles Haar mit einem Fünf-Sterne-Service" beschreibt, was dazu führte, dass Kunden ihrem alten Salon untreu wurden und sich hier bedienen ließen. Das Logo macht aus den Initialen eine Schere und vermittelt in Kombination mit der Typografie und der Farbpalette einen eleganten, lebhaften Markencharakter, der durch das gut ausgebildete Personal unterstützt wird.

Gesundheit & Schönheit

Schlichte Eleganz

Kunde	Anninos Hairchitecture
Markeninfo	Friseursalon von Elias Anninos in Athen, Griechenland, zu dessen Kunden vor allem Frauen zwischen 20 und 45 zählen.
Agentur	aeraki
Designer	Despina Aeraki
Schriftart	Leelawadee
Farben	Hellbraun (PMS 451) und Graubraun (PMS 553)
Designkonzept	Der Kunde gab ein minimalistisches Logo mit Erdfarben in Auftrag, das seine vor allem aus Frauen bis 45 bestehende Zielgruppe ansprechen sollte. Das Bildzeichen stellt die drei wichtigsten Haartypen – lockig, wellig und glatt – schablonenhaft dar. Das verweist auf das „architecture" im Namen. Der Schriftzug besteht aus übereinander angeordneten Kleinbuchstaben einer serifenlosen Schriftart, was zu dem schlichten Logo passt und eine Art Sockel bildet, der entfernt an eine klassische griechische Säule erinnert.

anninos
hairchitecture

Modern und edel

Kunde	Akadental
Markeninfo	Die High-Tech-Zahnklinik in Istanbul brauchte eine freundliche Identity, um sich von anderen Kliniken abzuheben und Patienten zu helfen, die Angst vor dem Zahnarzt zu überwinden.
Agentur	Obos Creative
Designer	Ethem Hürsu Öke
Schriftart	[keine]
Farben	Blau (PMS 632) und Grün (PMS 570)
Designkonzept	Der Kunde brauchte eine Identity, die auf sein erfahrenes Personal und die Investitionen der Klinik in High-End-Technologie für kieferorthopädische Operationen Bezug nahm, wollte aber auf keinen Fall die üblichen visuellen Klischees mit lächelnden Mündern und Zahnbürsten verwenden. In den meisten Kulturen steht der Apfel für eine gesunde Lebensweise und gute Zahnhygiene, doch das Apfelbild als Logo ist inzwischen überstrapaziert. Die Lösung bestand darin, ein unverwechselbares visuelles Symbol zu entwickeln, das die Kunden zum Schmunzeln bringt. Die Farben sind freundlich. Rot wird nicht verwendet, da es Assoziationen zu Blut und Schmerzen weckt.

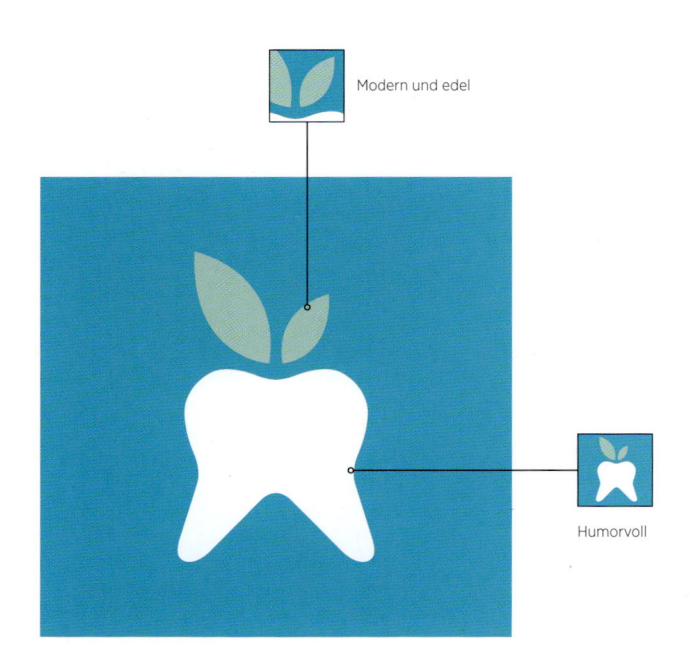

Humorvoll

Gesundheit & Schönheit

Persönlich

Accompagnement
INDIVIDUALISÉ À DOMICILE

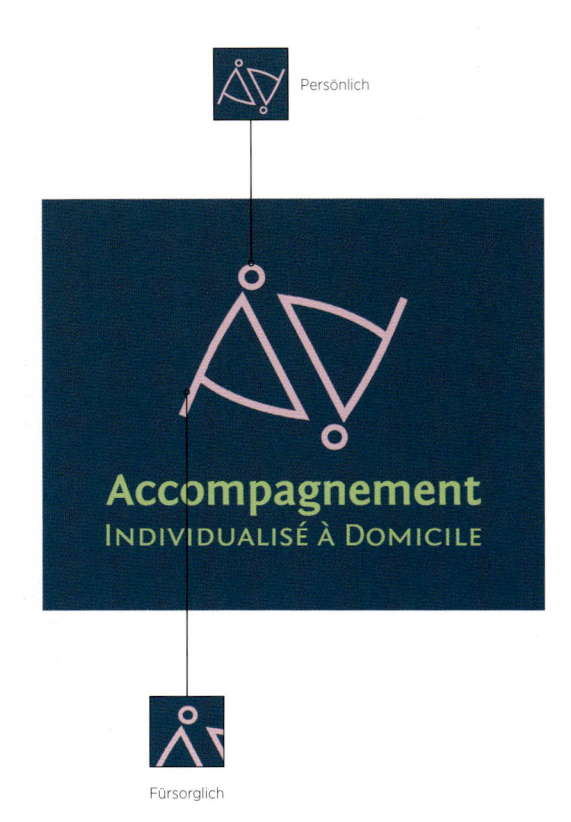

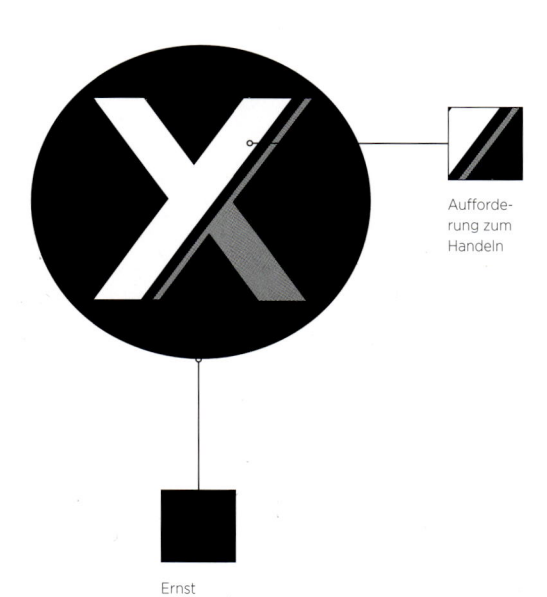

Fürsorglich

Kunde	AID (Accompagnement Individualisé à Domicile)
Markeninfo	Französischer Pflegedienst für alte und behinderte Menschen
Designer	Renaud Merle
Schriftart	Fontin Sans
Farben	Rosa (PMS 687), Grün (PMS 7493) und Dunkelblau (MS 5405)
Designkonzept	Das Design musste sowohl das Pflegepersonal wie auch die Familien ansprechen. Der Kunde wollte ein Logo haben, das den offenen, vertrauensvollen Umgang zwischen den Mitarbeitern des Pflegedienstes und ihren Patienten deutlich machte. Der Designer wollte zunächst ein Anagram als Logo verwenden, wusste aber, dass der Entwurf nicht ausschließlich auf dem visuellen Aspekt basieren konnte, und verwendete daher das Konzept des Ying und Yang. Die Wettbewerber von AID sind in der Regel große Unternehmen mit den für sie typischen Markenidentitys, daher hebt sich die kleine Firma mit diesem klaren, humanistischen Design gut von diesen ab.

Aufforderung zum Handeln

Ernst

Kunde	Fragile-X Foundation
Markeninfo	Forschungsstiftung, die sich auf das Fragile-X-Syndrom (FXS) spezialisiert hat, ein Gendefekt, der mit einer leichten geistigen Behinderung und anderen Störungen wie z. B. einer Form von Autismus einhergeht.
Agentur	Anderson Creative
Designer	William Anderson
Schriftart	[keine]
Farben	Schwarz und Grau
Designkonzept	Das Bildzeichen in Form eines gespaltenen X in einem dunklen Kreis wurde in Anlehnung an das Aussehen eines defekten Chromosoms unter einem Mikroskop entwickelt. Die stilisierte Darstellung löst es aus dem rein wissenschaftlichen Kontext und führt zu einer nuancierteren Markenbotschaft. Die Stiftung ist kein reines Forschungsteam, sondern unterstützt auch die Familien von Betroffenen. Die einfache Linienführung und der hohe Kontrast lassen das Logo rätselhaft wirken (wie sieht diese Störung aus und wie kann man sie lindern?) und suggerieren Handlungsbedarf.

Gesundheit & Schönheit

Kunde	BrightHeart Veterinary Centers
Markeninfo	Wachsendes nationales Netzwerk von Kliniken für Hunde und Katzen in den USA, die Spezialpflege von Onkologie bis hin zu Orthopädie anbieten.
Agentur	Lippincott
Artdirector	Rodney Abbot
Schriftart	FS Albert (überarbeitet)
Farben	Hellblau (PMS 313), Hellgrün (PMS 390) und Schwarz
Designkonzept	Da immer mehr Amerikaner ihre Hunde und Katzen wie Familienmitglieder behandeln, erwarten sie bei der medizinischen Versorgung ihrer Haustiere einen Standard, der mit dem für Menschen vergleichbar ist. Das Markenkonzept unterstreicht die Vorstellung, dass Haustiere das gleiche Mitgefühl und den gleichen Respekt wie Menschen verdienen. Der Name BrightHeart suggeriert fürsorgliche Menschlichkeit, das typografische Layout assoziiert hervorragende medizinische Leistungen und der Ball steht für die spielerische Interaktion zwischen Menschen und ihren gesunden, glücklichen Haustieren.

Professionell

Emotional

Kunde	Seattle Children's Hospital
Markeninfo	Eines der führenden amerikanischen Kinderkrankenhäuser. Es bietet neben der Patientenbehandlung auch Schulungsmaßnahmen für Eltern und Angehörige von Gesundheitsberufen an.
Agentur	Interbrand/Interbrand Health
Artdirector	Kurt Munger
Designer	Shahin Edalati und Jessica Rosenberger
Schriftart	Gotham (überarbeitet)
Farben	Blau (PMS 314), Orange (PMS 158) und Grau (PMS Cool Grey 11)
Designkonzept	Neue Forschungsabteilungen sollten integriert, Ärzte und Forscher angezogen und die öffentliche Wahrnehmung gesteigert werden. Interbrand Health entwickelte eine Definition und einen Wachstumsplan für Markenwerte, Positionierung und Leistungen auch zur Klärung der Namensgebung. Die neue Identity besteht aus der schlichten, aber überzeugenden Darstellung zweier Wale einer einheimischen Art. Sie symbolisieren die Fürsorge und das Vertrauen, von denen die Arbeit des Krankenhauses bestimmt wird, die Kreisform steht für das Leben und die Integration der Aktivitäten des Krankenhauses. Die Farben Blau und Grau erinnern an die medizinischen Aufgaben des Krankenhauses.

Fürsorglich

Kindchenschema

Gesundheit & Schönheit

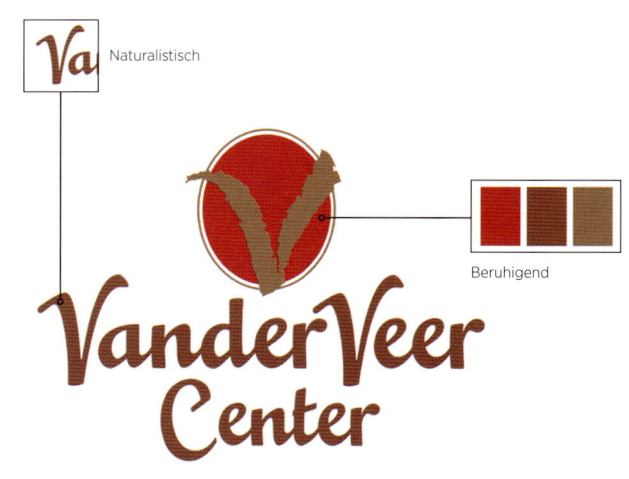

Naturalistisch

Beruhigend

Kunde	VanderVeer Center
Markeninfo	Klinik in Portland, Oregon, für nichtoperative Kosmetikbehandlungen
Agentur	Jeff Fisher LogoMotives
Designer	Jeff Fisher
Schriftart	Mousse Script
Farben	Rot (PMS 485) und Brauntöne (PMS 471 und 871)
Designkonzept	Nach der Umbenennung ihres Unternehmens brauchte Dr. Elizabeth VanderVeer ein neues Logo und eine neue visuelle Identity. Zunächst wollte sie ein asiatisch angehauchtes Bild, doch der Designer schlug einen Stil vor, der an die Renaissance erinnert, da das besser zur Büroeinrichtung und der Vorstellung vom Körper als Leinwand passte. Schließlich wurden die Farben, in denen die Wände der Klinik gestrichen waren, auch bei der Gestaltung der Identity und der Website verwendet.

Kindlich

Reinheit

Kunde	Little Me Organics
Markeninfo	Produktion von Toilettenartikeln und Hautpflegeprodukten für Babys auf biologischer Basis
Agentur	R Design
Artdirector	Dave Richmond
Designer	Charlotte Hayes
Schriftart	Baskerville
Farben	Gelbbraun (PMS 7506), Braun (PMS 490) und Grün (PMS 377)
Designkonzept	Die Produktserie wird aus biologischen Inhaltsstoffen hergestellt und enthält keine synthetischen Duftstoffe. Sie war bereits sehr beliebt, obwohl das alte Logo schwer zu lesen war und nicht sehr nach „öko" aussah. Die Überarbeitung sollte die Präsenz der Produkte in den Regalen erhöhen und sie für „moderne Mütter" attraktiver machen. Da die Produkte für Babys gedacht sind, war Bestätigung wichtig: Das Blumensymbol und die unaufdringliche Typografie suggerieren Sicherheit und Trost, wirken aber so klar, dass sie auch in hellen Pastellfarben noch funktionieren.

Ganzheitlich

Zeitgemäß

Kunde	Micheline Arcier Aromathérapie
Markeninfo	Produkte und Hautpflege für die Aromatherapie
Agentur	R Design
Artdirector	Dave Richmond
Designer	Charlotte Hayes
Schriftart	Optima (modifiziert)
Farbe	Pastellblau (PMS 7457) und Violett (PMS 2627)
Designkonzept	Die Marke ist Hoflieferant des Prince of Wales und wurde in den 1960ern auf den Markt gebracht. Da das alte Logo veraltet war, sollten dieses und die Markenidentity für Verpackung, Beschilderung, Website und andere Anwendungen überarbeitet werden. Der Designer achtete vor allem darauf, die Markenwerte Integrität, Autorität und Qualität beizubehalten. Das neue Logo ist ausdrucksstark und zeitgenössisch, spiegelt aber auch die langjährige Tradition der Marke wider. Dazu ist es auch in einer kräftigen, charakteristischen Farbe gehalten.

Rein

Wissenschaftlich

Kunde	Spa Formula
Markeninfo	Wellnessprodukte für Discounter
Agentur	R Design
Artdirector	Dave Richmond
Designer	Iain Dobson
Schriftart	Neue Helvetica
Farbe	Dunkles Marineblau (PMS 2766)
Designkonzept	Das Briefing verlangte ein Logo- und Verpackungsdesign für eine Serie von Wellnessprodukten, das sowohl luxuriös als auch sachlich wirken sollte. Die Designer ließen sich vom Periodensystem der Elemente inspirieren und entschieden sich für eine schlichte serifenlose Schriftart, die sich klar und sachlich präsentiert. Das Logo vermittelt ein Gefühl von Reinheit und hoher Qualität, ein Stil, der auch das Konzept für das Verpackungsdesign bestimmt.

INTELLIVUE UNPLUGGED

Ein vielseitiges Logo, das auf die Vorteile moderner Technologien für den Menschen anspielt

Markeninfo Neue Produktpalette aus drahtlosen Patientenmonitoren des niederländischen Elektronikkonzerns Philips

Agentur Juno Studio

Artdirector/Designer Jun Li

Schriftart Futura Medium

Farben Blau (PMS DS 232-5) und Orange (PMS DS 49-1)

Designkonzept Das Logo für dieses System, das einen technischen Durchbruch bei Diagnosegeräten im medizinischen Bereich darstellt, musste die Vorteile vermitteln, die diese moderne Technologie für den Menschen bedeutet: Bewegungsfreiheit und einfache Bedienung. Die Funkzelle, die für das Produkt selbst steht, wird in einem kräftigen Orange dargestellt. Dieser warme Farbton suggeriert die Begeisterung des Patienten darüber, dass er mit dem Produkt seine Bewegungsfreiheit wiederbekommt, das Hellblau steht für medizinische Kompetenz. Das Farbschema passt zu dem Kontext, in dem das Logo eingesetzt wird: Präsentationsmaterial mit hellem und dunklem Hintergrund und die cremefarbenen Patientenmonitore selbst.

Nachdem Kunde und Designer mit Ideen und Skizzen für verschiedene Ideen experimentiert hatten (siehe oben), entschieden sie sich für das auf der rechten Seite gezeigte Logo. Damit ließen sich die Vorteile der Produktlinie am besten darstellen.

In seiner Form bleibt das Logo unverändert, doch es gibt zahlreiche Farbvariationen davon. Bei jedem Farbschema wird der wesentliche Vorteil für den Menschen – Bewegungsfreiheit durch Technologie – durch den Kontrast zwischen dem in einer kräftigen Farbe dargestellten, etwas abgesetzten Kreis und der kühlen Farbe des restlichen Logos unterstrichen.

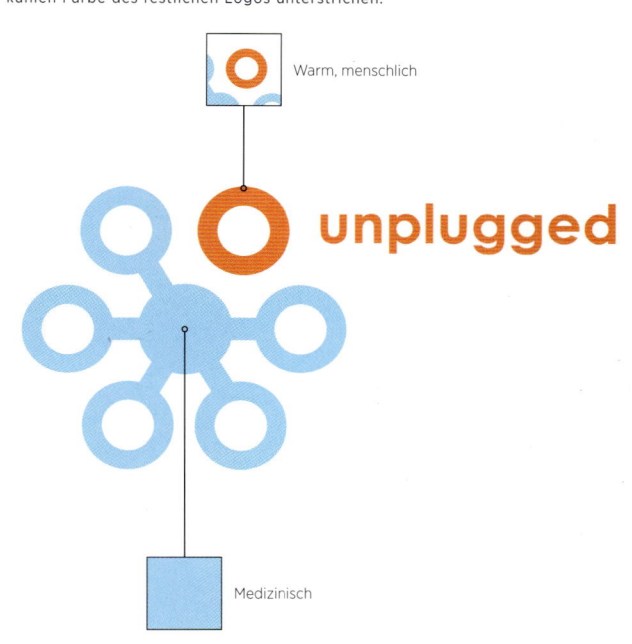

Warm, menschlich

Medizinisch

Aufgrund der zahlreichen Farbvariationen kann das Logo in vielen Kontexten verwendet werden, von Präsentationsmaterial und Produktbeschreibungen bis hin zur Anwendung auf dem Gerät selbst.

Gesundheit & Schönheit: Fallstudie

PRODUKTION & MARKETING

In diese Kategorie fallen die Hersteller von Produkten von Photovoltaikmodulen bis hin zu Gasgrills oder auch die Unternehmen, die diese Produkte vertreiben und sie in Wohnungen oder Büros installieren. Die Schlüsselmerkmale eines Herstellerlogos müssen Qualität und Zuverlässigkeit vermitteln und dem Kunden bestätigen, dass sein Geld gut investiert ist und das Unternehmen auch in Zukunft auf dem Markt sein wird, um defekte Teile zu reparieren oder auszutauschen. Auch die Einzelhändler müssen ihre Kunden davon überzeugen, dass die Kauferfahrung positiv sein wird.

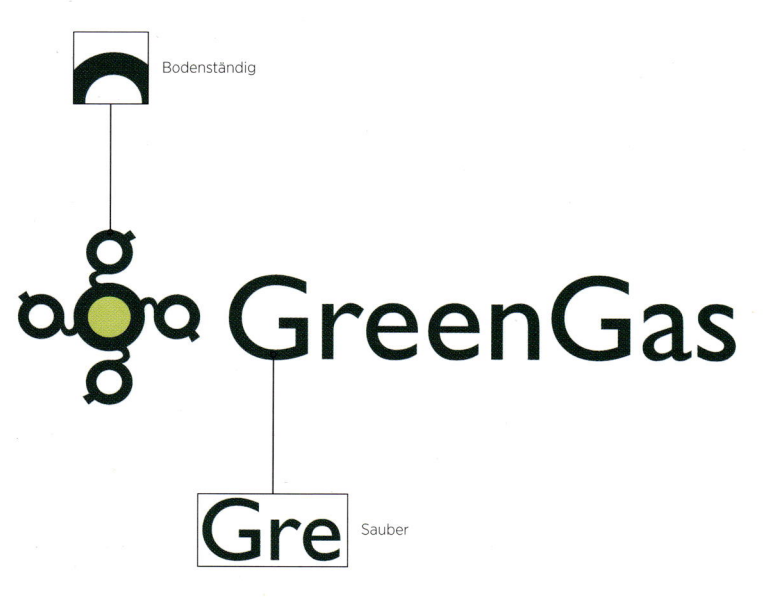

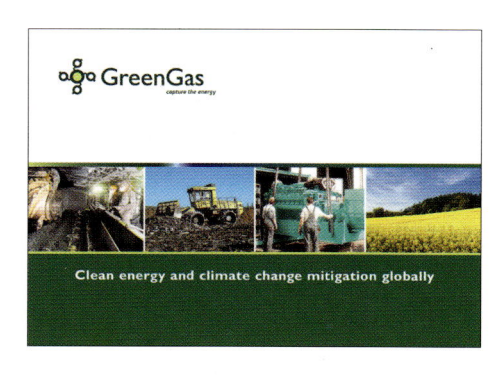

Bodenständig

Sauber

Kunde	Green Gas
Markeninfo	Schnell wachsendes Unternehmen, das mit Betreibern von Kohleminen, Mülldalden und Biomassevorräten zusammenarbeitet, um aus Methan saubere Energie zu gewinnen.
Agentur	Wibye Advertising & Graphic Design
Designer	Ellen Wibye
Schriftart	Gill Sans
Farben	Dunkelgrün (PMS 567) und Hellgrün (PMS 584)
Designkonzept	Eine der größten Schwierigkeiten bei der Entwicklung dieses Logos bestand darin, den richtigen Ton für die beiden sehr unterschiedlichen Zielgruppen zu treffen: bodenständige Kunden und unternehmerisch denkende Investoren und Händler von Emissionsrechten, die durchgestylte visuelle Identitys gewohnt sind. Die Marke musste über verschiedene Kulturen hinweg funktionieren, einschließlich Russland, China und Lateinamerika. Der Designer versuchte, ein ausgewogenes Verhältnis zu erreichen zwischen bodenständig, aber nicht langweilig, und professionell, aber nicht zu glatt. Basis für das Logo war die Strukturformel von Methan. Für die Verwendung in Marketingmaterial wurde die Identity durch Bewegungsunschärfe und Komplementärfarben erweitert, die für Energiequellen und die Vorstellung eines dynamischen, fortschrittlich denkenden Unternehmens stehen.

Kunde	Concrete Hermit
Markeninfo	Galerie und Ladengeschäft in London mit Spezialisierung auf Grafikdesign und Illustrationen. Concrete Hermit konzipiert Ausstellungen und verkauft T-Shirts, Drucke und andere Produkte.
Agentur	Studio EMMI
Designer	Emmi Salonen
Schriftart	Serifenlose Schrift (nicht angegeben)
Farben	Schwarz und Primärfarben
Designkonzept	Bei diesem Projekt bestand die Herausforderung darin, ein Logo zu entwickeln, das nicht nur die hippe Atmosphäre der Galerie einfing, sondern auch in verschiedenen Medien funktionierte, um ein Ladengeschäft, eine Galerie und einen Verlag mit ihren unterschiedlichen Anforderungen und Kontexten repräsentieren zu können. Die Lösung besteht aus einem schlichten Schriftzug und geometrischen Formen in verschiedenen Farbkombinationen. Die Kreissegmente symbolisieren Verbindungen zwischen den verschiedenen Aktivitäten und spielen auf die spielerische Entdeckungsfreude an, die den Kern der Marke ausmacht.

Modern

Concrete Hermit

Geometrisch

Kunde	Brastilo
Markeninfo	Irani gehört zu den größten brasilianischen Industriekonzernen. Jahrelang belieferte das Unternehmen US-Einzelhändler wie Target und Walmart mit seinen Möbeln. Inzwischen verkauft es seine Produkte unter einem neuen Markennamen direkt an die Verbraucher.
Agentur	TippingSprung
Designer	Paul Gardner
Schriftarten	TS Gothic Bold und Bauer Bodoni Italic
Farbe	Dunkelgrün (PMS 364)
Designkonzept	Die Recherche von TippingSprung ergab, dass das Konzept brasilianischer Möbel vor allem Verbraucher anspricht, die umweltfreundlich hergestellte Möbel mit gutem Design suchten. Außerdem stellten die Designer fest, dass ein neuer Markenname nötig war, damit man auch auf die brasilianische Herkunft der Marke und deren Schwerpunkt auf gutem Design Bezug nehmen konnte. Für das Logo wurden Elemente der visuellen Identity Brasiliens verwendet: Das Motiv mit Raute und Punkt stammt aus der Nationalflagge, Grün ist eine der Nationalfarben und steht auch für das Holz aus nachhhaltigem Anbau, aus dem die umweltfreundlichen Produkte gefertigt werden; auch brasilianische Folkloremuster wurden verwendet.

Brasilianisch

BRASTILO

Brazilian Inspiration. Your Imagination.

Umweltbewusst

Produktion & Marketing

Rhythmische, dynamische Bewegung

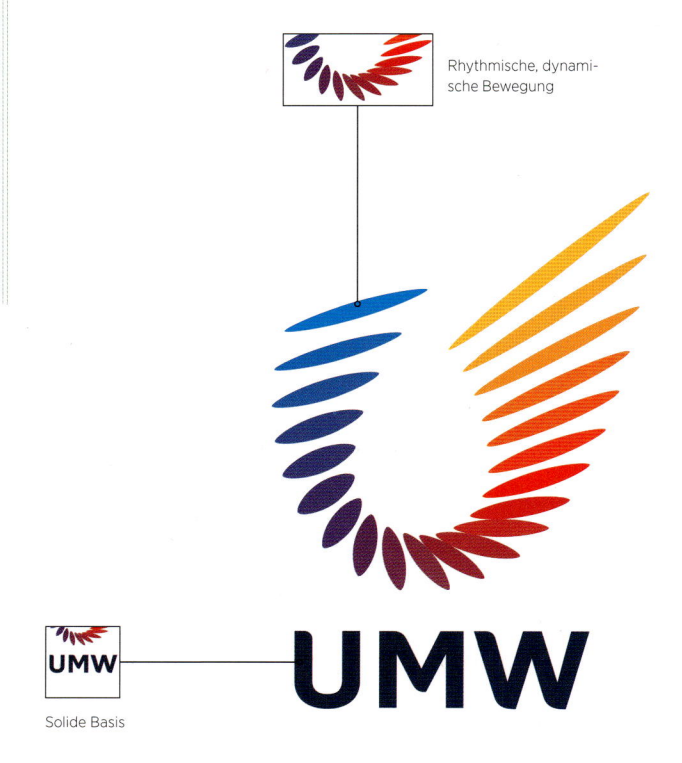

Solide Basis

UMW

Kunde	UMW
Markeninfo	UMW gehört zu den größten Mischkonzernen Malaysias und handelte früher mit Autoteilen, ist inzwischen aber auch im Maschinenbau und der Öl- und Gasbranche tätig.
Agentur	Lippincott
Artdirector	Vincenzo Perri
Designer	Bogdan Geana
Schriftart	Gotham (überarbeitet)
Farben	Dunkelblau (PMS 540) und Multicolor
Designkonzept	Das Unternehmen brauchte eine neue Identity, die die nächste Wachstumsphase unterstützte. Das U verweist auf den ursprünglichen Namen (United Motor Works) und dient als eine Art Klammer für die verschiedenen Konzernbereiche. Die kräftigen Farben und die Drehung der Elemente schaffen das Gefühl einer Vorwärtsbewegung und stehen für ein dynamisches Unternehmen, das in der Lage ist, neue Geschäftsmöglichkeiten zu seinem Vorteil zu nutzen. Die harmonisch gestalteten Initialen stehen für die solide Basis, auf die das Unternehmen bauen kann, und schaffen einen Ausgleich zu dem unruhigen Bildzeichen darüber.

Systematisch

Produktiv

Kunde	Tasman
Markeninfo	In der Ukraine tätige Düngemittelfirma
Agentur	Korolivski Mitci
Artdirector	Dmytro Korol
Designer	Viktoriia Korol
Schriftart	[keine]
Farben	Hellgrün (PMS 375), Hellorange (PMS 122), Gelbgrün (PMS 380) und Gelb (PMS 603)
Designkonzept	Bei der Gestaltung des Logos ließen sich die Designer von Luftaufnahmen landwirtschaftlich genutzter Felder inspirieren. Rechteckige Farbflächen sind von gewellten Ausschnitten durchzogen, die die Furchen eines Pflugs symbolisieren und für den Produktvorteil stehen – hohe Bodenfruchtbarkeit. Das grüne T symbolisiert die dominante Marktposition des Unternehmens: in der Ukraine werden alle Ackerbauflächen mit Tasman gedüngt.

Produktion & Marketing

Kunde	Vale
Markeninfo	Zweitgrößtes Bergbauunternehmen der Welt mit Hauptsitz in Brasilien; wollte sein Engagement für soziale und umweltpolitische Themen deutlich machen.
Agentur	Lippincott
Artdirector	Connie Birdsall
Designer	Adam Stringer, Daniel Johnston, Brendán Murphy, Carlos Dranger und Isa Martins
Strategie	James Bell, Hiary Folger, Joanna Khouri und Sasha Stack
Schriftart	Corisande (überarbeitet)
Farben	Dunkelblau (PMS 540), Gelb (PMS 124) und Grün (PMS 328)
Designkonzept	Companhia Vale do Rio Doce war unter vielen Namen bekannt und brauchte eine einfachere Unternehmensbezeichnung, um die zahlreichen Unterfirmen unter ein Dach zu bekommen. Lippincott und der brasilianische Partner des Studios, Cauduro Martino, entwickelten einen neuen Namen und eine Markenstrategie, um das Unternehmen menschlicher wirken zu lassen. Das Monogramm in V-Form steht für eine naturbelassene Landschaft, Entdeckergeist und Bergbau sowie für den Standort Brasilien (Grün und Gelb sind auch die Nationalfarben), die Herzform für die soziale und ökologische Verantwortung des Unternehmens.

Humanistisch

Brasilianisch

Stark

Kunde	Eurofeed
Markeninfo	Hersteller von Tierfutter aus Osteuropa
Agentur	Korolivski Mitci
Artdirector	Viktoriia Korol
Designer	Dmytro Korol
Schriftart	Maßgeschneidert
Farben	Dunkelgrün (PMS 357) und Hellgrün (PMS 368)
Designkonzept	Die Identity für den ukrainischen Hersteller von Tiernahrung betont die Verwendung von natürlichen Inhaltsstoffen für die Futterproduktion. Die gefetteten Buchstaben werden mit einem überraschend zarten jungen Blatt kombiniert, das suggerieren soll, dass die „grünen" Zutaten die Qualität des gesamten Produkts verbessern.

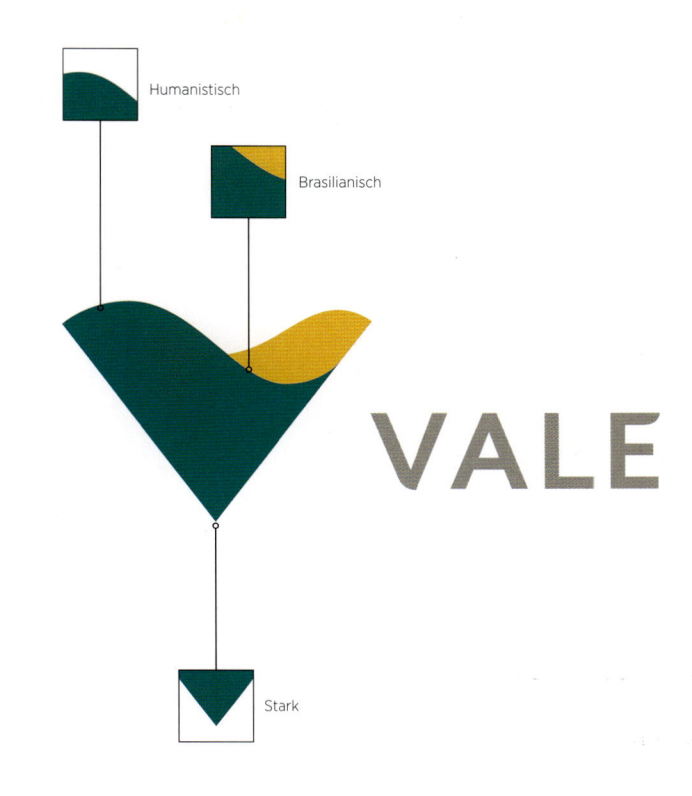

Natürlich

Produktion & Marketing

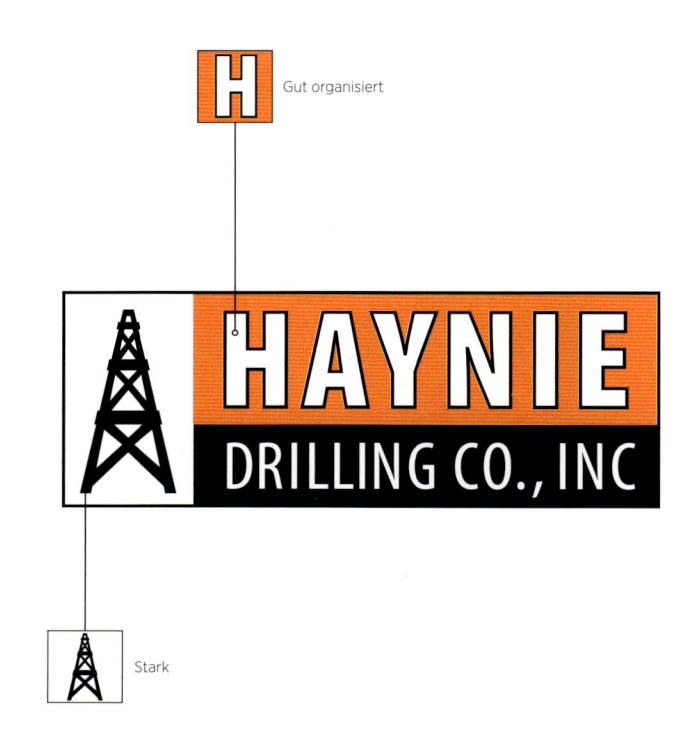

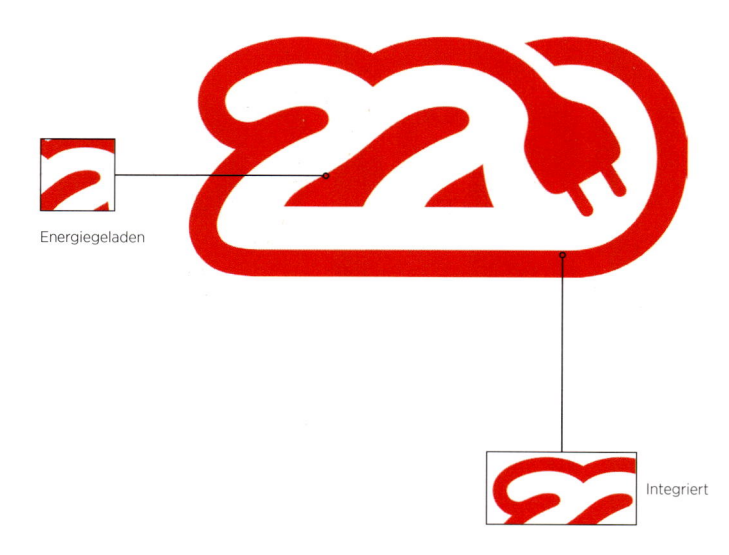

Gut organisiert

Stark

Kunde	Haynie Drilling Co., Inc.
Markeninfo	Kleines Unternehmen aus Texas, das Reparaturen und sonstige Dienstleistungen für Bohrfeldausrüstungen anbietet.
Agentur/ Designer	Virginia Green
Schriftart	Myriad Pro
Farben	Rotorange (PMS 154) und Schwarz
Designkonzept	Der Kunde ist eng mit der texanischen Stadt seines Standorts verbunden. Durch die Betonung von Stärke und Organisationstalent wollte er sich vom Wettbewerb abheben. Um die Marke wieder aufzubauen, suchte Virginia Green nach einem unverwechselbaren, zeitlosen Logo. Sie entschied sich für die Illustration eines Bohrturms, der den Eindruck von Stärke vermittelt, und kombinierte sie mit dem Schriftzug des Firmennamens in einem farbigen Rechteck. Bei der Verwendung des Logos auf anderem Material, z. B. Briefpapier, zieht sich eine Linie vom Bohrturm aus nach unten, um die Vorstellung von Tiefe zu vermitteln, und am Seitenrand prangen schwarze Fingerabdrücke – der Kunde hat die Angewohnheit, auf allem, was er anfasst, Flecken und Daumenabdrücke zu hinterlassen …

Energiegeladen

Integriert

Kunde	220
Markeninfo	Unternehmen, das integrierte Lösungen für Elektroinstallationen in Griechenland erarbeitet.
Agentur	Chris Trivizas	Design
Artdirector	Chris Trivizas
Designer	Katerina Kotti
Schriftart	Maßgeschneidert, auf der Basis der PF BeuSans Pro
Farbe	Rot (PMS 485)
Designkonzept	Das Unternehmen wollte seinen Kundenstamm ausbauen und IT-Unternehmen, Ingenieure, Architekten und andere Unternehmen noch als Kunden gewinnen. Dazu war eine einprägsame visuelle Identity nötig, die zuvor gefehlt hatte. Der Name „220" bezieht sich auf die Standardstromspannung in Griechenland und im größten Teil Europas. Der Firmenname ist in einem Zug geschrieben, was für die integrierten Dienstleistungen und Lösungen steht, die das Unternehmen anbietet. Die Farbe Rot wurde verwendet, weil sie sofort ins Auge springt und das Marketingmaterial des Unternehmens auffällig macht. Das Logo ist eine humorvolle Anspielung auf seine Branche und Ausdruck seiner Persönlichkeit.

Produktion & Marketing

Kunde	Energy\Company
Markeninfo	Hersteller von Fotovoltaikmodulen und Solartaschen zur Erzeugung von Solarenergie
Agentur	Artiva Design
Designer	Daniele De Batté und Davide Sossi
Schriftart	Philo (Originalfont)
Farbe	Schwarz
Designkonzept	Das wichtigste Produkt des Unternehmens, ein Fotovoltaikmodul, wird durch ein einfaches typografisches Symbol dargestellt – den Backslash. Dies wiederum war Ausgangspunkt für die schlichte, geometrische Lösung der visuellen Identity. Die Werte, die man mit sauberer, erneuerbarer Energie assoziiert, schwingen in der serifenlosen Schrift und der einfarbigen Gestaltung mit, während das geometrische Zusammenspiel zwischen dem Backslash und dem Weißraum um das Symbol herum auf die ökologischen Werte der Marke verweist. Durch die Wiederholung des Symbols in den Identitys für die beiden Untermarken E\Bag und E\Panel wird das Konzept von Solarenergie und erneuerbaren Ressourcen im Allgemeinen weiter verstärkt.

Sauber

ENERGY COMPANY©

NY
Ökonomisch

E\BAG®   E\PANEL®

Kunde	Quantum Solar Panels
Markeninfo	Ukrainischer Hersteller von Fotovoltaikmodulen für den privaten Sektor
Agentur	Korolivski Mitci
Artdirector	Viktoriia Korol
Designer	Dmytro Korol
Schriftart	[keine]
Farben	Blassgelb bis Orange (PSM 600, PMS 106, PMS 109 und PMS 130)
Designkonzept	Dieses Logo bezieht sich nicht auf Fotovoltaikmodule, spielt aber sehr geschickt auf all ihre Vorteile an: das warme Haus, die erneuerbare Ressource und die wirtschaftliche Technologie. Da die konzentrischen Kreise nicht mittig auf den Quadraten angeordnet sind, ergibt sich eine Spannung, die das Logo noch interessanter macht und durch ein naturalistischeres Aussehen einen Ausgleich zu der starren Künstlichkeit schafft.

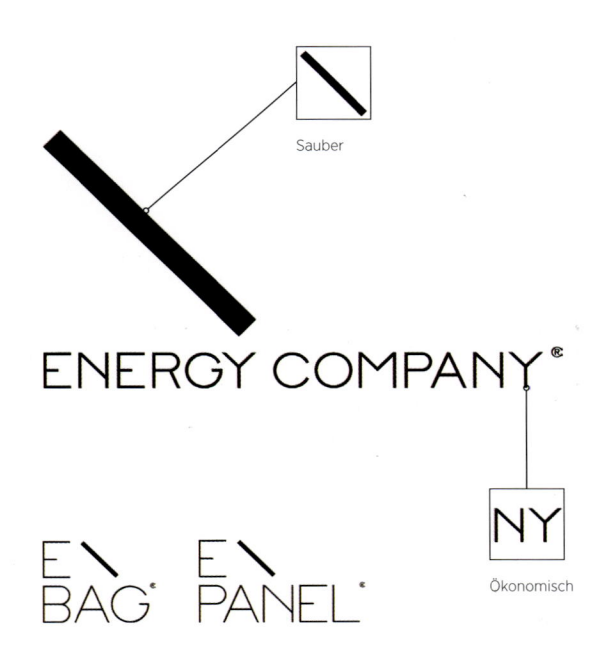

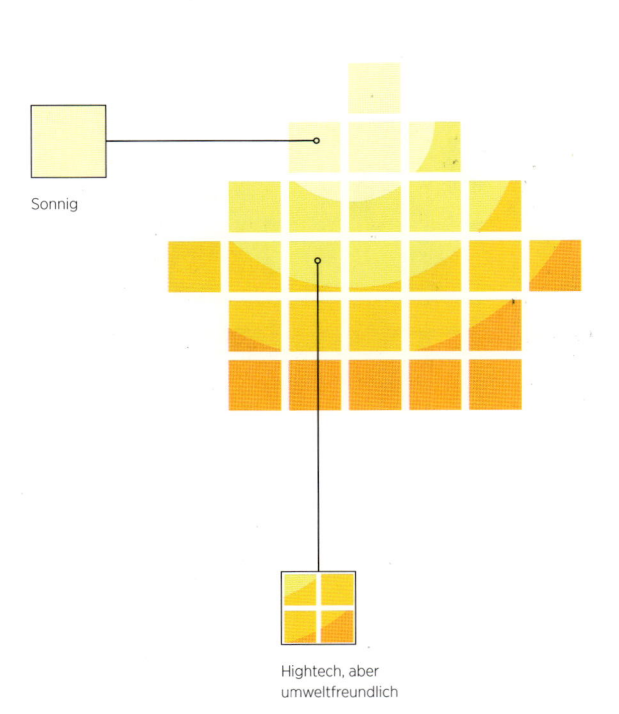

Sonnig

Hightech, aber umweltfreundlich

63

Produktion & Marketing

Johnson Führungsrolle
Controls

Johnson
Controls

Anpassungs-
fähigkeit

Kunde	Johnson Controls
Markeninfo	Hersteller von Innenausstattung und Elektronik für Autos und Lkws, der seit Jahrzehnten auf dem Markt ist.
Agentur	Lippincott
Artdirector	Rodney Abbot
Designer	Rodney Abbot, Christian Dierig und Bogdan Geana
Schriftart	Corisance Bold (überarbeitet)
Farben	Königsblau (PMS 306), Französischblau (PMS 661) und Grün (PMS 376)
Designkonzept	Lippincott formulierte auf Basis einer Lebenswerten Umwelt ein neues Markenversprechen. Das neue Logo steht für Vitalität und Energie. Die Wellen symbolisieren den Austausch von Ideen zwischen Kunden und Mitarbeitern. Das Bildzeichen ist eine Abstraktion der Initialen JC und kann auch als Energietransfer gelesen werden. Die Farbverläufe stehen für die Flexibilität und Kreativität eines weltweit führenden Unternehmens. Die serifenlose Schrift für das Wortzeichen wurde überarbeitet, um ihr ein zeitgenössisches Aussehen zu verleihen. Fettung und Anordnung der Namensbestandteile übereinander lassen den Namen noch präsenter und unverwechselbar wirken.

TON
MÖBEL

Modular

Designorientiert

Kunde	Ton Möbel
Markeninfo	Europäischer Designer von Stereoanlagen
Agentur	Artiva Design
Designer	Daniele De Batté und Davide Sossi
Schriftart	Maßgeschneidert, basierend auf der Arial Black
Farbe	Schwarz
Designkonzept	Bei diesem kontrastreichen, geometrischen Logo wurde eine extrafette Schriftart eingesetzt, um ein Muster aus Negativ- und Positivraum zu schaffen, das sofort Assoziationen zum modernistischen Designverständnis des Unternehmens weckt. Der modulare Stil ist typisch für das klassische italienische Design der 1970er-Jahre und positioniert das Unternehmen als designbewusst und kompromisslos in Sachen Qualität.

Fließend

Kunde	Power Architecture
Markeninfo	Computertechnologie, die aus einer Partnerschaft zwischen IBM und anderen Unternehmen entstanden ist.
Agentur	Lippincott
Artdirector	Rodney Abbot
Designer	Rodney Abbot, Bogdan Geana und Jenifer Lehkerr
Schriftart	Corisande (überarbeitet)
Farben	Abgestufte Grüntöne (Prozessfarben)
Designkonzept	Die Marke war zwar fest verankert in der Branche, aber in der Öffentlichkeit wenig bekannt. Lippincott entwickelte ein Logo, um sämtliche Komponenten der Plattform sowie die Unternehmen, von denen sie eingesetzt wurde, miteinander zu verbinden. Die neue visuelle Identity verspricht den Benutzern Innovationsfreiheit. Das Logo enthält ein „Power-Band", das sowohl die Kontinuität als auch die Veränderung der Power-Architektur-Plattform und ihrer endlosen Möglichkeiten symbolisieren soll. Das fließende, organische Objekt ist in Bewegung und steht für Energie und Flexibilität. Der Name wurde in einer klaren, serifenlosen Schriftart gesetzt, die Einfachheit und Direktheit vermitteln soll, während das Grün für Harmonie und neue Denkansätze steht.

Energiegeladen

Kunde	Gaslamp Computers
Markeninfo	Preisgünstiger Computerreparaturdienst im historischen Gaslamp Quarter von San Diego, USA
Agentur	Frank & Proper
Designer	Colin Decker
Schriftart	Semilla (modifiziert)
Farbe	Hellblau (PMS 2995)
Designkonzept	Das Unternehmen bietet Laufkunden preisgünstige Computerreparaturen und technische Beratung an, ohne zum Kauf teurer Lösungen zu drängen. Als Inspiration für das Logo dienten die alten Gaslaternen und die viktorianische Atmosphäre des historischen Viertels. Eine blaue Gasflamme wird geschickt mit einem Symbol für Strom kombiniert und sorgt zusammen mit einer altmodisch wirkenden Schreibschrift (bei der die Flamme als Buchstabe l wieder auftaucht) dafür, dass das Unternehmen als kompetent und professionell, aber zugänglich wahrgenommen wird.

Wirtschaftlich

Charmant

Produktion & Marketing

Produktion & Marketing

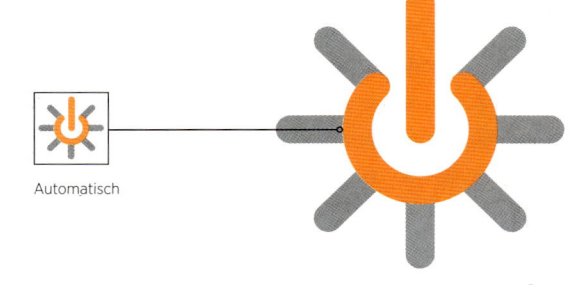

sma Sauber

smartmatic

Automatisch

Kunde	Smartmatic
Markeninfo	Ingenieurbüro, das sich auf automatisierte Steuerungssysteme für den gewerblichen und privaten Raum sowie technologische Prozesse spezialisiert hat.
Agentur	Korolivski Mitci
Artdirector	Dmytro Korol
Designer	Viktoriia Korol
Schriftart	Myriad Pro Semibold
Farben	Orange (PMS 1585) und Grau (PMS Cool Grey 8)
Designkonzept	Hier wurden zwei allgemeingültige Symbole für Energie geschickt miteinander kombiniert. Die Sonne ist natürlich und versiegt nie. Sie spielt auf die Symbolik für Alchemie und moderne, saubere Energie an und der Ein-/Aus-Schalter findet sich auf allen möglichen Geräten, von Haushaltsgeräten bis hin zu Büroausstattung und Fabrikanlagen. Durch die Kombination der beiden Symbole wird sofort klar, in welcher Branche das Unternehmen tätig ist und wie seine Werte aussehen. Auf diese Weise entsteht ein einprägsames, weltweit verwendbares Logo.

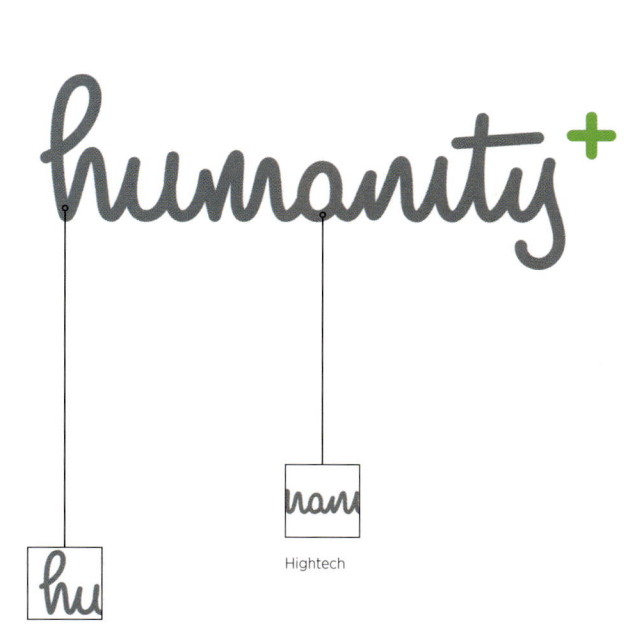

humanity+

Hightech

hu Locker, zwanglos

Kunde	Humanity+
Markeninfo	Hightechunternehmen, das die menschliche Erfahrung verbessern will.
Agentur	MINE
Artdirector/ Designer	Christopher Simmons
Schriftart	Maßgeschneidert
Farben	Grau (PMS Cool Grey 6) und Grün (PMS 382)
Designkonzept	Das Leistungsversprechen der Marke besteht darin, die Erfahrung des Menschseins zu verbessern, daher war die Kombination von Mensch und Technik nahe liegend. Eine Unterschrift ist eindeutig eine menschliche Handlung, da Maschinen bestenfalls kontinuierlich gleiche Ergebnisse liefern. Die Kombination dieser beiden Merkmale zu einem Logo vermittelt den Schwerpunkt des Unternehmens so, dass er auch verstanden wird. Die Buchstaben wurden individuell entwickelt, um möglichst „menschlich" zu wirken, ohne dass Kompromisse bei der Leserlichkeit nötig werden.

Schützend

Kunde	Calbarrie
Markeninfo	Unternehmen aus England, das sich auf technische Tests und Analysen von Elektroinstallationen spezialisiert hat und nach dem Zusammenschluss mit einem Wettbewerber erheblich gewachsen ist.
Agentur	The House
Artdirector	Steven Fuller
Designer/ Typograf	Sam Dyer
Schriftart	Eurostile
Farben	Grün (PMS 370) und Gelbgrün (PMS 389)
Designkonzept	Calbarrie stand vor einer internen (zwei Unternehmen integrieren) wie vor einer externen Herausforderung (Image verbessern; die Aussage, dass das Unternehmen Schutz bietet, musste vermittelt werden). Die Lösung war eine Markenidentity, die das neue Unternehmen einheitlich und überzeugend darstellt, von Broschüren und Etiketten bis hin zu Firmenwagen und Transportern. Das eckige C kann ein Dach oder eine hohle Hand sein, beide stehen für Schutz, während das Logo insgesamt die Zuverlässigkeit des Unternehmens vermittelt. Die kräftigen Farben und ein atypischer Kontrast sorgen dafür, dass sich das Logo vom Wettbewerb abhebt.

Elektrisierend

Kunde	Asyad
Markeninfo	Bauunternehmen aus dem Nahen Osten
Agentur	Fitch
Artdirector	Steve Burden
Designer	Wael Badawi
Schriftart	Maßgeschneidert
Farbe	Gelb (PMS 7406)
Designkonzept	Das Studio sollte ein klares, selbstbewusstes Logo entwickeln, mit dem sich der Kunde im Bausektor etablieren wollte. Der Designer verwendete keine realistische Darstellung der Branche, wie etwa einen Kran oder einen Ziegelstein, sondern entschied sich für ein abstraktes Logo, das die Werte vermittelt, die mit einem erfolgreichen Bauunternehmen assoziiert werden: Durchsetzungsvermögen, Produktivität und Kompetenz, sowie Optimismus, mit dem technische oder bürokratische Hindernisse überwunden werden. Die fetten Buchstaben und das kräftige Gelb sind auch bei anderen bekannten Bauunternehmen zu finden. Das Logo ist jedoch so gestaltet, dass es nicht verwechselt werden kann.

Dynamisch, durchsetzungsfähig

Produktion & Marketing

KI Stark

KHOME
KELLY HOPPEN

HOPPEN Bezahlbar

Kunde	Kelly Hoppen Home
Markeninfo	Produkte einer Innenarchitektin, die in führenden britischen Kaufhäusern verkauft werden.
Agentur	R Design
Artdirector	Dave Richmond
Designer	Charlotte Hayes
Schriftart	Neue Helvetica
Farbe	Schwarz (PMS Schwarz 4)
Designkonzept	Die Identity für diese Marke musste auffallend genug sein, um in überfüllten Regalen die Aufmerksamkeit auf sich zu ziehen, aber zum reduzierten, modernen Stil der Innenarchitektin passen. Kunden sind vor allem junge Familien, die gutes, bezahlbares Design suchen. Daher ist das Ergebnis ein schlichtes, typografisches Logo ohne dekorative Elemente. Die serifenlosen Buchstaben sagen alles, was gesagt werden muss.

Exklusiv

CHEF TESTED™

Seriös

Kunde	Chef Tested
Markeninfo	Gasgrills und Produkte zum Kochen und Grillen im Freien des amerikanischen Unternehmens Char-Broil
Designer	Andy Gabbert
Schriftarten	Grotesque Extra Condensed und Franklin Gothic Condensed
Farben	Dunkles Violettbraun (PMS 483) und Schwarz
Designkonzept	Die meisten Wettbewerber von Chef Tested verwenden für ihre Produktverpackungen außer trockenen technischen Spezifikationen aufwendig arrangierte Foodfotos oder Outdooraufnahmen. Char-Broil bat bereits in den Anfängen der Produktentwicklung bekannte Restaurantbesitzer und TV-Köche um ihr Feedback, und Chef Tested fungiert als eine Art Qualitätssiegel für die Grills, die im Rahmen dieser Zusammenarbeit entstanden. Das Logo wird für Verpackungen und Beschilderung verwendet und soll Kunden ansprechen, die sich für anspruchsvolles Grillen interessieren. Das Format (im Verhältnis zur Kochmütze) und die dunklen Farben bilden einen starken Kontrast zu den übrigen Angaben auf der Verpackung und lassen die Marke hochwertig wirken.

Produktion & Marketing

Stark

Kunde	Das Comptoir
Markeninfo	Showroom für exklusiv gestaltete Prototypen und handgefertigte Möbel in limitierter Auflage in der Nähe Wiens
Designer	Alexander Egger mit Julia Juriga-Lamut und Birgit Mayer
Schriftart	Maßgeschneidert
Farben	Grün (PMS 374) und Dunkelbraun (PMS Schwarz 4)
Designkonzept	Der Wiederholungsrhythmus der spitzen, geometrisch reduzierten Buchstaben weckt Assoziationen an alte deutsche Schriften wie die Sütterlin sowie an Werkzeugmaschinen in der industriellen Serienfertigung und die gewissenhafte Arbeit eines Handwerkers. Die Buchstaben ähneln dem Produkt, sie sind postmodern und kombinieren funktionale und symbolische Designaspekte auf eine völlig neue Art, die keiner historischen Strömung oder ästhetischen Schule folgt. Die schlichte Wortmarke wird bei Verpackungs- und anderem Marketingmaterial durch verschiedene grafische Muster verstärkt und schafft dadurch eine komplexe, visuell reizvolle Identity.

Seriell

Kunde	Keco
Markeninfo	Unternehmen mit Produktion und Verkauf von Pflegeprodukten für behinderte Menschen
Agentur	Pencil
Designer	Luke Manning
Schriftart	Lubalin Graph (modifiziert)
Farben	Smaragdgrün (PMS 348) und Flaschengrün (PMS 7488)
Designkonzept	Der Designer entschied sich für einen klinisch wirkenden Look, um den medizinischen Charakter der Produktlinie zu betonen. Die Serifenbuchstaben der Blockschrift erinnern an andere visuelle Identitys in dieser Branche und lassen das Logo solide und zuverlässig wirken, ein Eindruck, der durch das beruhigende Grasgrün noch verstärkt wird. Der Weißraum zwischen den Buchstaben K und E bildet das Symbol eines kleinen Hauses, das in Kombination mit dem griechischen Kreuz im E das Konzept von Schutz und Sicherheit unterstreicht.

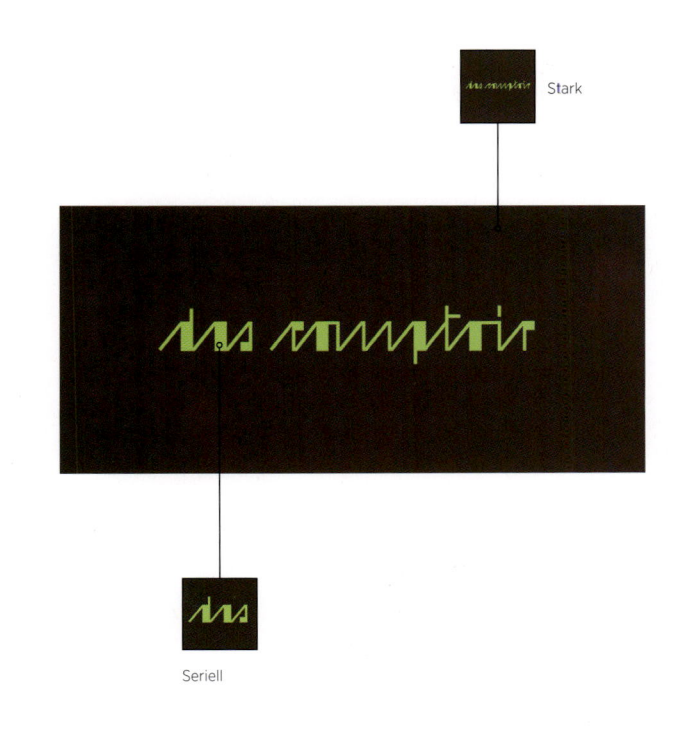

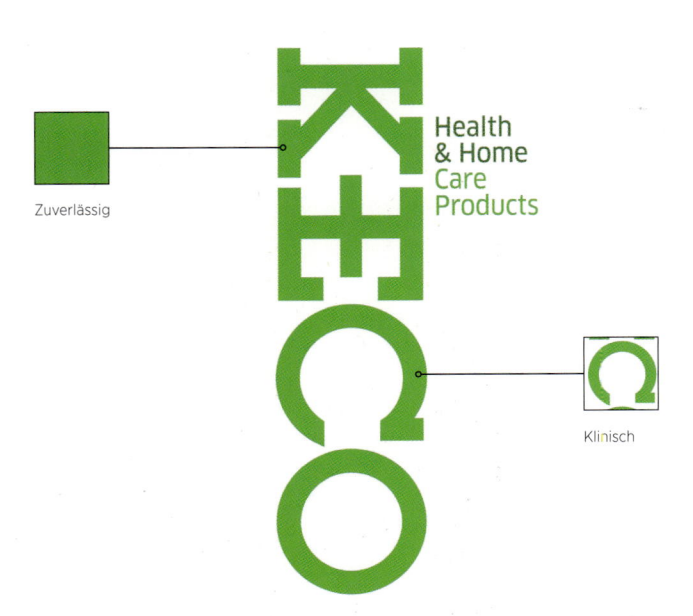

Zuverlässig

Health & Home Care Products

Klinisch

Produktion & Marketing

Freundlich und
humorvoll

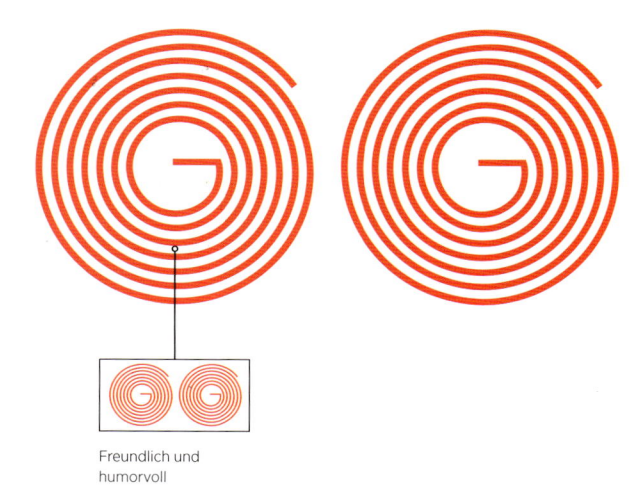

Kunde	Graham Gill Carpets
Markeninfo	Teppichgeschäft in Familienbesitz
Agentur	Fivefootsix
Schriftart	[keine]
Farbe	Rot (PMS 1795)
Designkonzept	Es gelingt nicht oft, eine visuelle Spielerei so gekonnt in ein Logo umzusetzen. Mit etwas Intuition erkennt der Betrachter in den Initialen des Ladens die Seitenansicht zweier aufgerollter Teppiche – das ideale Symbol für diese Branche. Das einprägsame Logo fand bei Kunden und Passanten sofort Anklang. Da das Geschäft klein und in Familienbesitz ist, passt diese Note sehr gut. Das Logo sorgt dafür, dass sich die Kunden wohlfühlen, noch bevor sie das Geschäft überhaupt betreten. Mehr Farben würden von der starken Wirkung des Symbols ablenken, daher genügt hier ein schlichtes Englischrot. Das Ergebnis ist eine Markenidentity, die als Klammer wirkt und ein Gefühl von Ganzheit und Harmonie vermittelt.

Bescheidenheit   Empfindsamkeit

Kunde	Matteria
Markeninfo	Verkäufer von Objekten und Accessoires für Zuhause; die Artikel werden so nachhaltig wie möglich hergestellt.
Agentur	Studio EMMI
Designer	Emmi Salonen
Schriftart	Serifenbetonte Schrift (nicht angegeben)
Farben	Schwarz, mit Varianten aus verschiedenen dunklen Tönen
Designkonzept	Matteria legt großen Wert auf Umweltfreundlichkeit (das Motto lautet „Gutes Design + smarte Materialien") – die Identity musste dies natürlich alles beinhalten. Die Schrift spielt darauf an, dass wir für die Umwelt verantwortlich sind, und das zifferblattartige Muster um das Logo herum steht für die Jahreszeiten, den Jahreszyklus. Da bei allen Markenanwendungen recycelte und/oder umweltfreundliche Materialien verwendet werden, setzt die Identity die von der Marke versprochenen Werte eines „grünen" Lebensstils fort.

Produktion & Marketing

Zart

Kunde	Zilar
Markeninfo	Start-up-Unternehmen in den Arabischen Emiraten, das Haushaltsgegenstände und Geschenke aus Silber direkt an seine Kunden verkauft, zum größten Teil Frauen.
Agentur	Natoof Design
Designer	Mariam bin Natoof
Schriftart	Harrington (modifiziert)
Farben	Blautöne (Pantone Goe System 70-5-3 C und 87-1-4 C) und Silberfolie
Designkonzept	Zilars Kunden sind in der Regel Frauen zwischen 15 und 50, die Qualität schätzen und nach besonderen Produkten aus Silber suchen („Zilar" ist ein altenglisches Wort für Silber). Die Identity sollte die anspruchsvollen Kundinnen ansprechen und modern, feminin und elegant sein. Das Design entschied sich für eine zierlich wirkende Schriftart, die diese Werte symbolisieren konnte, und modifizierte sie, um die Lesbarkeit zu erhöhen. Anschließend kamen noch diverse Schnörkel als dekorative Elemente hinzu. Das Ergebnis ist ein attraktives, einprägsames Logo, das für sämtliche Marketingmaterialien verwendet werden kann.

Feminin

Kunde	Pivduima
Markeninfo	Geschäft für Installationsbedarf in der Ukraine
Agentur	Korolivski Mitci
Artdirector	Dmytro Korol
Designer	Viktoriia Korol
Schriftart	Maßgeschneidert, basierend auf der CricketC
Farben	Braun (Abstufung einer Prozessfarbe) und Blaugrau (PMS 425)
Designkonzept	Das Geschäft verkauft Produkte für die Sanitär- und Heizungsinstallation und kann seinen Kundenstamm (Monteure/Installateure) dank dieser Spezialisierung gezielt ansprechen. Pivduima bedeutet auf Ukrainisch „ein halber Zoll". Für die Identity wurde das Symbol eines Halb-Zoll-Rohres verwendet und mit dem kursiv gesetzten Firmennamen in Kleinbuchstaben kombiniert.

Vertraut

Freundlich

Produktion & Marketing

Freundlich, gutnachbarlich

dekkaneh
by Purple Concept

Gehoben

Kunde	Dekkaneh
Markeninfo	Kette kleiner Supermärkte im Libanon, die alle Altersgruppen anspricht und von der Holding Purple Concept betrieben wird.
Agentur	PenguinCube
Schriftarten	Englisch: Fago (modifiziert); Arabisch: maßgeschneidert, auf Basis der Graffiti
Farben	Grüntöne (Prozessfarben)
Designkonzept	Das Markenkonzept besteht darin, Assoziationen zu Tante-Emma-Läden zu wecken, denn „Dekkaneh" bedeutet „kleiner Laden in der Nachbarschaft". In Beirut gibt es zwar in jedem Viertel viele kleine Läden, Dekkaneh wollte jedoch eine gehobene Produktpalette und mehr Service anbieten. Inspiration für das Logo waren Street-Art und Beschilderungen in Beirut, vor allem die klassischen arabischen Schriftzeichen und die überall präsenten Graffitis. Das Logo ist so präzise gestaltet, dass es sich vom durchschnittlichen lokalen Geschäft abhebt, vermeidet aber gleichzeitig, Dekkaneh in die Nähe internationaler Supermarktketten zu rücken. Das Ergebnis wirkt freundlich und nachbarschaftlich vertraut, suggeriert aber ein gehobeneres Niveau bei Service und Produkten.

Walmart

Wal

Zugänglich

Klug und inspirierend

Kunde	Walmart
Markeninfo	Weltweit größter Discounter mit dem Schwerpunkt niedrige Preise
Agentur	Lippincott
Artdirector	Su Mathews
Designer	Saki Tanaka, Aline Kim, Jenifer Lehker, Alex de Jánosi, Brendán Murphy, Adam Stringer, Julia McGreevy, Bogdan Geana, Sam Ayling und Sandra Hill
Schriftart	Myriad Pro (überarbeitet)
Farben	Blau (PMS 285) und Gelb-orange (PMS 1235)
Designkonzept	Das Logo wurde im Rahmen der Neupositionierung der Marke Walmart überarbeitet und soll Kunden das Gefühl vermitteln, „klug" zu sein, weil sie bei Walmart Geld sparen. Der Bindestrich im Wort wurde gelöscht, die Großbuchstaben des Schriftzuges wurden durch eine zugänglichere Schriftart ersetzt. Das Blau behielt man bei, doch wurde ein moderner Farbton gewählt und Gelb als zweite Farbe eingeführt. Ein neues „Funkensymbol" rechts vom Schriftzug ersetzt den fünfzackigen Stern in der Mitte. Der Funke symbolisiert die Energie, die das „Besser leben" mit sich bringt.

Produktion & Marketing

Kunde	ABA (Ali Bin Ali)
Markeninfo	Mischkonzern für Verkauf und Vertrieb, Einzelhandel und andere Dienstleistungen in den Branchen Reise, Medizin, Verlag und Technik
Agentur	Fitch
Artdirector	Steve Burden
Designer	Marieline Halabi
Schriftart	Maßgeschneidert
Farbe	Blau (PMS 2935)
Designkonzept	Für die vielfältigen Aktivitäten des Großkonzerns aus dem Nahen Osten war ein Logo nötig, das als gemeinsamer Nenner fungiert. Die lange Tradition des Unternehmens ist eine seiner Stärken, doch es sollte auch ein zeitgenössisches Image vermittelt werden. Das neue Logo kombiniert klassische Elemente mit starkem Kontrast und Klarheit und vereinfacht damit die Identity, sodass sie optimal auf dem Markt kommunizieren kann. Das einprägsame Logo wirkt traditionell, gleichzeitig aber auch modern und fortschrittlich.

Elegant

Kontrastreich

Kunde	360° Mall
Markeninfo	Einkaufszentrum für High-End-Kunden in Kuwait
Agentur	Fitch
Artdirector	Anis Bengiuma
Designer	Hammad Iqbal und Nuno Pereira
Schriftart	Maßgeschneidert
Farben	Orange (PMS 1655) und Schwarz
Designkonzept	Das neue, von Tamdeen betriebene Einkaufszentrum präsentiert Edelmarken in stilvoller Umgebung. Diese Exklusivität sollte auch die Identity vermitteln. Daher wurden Ziffern entwickelt, die als Dach für andere Premiummarken fungieren können. Die unterschiedlichen Strichstärken der Ziffern wecken Assoziationen zum Art déco, während die schlichten schwarzen Formen und die von ihnen definierten großen Weißräume den Eindruck von Luxus vermitteln. Der kleine orangefarbene Punkt macht das Logo noch exklusiver und steht für die Wüstensonne. Er soll an die lange Tradition arabischer Händler erinnern, die begehrte Waren aus Ost und West ins Land brachten.

Nobel

Exklusiv

SCHINDLER

Aktualisierung eines bekannten Logos, um die Markenwerte auch im 21. Jahrhundert adäquat auszudrücken.

Markeninfo	Weltweit vertretener Hersteller von Fahrstühlen, Rolltreppen und Fahrsteigen
Agentur	Interbrand
Artdirectors	Andreas Rotzler und Jürgen Kaske
Designer	Gernot Honsel, Martina Gees, Christoph Stadler, Janina Berger und Dennis Oswald
Schriftart	Frutiger Next Bold (von Hand bearbeitet)
Farben	Metallic-Silber, Schwarz und Rot (PMS 485)
Designkonzept	Um Schindler als führenden Anbieter unter mehreren anderen Herstellern ähnlicher Fahrstühle und Fahrsteige zu repositionieren, schlug Interbrand vor, die Marke neu zu definieren und urbane Mobilität in den Vordergrund zu stellen. Das alte Logo – ein Kreissektor mit Kreisring –, das auf einem klassischen, hundert Jahre alten Entwurf basierte, hatte mehrere praktische und ästhetische Nachteile, sah veraltet aus und war mit seinen vertikal ausgerichteten Elementen in manchen Kontexten nur schwer zu verwenden. Trotzdem hatte es einige Vorzüge, zu denen nicht zuletzt der hohe Wiedererkennungswert in der Öffentlichkeit zählte. Der neue Entwurf bleibt daher relativ nah am Original, doch wurden einige wichtige Neuerungen eingeführt:

- Das Logo bekam Tiefe. Der Kreissektor – verwandt mit dem Dreieck, einem Symbol für das Streben, stets an der Spitze zu stehen – wird zum Kreismittelpunkt hin höher, sodass Dynamik und Bewegung entstehen.
- Der Kreis wurde beibehalten, um die langjährige Tradition Schindlers zu symbolisieren und an den Berührungspunkt zwischen Mensch und Maschine zu erinnern – den Fahrstuhlknopf.
- Das Bildzeichen wurde in einem futuristischen Chromstyling gestaltet, passend zu den glänzenden Materialien der Schindler-Produkte.
- Der Name wurde in einer neuen Schriftart dargestellt und ist jetzt knallrot. Die Schrift ist zwar immer noch eine Serifenlose, erinnert durch das dreidimensionale Element aber an die lange Tradition des Unternehmens; das war bei der alten Version nicht der Fall.
- Die Vertikalen des alten Logos fielen weg und kommen jetzt auch als sekundäres grafisches Element nicht mehr so häufig vor.

Das neue Logo ist Teil einer kompletten Überarbeitung der Unternehmensidentity und trägt dazu bei, die Marke visuell so zu positionieren, dass es für Schindler in Zukunft nach oben gehen kann.

Das überarbeitete Logo musste den hohen Wiedererkennungswert der alten Version erhalten, die aus der häufigen Verwendung in Gebäuden international resultiert. Daher wurden Schlüsselelemente des Logos übernommen und andere zur Optimierung des Erscheinungsbildes aber geändert.

Die alte Version des Logos hatte zwar ihre Vorzüge, das Designteam fand jedoch zahlreiche Möglichkeiten zur Verbesserung der Sichtbarkeit und modernisierte es behutsam, damit es die heutigen Werte der Marke reflektiert.

Produktion & Marketing: Fallstudie

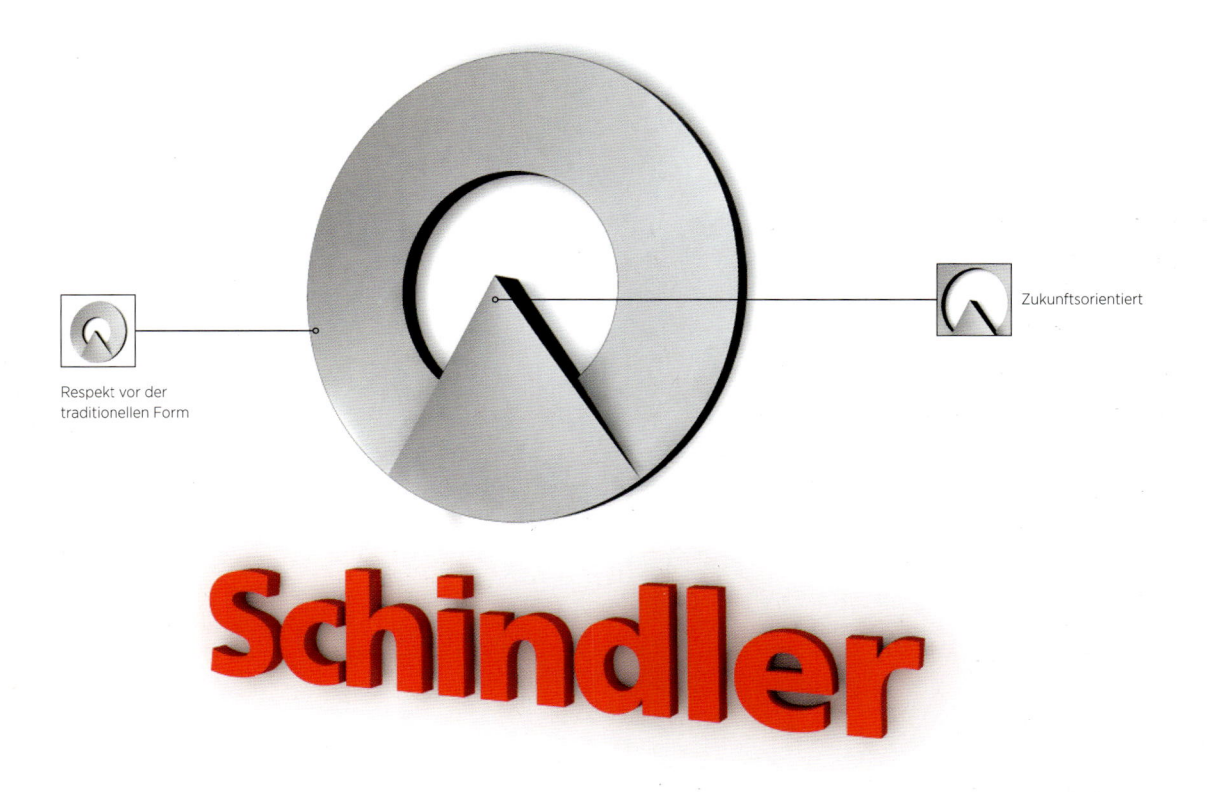

Respekt vor der
traditionellen Form

Zukunftsorientiert

Nachdem man sich auf ein grundlegendes Konzept geeinigt hatte, fertigten die Designer schnelle Bleistiftskizzen an, um die ideale Grundform dreidimensional zu bestimmen.

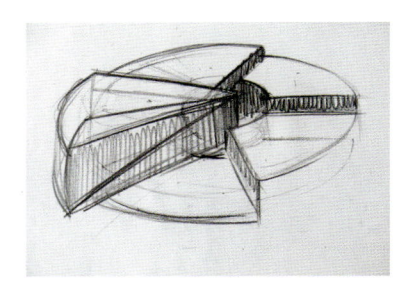

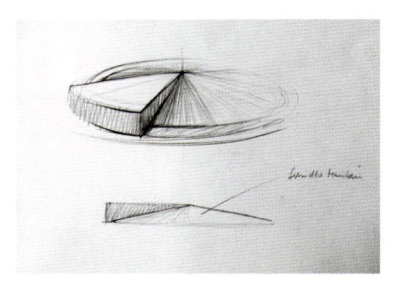

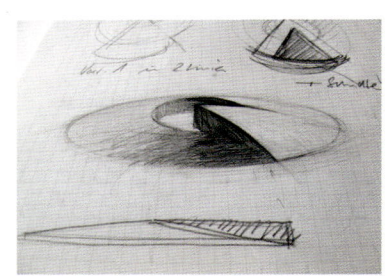

Produktion & Marketing: Fallstudie

Nachdem die Grundform festgelegt war, wurden digitale Dateien erstellt, die als Basis für die Darstellung des Logos in verschiedenen Varianten dienten. Das Logo wird nämlich nicht nur für Drucksachen und auf Websites verwendet. In 3D ist es auch auf Anlagen und Geräten, auf der Beschilderung und in anderen Kontexten zu finden.

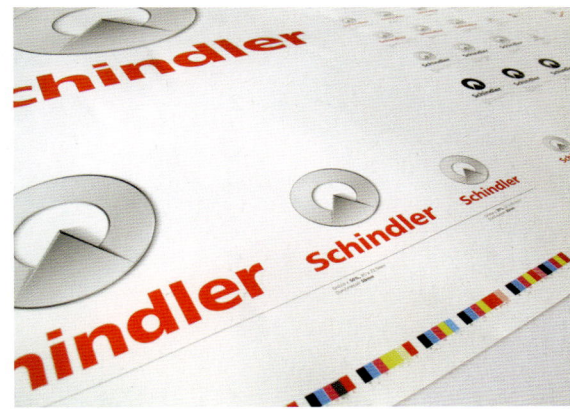

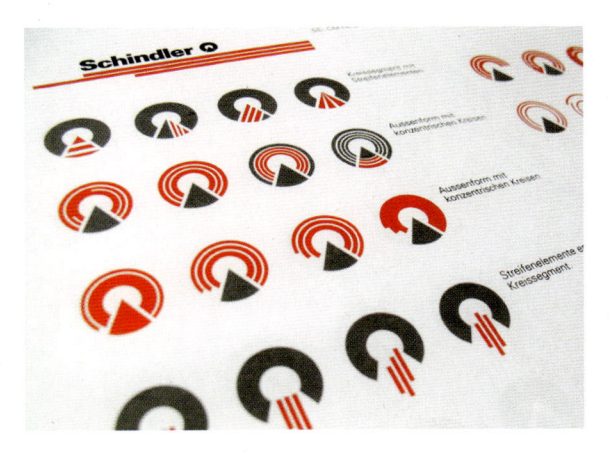

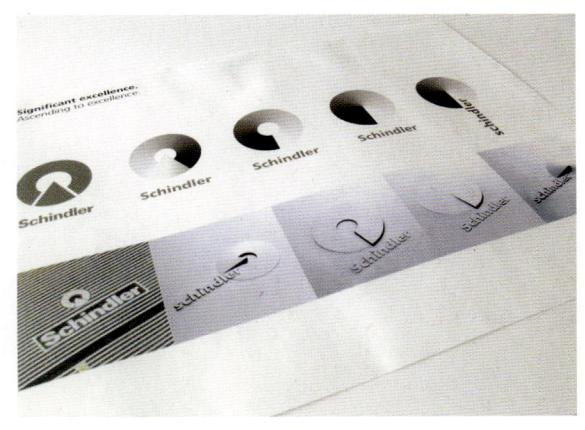

Die Designer entwickelten verschiedene Varianten, die das Logo in vielen unterschiedlichen Kontexten zeigten: flach und in 3D, ein- und mehrfarbig, gedruckt und beleuchtet.

Produktion & Marketing: Fallstudie

Produktion & Marketing: Fallstudie

ARTOIL
Ein neues Logo, das tatsächlich auf mehreren Ebenen einer Tankstelle funktioniert.

Markeninfo	Tankstellenkette der Russischen Föderation
Agentur	Minale Tattersfield Design Strategy Group
Artdirector	David Davis
Designer	Igor Astrologo und Peter Brown
Schriftart	Etelka
Farben	Orange (PMS Orange 021), Blau (PMS Blau 072) und Magenta (PMS 204), ergänzt durch Hellgrün (PMS 382), Gelb (PMS 129) und Rosa (PMS 220)
Designkonzept	Artoil wollte eine unverwechselbare, freundliche Marke entwickeln, die sich von besser etablierten russischen Ölfirmen abheben und anders aussehen sollte als deren traditioneller gestaltete Marken. Das Designteam entwickelte ein Logo, das den kundenorientierten Ansatz des Unternehmens im Einzelhandel ausdrücken konnte, ohne allzu spielerisch zu wirken. Das Logodesign basiert auf dem Markenversprechen „besser zusammen". Es zeigt, wie die Primärangebote (Benzin, Lebensmittel und Arbeiten am Auto) und die Sekundärangebote des Unternehmens im Einzelhandel ineinander übergehen und um den Kunden herum angeordnet sind, denn der steht im Zentrum aller Dinge. Durch die bunte, verspielt wirkende Darstellung der Einzelhandels- und Freizeitangebote gelingt es, einen Kontrast zur Strenge von Wissenschaft und Technologie zu schaffen. Die leuchtende Farbpalette und gerundete Formen tragen dazu bei, dass die Marke in der ansonsten eher grauen und kargen russischen Landschaft eine hohe Sichtbarkeit erreicht.

Eine der größten Herausforderungen bei der Logoentwicklung für eine Tankstelle besteht darin, dass das Logo sowohl aus einiger Entfernung als auch aus der Nähe gut identifizierbar bzw. lesbar sein muss, und zwar tagsüber und nachts, im Innen- und im Außenbereich. Hier ist gutes Design und eine präzise Planung der Beschilderung gefragt.

Wie bei fast allen Logos gibt es auch hier zwei Komponenten: ein Bildzeichen und ein Wortzeichen. Die Interaktion in verschiedenen Kontexten muss präzise geplant werden.

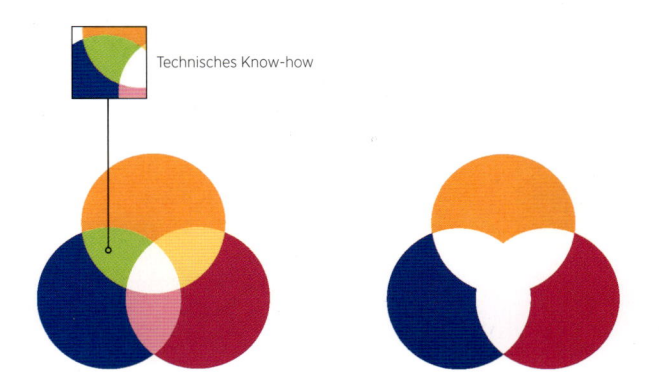

Technisches Know-how

Einzelne Elemente des Logos wie Farbe und Typografie können für sekundäre Elemente der grafischen Markenidentity übernommen werden, etwa bei der Beschilderung.

Verspielt

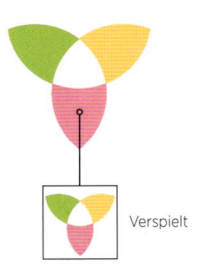

"Better Together"

Das Logo ist das Ergebnis einer konzeptionellen Entwicklung, die mit den grundlegenden Markenwerten beginnt und Möglichkeiten zur visuellen Darstellung dieser abstrakten Ideen untersucht.

Produktion & Marketing: Fallstudie

79

ACHERER

Ein schlichtes, konzeptionelles Design, mit dem Dutzende von Varianten möglich sind.

Markeninfo Ladengeschäft für Blumen und Patisserieprodukte im Stadtzentrum von Bruneck, Italien

Designer Alexander Egger

Schriftart Mrs Eaves

Farben Hellgrün (PMS 396), Orange (PMS 109), Mauve (PMS 257) und Rosa (PMS 226)

Designkonzept Der Laden in der norditalienischen Stadt Bruneck besteht aus zwei Geschäften, die über einen Durchgang miteinander verbunden sind. Das Bildzeichen zeigt drei Kreise, die durch Linien verbunden sind und damit den Buchstaben A bilden – Initialen des Eigentümers. Dieses moderne, geometrische Logo steht für Präzision und die schlichte Ästhetik der Inneneinrichtung und vermittelt den trendigen Charakter der Produkte. Es wurde mit einem Wortzeichen in einer traditionellen Serifenschrift kombiniert, die die klassische Tradition und die handwerkliche Perfektion von Konditor und Floristin sowie das historische Umfeld des Ladengeschäfts unterstreicht.

Der Kontrast zwischen Alt und Neu wird von einem weiteren Kontrastpaar aufgenommen: Weiß plus eine kräftige Farbe. Die weiße Fläche bildet einen neutralen Hintergrund für die Produkte, die durch eine Verpackung in bunten, kräftigen Farben betont werden. Eine weiße Fläche wird immer mit einer kräftigen Farbe kombiniert, egal, ob Briefpapier, Verpackung oder Tragetaschen, deren bunter Inhalt für Überraschungen sorgt – wie der Biss in eine Praline. Für die Eröffnung des Geschäfts wurde eine aus vier Farben bestehende Palette ausgesucht, die je nach Jahreszeit wieder geändert werden kann. Die Website ist eine dynamische Präsentation. Die Navigation besteht aus verschiebbaren bunten Balken, die das Hauptmenü enthalten. Das Hintergrundbild ändert sich ständig und zeigt immer neue Aspekte des Ladens und der Waren. Der Kunde aktualisiert die Bilder mit einem einfachen Content-Management-System, sodass die Identity stets frisch und aktuell bleibt.

Das moderne Logo wird in der minimalistischen Inneneinrichtung des Ladens und auf den Schildchen für die Desserts und Blumenarrangements nur sehr dezent eingesetzt. Das gesamte Design steht für herausragende Qualität und exklusiven Geschmack.

Produktion & Marketing: Fallstudie

ACHERER   ACHERER

ACHERER   ACHERER

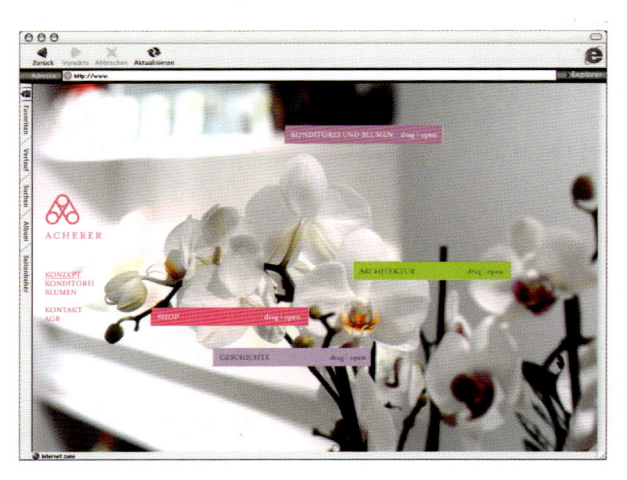

ACH Hochwertig

Außer im Ladengeschäft wird das Logo auch auf der Website verwendet; und hier ändern sich die Hintergrundbilder und die Anordnung der Menüpunkte ständig.

Immobilien & Öffentlicher Raum

Die Immobilienbranche gibt sich eher konservativ. Doch angesichts des mehr oder weniger endgültigen Charakters der häufig mit großen Summen verbundenen Transaktionen bietet sich hier die Chance für einen frischen, unkonventionellen Ansatz. Wie in anderen Branchen auch versuchen die Unternehmen in diesem Sektor, sich von der Konkurrenz abzuheben und eine optimistische, dynamische Haltung zu vermitteln. Gleichzeitig sollen aber auch grundlegende Markeneigenschaften wie Sicherheit und gute Lage suggeriert werden.

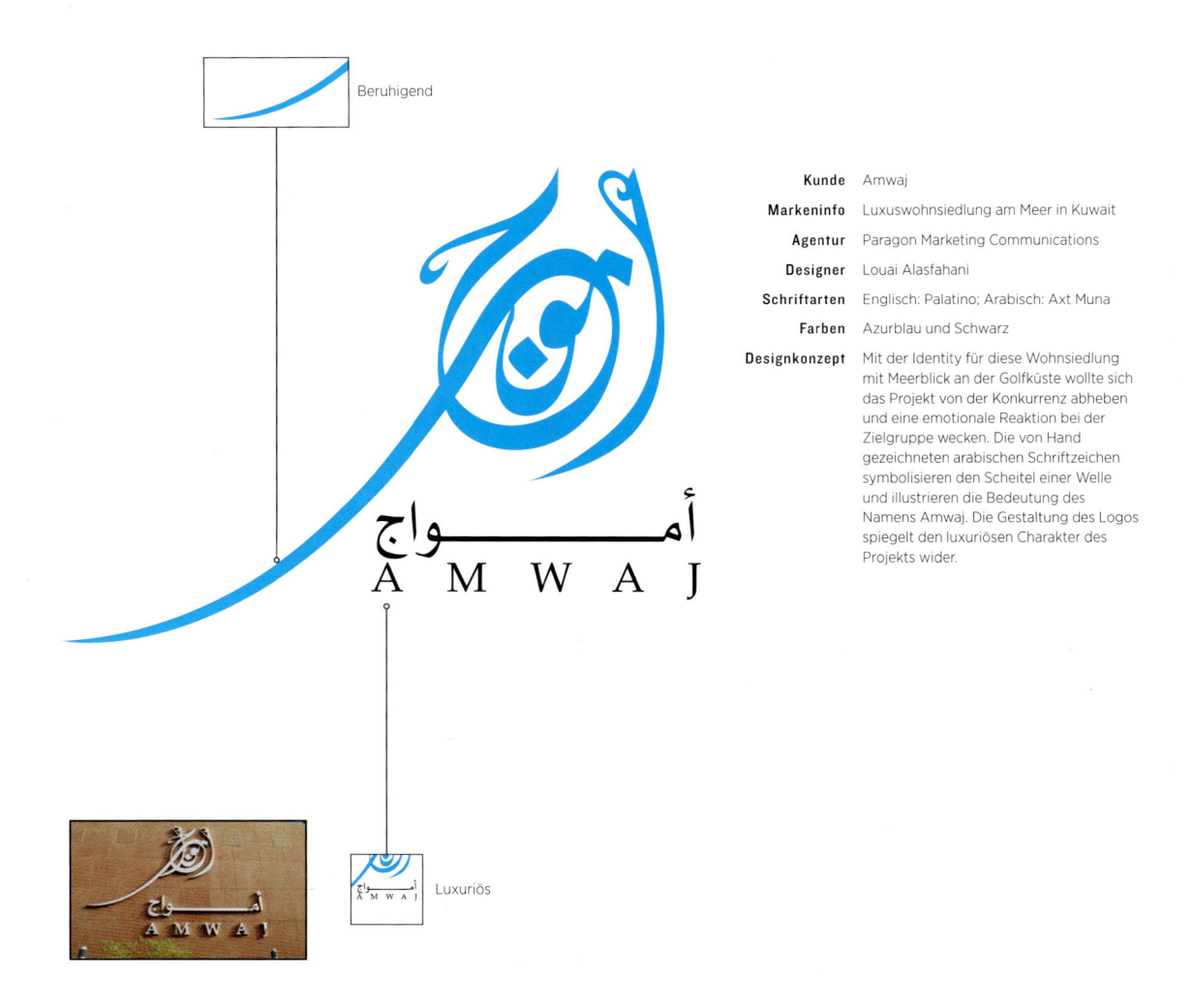

Beruhigend

Luxuriös

Kunde	Amwaj
Markeninfo	Luxuswohnsiedlung am Meer in Kuwait
Agentur	Paragon Marketing Communications
Designer	Louai Alasfahani
Schriftarten	Englisch: Palatino; Arabisch: Axt Muna
Farben	Azurblau und Schwarz
Designkonzept	Mit der Identity für diese Wohnsiedlung mit Meerblick an der Golfküste wollte sich das Projekt von der Konkurrenz abheben und eine emotionale Reaktion bei der Zielgruppe wecken. Die von Hand gezeichneten arabischen Schriftzeichen symbolisieren den Scheitel einer Welle und illustrieren die Bedeutung des Namens Amwaj. Die Gestaltung des Logos spiegelt den luxuriösen Charakter des Projekts wider.

n Klassisch

Kunde	Ginger Nobles & Susan Baldwin
Markeninfo	Zwei Maklerinnen, die im oberen Segment des amerikanischen Immobilienmarkts arbeiten und Häuser im Wert von mehreren Millionen US-Dollar verkaufen.
Agentur	Mosaic Creative
Designer	Tad Dobbs
Schriftarten	Filosofia Unicase und Scala
Farben	Bronze (PMS 462) und Blau (PMS 5425)
Designkonzept	Die beiden Maklerinnen beschreibt Designer Tad Dobbs als „vor Temperament sprudelnd". Sie brauchten für die Ansprache ihrer Oberschichtkunden ein neues Logo, das ihre Teamarbeit und ihre Persönlichkeit vermitteln konnte. „Ich habe mir klassische Schriftarten wie Bodoni und Garamond angesehen. Die haben alle sehr schön unterschiedliche Strichstärken", sagt er. Das Logo aus den beiden Vornameninitialen steht für Teamarbeit und ist zugleich eine Anspielung auf Monogramme auf Handtüchern. Die Verwendung einer Schriftart mit unterschiedlichen Strichstärken und die Kombination von Groß- und Kleinbuchstaben lässt das Logo exklusiv wirken und drückt die Persönlichkeit der beiden Frauen aus.

ginger g susan
NOBLES   BALDWIN

GIN Elegant

Kunde	Dock
Markeninfo	Umweltbewusstes Bauvorhaben in einem Mischgebiet des Hafenviertels an der Moldau im Osten Prags
Agentur	Creative Zone Lavmi
Designer	Babeta Ondrová
Schriftart	DIN
Farbe	Blau (PMS 284)
Designkonzept	Das Projekt, das in einer Biegung der Moldau neben einem öffentlichen Park errichtet werden soll, basiert darauf, den ökologischen Einfluss eines Bauvorhabens so gering wie möglich zu halten. Architektur und Design solcher Bauprojekte versuchen, vorhandene Ressourcen zu nutzen und dafür zu sorgen, dass die Bewohner im Einklang mit ihrer Umgebung leben und arbeiten können. Diese Philosophie kommt auch im Logo zum Ausdruck: Gefettete, serifenlose Buchstaben stehen für die unprätentiösen architektonischen Lösungen, die miteinander verschmolzenen Buchstaben O und C fungieren als Verstärkung des Konzepts, vorhandene Ressourcen effektiv zu nutzen, und sind gleichzeitig eine Anspielung auf die Flusswindung.

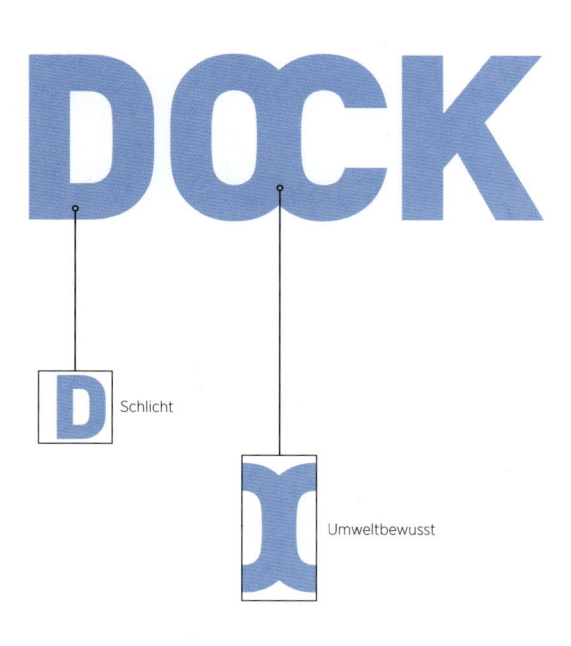

DOCK

D Schlicht

X Umweltbewusst

Immobilien & Öffentlicher Raum

Immobilien & Öffentlicher Raum

Organisiert

Professionell

Housale™
PROPERTY DEVELOPMENT

Kunde	Housale Property Development
Markeninfo	Neues Unternehmen auf der griechischen Insel Korfu, das Einheimische und Ausländer beim Kauf von Immobilien berät.
Agentur	Chris Trivizas	Design
Artdirector	Chris Trivizas
Designer	Katerina Kotti
Schriftart	PF BeauSans Pro
Farben	Gelb (PMS 123) und Schwarz (PMS Schwarz 2)
Designkonzept	Der Name aus den englischen Wörtern „house" und „sale" bezieht sich auf die Tätigkeit des Unternehmens. Das Logodesign drückt aus, wie das passiert. Die ausgewogenen Proportionen vermitteln Kompetenz und Know-how. Das inverse Haussymbol im gelben Punkt steht für gute Organisation und Sorgfalt, und die Kombination von Gelb und Dunkelgrau suggeriert Baustellenschilder und verstärkt den Eindruck, dass man es mit einem vertrauenswürdigen, zuverlässigen Unternehmen zu tun hat. Eine kleine visuelle Spielerei – eine Leiter, gleichzeitig ein H mit doppeltem Steg –, wirkt beruhigend auf den Kunden, ohne den professionellen Eindruck zu schmälern.

Optimistisch

Unterstützend

SETTLEMENT HOUSING FUND · INC

Kunde	Settlement Housing Fund, Inc.
Markeninfo	Baut und verwaltet bezahlbaren Wohnraum für Familien mit niedrigem bis mittlerem Einkommen.
Agentur	Designation
Artdirectors	David Sellery und Carol Lamberg
Designer	Mike Quon
Schriftart	Franklin Gothic Condensed
Farben	Gelb (PMS 142), Blau (PMS 3005) und Grün (PMS 376)
Designkonzept	Dieses gemeinnützige Wohnungsbauunternehmen musste sein Image aktualisieren, um bei Geschäftspartnern und Organisationen mit Fördermitteln mehr Anklang zu finden. Es brauchte eine starke, optimistische Identity, die für Bauvorhaben im urbanen Umfeld steht und zugleich vermittelt, dass es mit seinen qualitativ hochwertigen, bezahlbaren Wohnungen eine positive Wirkung auf das Leben vieler Menschen hat.

Kunde	Paladin Group
Markeninfo	Immobilienverwaltung, die über eine Reihe von Gesellschaften Dienstleistungen für Immobilien im privaten und gewerblichen Bereich erbringt.
Agentur	The House
Artdirector	Steven Fuller
Designer/ Typograf	Sam Dyer
Schriftart	Trajan
Farbe	Rot (PMS 484)
Designkonzept	„Paladin" bedeutet „Beschützer" von Menschen und Eigentum. Der Designer machte den Buchstaben A größer und entfernte den Querstrich. So sorgte er dafür, dass das Logo Größe und Sicherheit und damit auch die Vorstellung von Schutz vermittelt. Mit der neuen Identity können die Mitarbeiter des Unternehmens die Unternehmenswerte wesentlich besser kommunizieren.

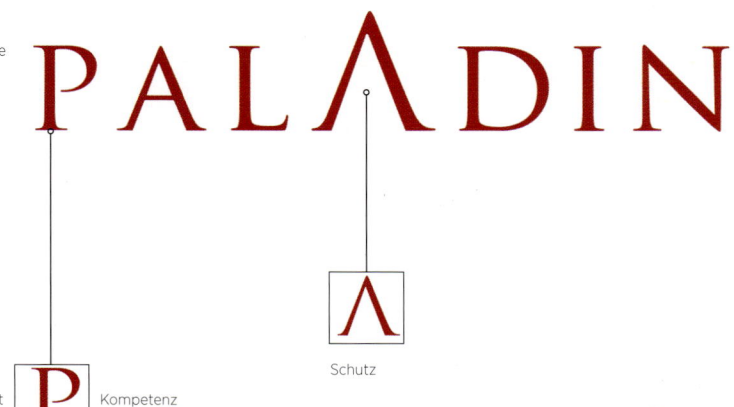

PALADIN

P — Kompetenz

Λ — Schutz

Kunde	Gala Realty
Markeninfo	Immobilienmakler in der Ukraine
Agentur	Korolivski Mitci
Artdirector	Viktoriia Korol
Designer	Dmytro Korol
Schriftart	Maßgeschneidert
Farbe	Orange (PMS 130)
Designkonzept	Diese Art Logo mit verzerrten Buchstaben, die ein einfaches Bild ergeben, war Mitte des 20. Jahrhunderts sehr beliebt. Doch inzwischen gilt eine solche Gestaltung in einigen Ländern aber als altmodisch. Dieses Beispiel zeigt jedoch, dass man damit Persönlichkeit kommunizieren und einer Marke sogar einen Schuss Humor verpassen kann – sofern der Entwurf gelungen ist. Die schweren Buchstaben vermitteln Zuverlässigkeit und Seriosität, während das kräftige Orange verhindert, dass sie bedrohlich wirken.

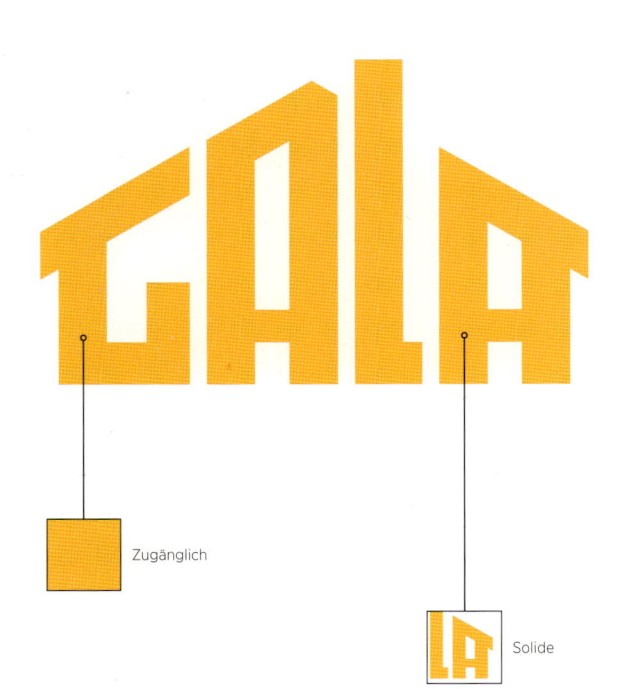

Zugänglich

LA — Solide

Immobilien & Öffentlicher Raum

Immobilien & Öffentlicher Raum

Natürlich

بوابة الشمال
North Gate

Hell, integriert

Kunde	North Gate (Equinox)
Markeninfo	Bauprojekt in einem Mischgebiet in Doha, Katar, mit weitläufigen Grünanlagen zwischen Einzelhandelsflächen, Wohnhäusern und Bürogebäuden
Agentur	Fitch
Artdirector	Anis Bengiuma
Designer	Shaghig Anserlian
Schriftart	Maßgeschneidert
Farbe	Grün (PMS 3145)
Designkonzept	Das Logo kombiniert die Darstellung von Wind mit einem abstrakten Kompass, der die Windrichtung angibt. Das Bildzeichen und die leichte, elegante Schrift verweisen auf den Standort des Bauprojekts an der Golfküste und vermitteln den Eindruck einer ambitionierten Architektur von Weltformat mit modernem Design und allen erdenklichen Annehmlichkeiten.

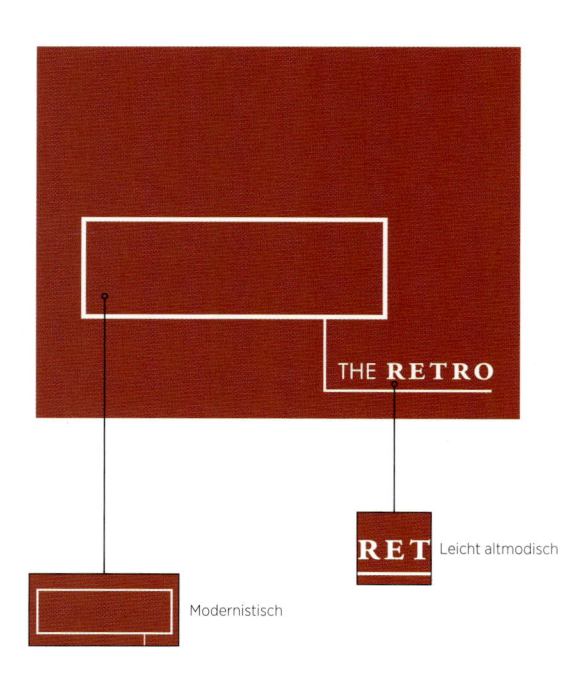

THE RETRO

Leicht altmodisch

Modernistisch

Kunde	The Retro
Markeninfo	Gebäude mit Eigentumswohnungen in New York City, das ursprünglich aus zwei einzelnen Gebäuden bestand – einem alten (The Retro) und einem neuen (The Modern) –, die jedoch zusammengelegt wurden und eine gemeinsame Identity brauchten. Aufgrund der Wirtschaftskrise wurde The Modern zurückgestellt und nur The Retro realisiert.
Agentur	Think Studio, NYC
Designer	John Clifford und Herb Thornby
Texterin	Mary-Catherine Jones
Schriftarten	Adobe Garamond und Futura
Farbe	Rot (Prozessfarbe)
Designkonzept	Zur Kostensenkung wurde das Marketing für die beiden Bauprojekte aufeinander abgestimmt und ein gemeinsames visuelles Thema für die beiden Gebäude entwickelt. Die Designer entschieden sich für ein Rechteck – horizontal für The Retro, vertikal für The Modern – und eine ähnliche Typografie und Farbpalette. Da für das Gebäude keine typografisch bearbeitete Adresse, sondern ein visuelles Symbol benutzt wird, prägt es sich erheblich stärker ein, was durch eine Reihe farbiger Rechtecke für andere Brandinganwendungen noch verstärkt wird.

Immobilien & Öffentlicher Raum

Geometrisch

Kunde	King-Dome
Markeninfo	Italienisches Bauunternehmen, dessen Markenpositionierung aus „königlichen Häusern" besteht.
Agentur	Artiva Design
Designer	Daniele De Batté und Davide Sossi
Schriftart	Helvetica
Farbe	Gold (PMS 8003)
Designkonzept	Durch die einfache Wiederholung der Linien des Initials gelingt es den Designern, Selbstvertrauen und Qualität zu suggerieren. Die starke Betonung der Ecken und Kanten des Buchstabens weckt Assoziationen zu der minimalistischen Darstellung eines Schildes, von Streifen in einem – königlichen – Wappen oder auch einfach von Gebäudebegrenzungslinien im Bauplan eines Architekten.

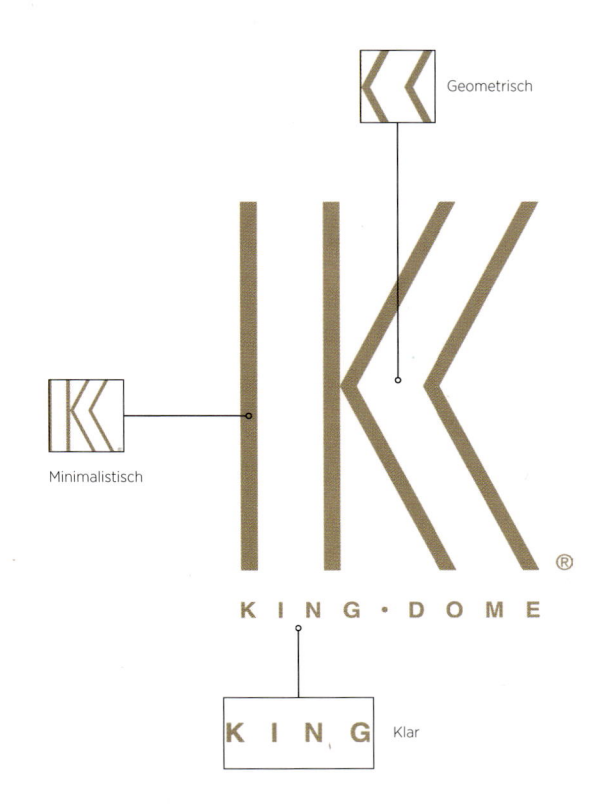

Minimalistisch

KING · DOME

Klar

Kunde	Better Homes, Libyen
Markeninfo	Unternehmen, das auf dem langsam sich entwickelnden Immobilienmarkt Libyens Häuser in Meernähe verkauft und vermietet.
Agentur	Paragon Marketing Communications
Designer	Konstantin Assenov
Schriftart	Alter Times Bold
Farben	Blautöne (Prozessfarben)
Designkonzept	Die Nähe der Häuser zum Meer diente als Inspiration für ein Logo, bei dem mediterrane Farben mit dem für die nordafrikanische Architektur typischen blendend weißen Anstrich kombiniert wurden. Die Buchstabenkombination aus b und h enthält ein Haussymbol, sodass man auf den ersten Blick erkennt, mit was für einem Unternehmen man es zu tun hat. Das Logo wirkt schlicht – die Häuser werden für den persönlichen Gebrauch und nicht als Investition verkauft –, gleichzeitig aber auch seriös und professionell.

Frisch

better homes
LIBYA

Hell

THE PORT OF LONG BEACH

Ein Logodesign, das die langfristigen Strategieziele der Marke erfüllt und mehr Menschen anspricht als nur den Kundenstamm.

Kunde	The Port of Long Beach
Markeninfo	Ein großer Verschiffungshafen in Südkalifornien brauchte eine neue Markenidentity, um Kommunen aus der Umgebung zu überzeugen, dass er ein guter Nachbar und keine Bedrohung ist.
Agentur	Siegel+Gale
Creativedirector	Sven Seger
Designdirector	Marcus Bartlett
Seniordesigner	Monica Chai
Schriftart	Fedra Sans
Farben	Farbverläufe in mehreren Farben
Designkonzept	Nachdem die Hafenanlage über die Jahre enorm gewachsen war, regte sich bei benachbarten Kommunen Widerstand gegen Pläne für eine weitere Expansion, da sie Umweltschäden befürchteten. Um eine gemeinsame Basis zu finden, die sowohl das Ziel eines starken Wirtschaftswachstums als auch die Bedenken der Nachbarschaft berücksichtigte, lautete die Empfehlung von Siegel+Gale an The Port of Long Beach, die Marke emotionaler zu gestalten und den Schwerpunkt auf Harmonie, gesunde Lebensweise und ein ausgewogenes Verhältnis zwischen boomendem Handel und den Städten und Gemeinden der Umgebung zu legen. Schnell wurde klar, dass sich das am besten durch ein neues Markenkonzept mit dem Motto „Shaping a vibrant community" erreichen ließ.

Der Hafen brauchte sich nicht an seine Kunden zu verkaufen – das Geschäft lief ausgesprochen gut –, er brauchte sich nur als Katalysator für wirtschaftliche und soziale Interessen und als engagierter Verfechter der dazugehörenden Werte positionieren: Schutz des Ökosystems, Leben und Arbeiten in Eintracht und Aufbau einer blühenden Gemeinschaft.

Das Logo integriert alle Elemente einer solchen Gemeinschaft – ein Schiff, Menschen, Gebäude, Bäume, Seevögel, Fische – in einer einzigen, blühenden Welt, die in bunten, aquarellähnlichen Farben gemalt ist und die für diese Region typische Atmosphäre einfängt. Das endgültige Logo lässt an gesellschaftlichen Wandel, fortschrittliches Denken und wirtschaftliches Wachstum denken. Es strahlt einen unbekümmerten Optimismus aus, der für Kalifornien typisch ist. |

Das Logo ist visuell ansprechend und auffallend genug, um in unterschiedlichen Kontexten zu funktionieren – sogar schwarz-weiß.

Ein komplexes, akribisch entwickeltes Logo, das die vielen Facetten eines Hafens verkörpert und sich nicht nur auf Schiffe bezieht. Die ausgewogenen Proportionen sorgen für Klarheit und Lesbarkeit.

Immobilien & Öffentlicher Raum: Fallstudie

Harmonisch

The Port of LONG BEACH

Your Environmentally Friendly Port

Beruhigend, optimistisch

Bei der Entwicklung des Logos wurden einzelne Elemente ausgewählt, in der Größe angepasst und zu einem harmonischen Ganzen kombiniert. Die endgültige Version enthält auch einen angedeuteten Umriss der Vereinigten Staaten.

REISE & TOURISMUS

Diese Kategorie enthält sowohl Logos für Destinationen als auch solche für die Mittel, um diese Destinationen zu erreichen. Es ist mitunter eine echte Herausforderung, Eigenschaften und Attraktionen eines Ortes in einem Logo zu komprimieren. Einem guten Designer gelingt das, indem er Schlüsselmerkmale sucht und das Wesentliche daran visuell umsetzt. Und wie geht das? Ein Tipp: Auch im Logodesign gilt das alte Sprichwort „Der Weg ist das Ziel".

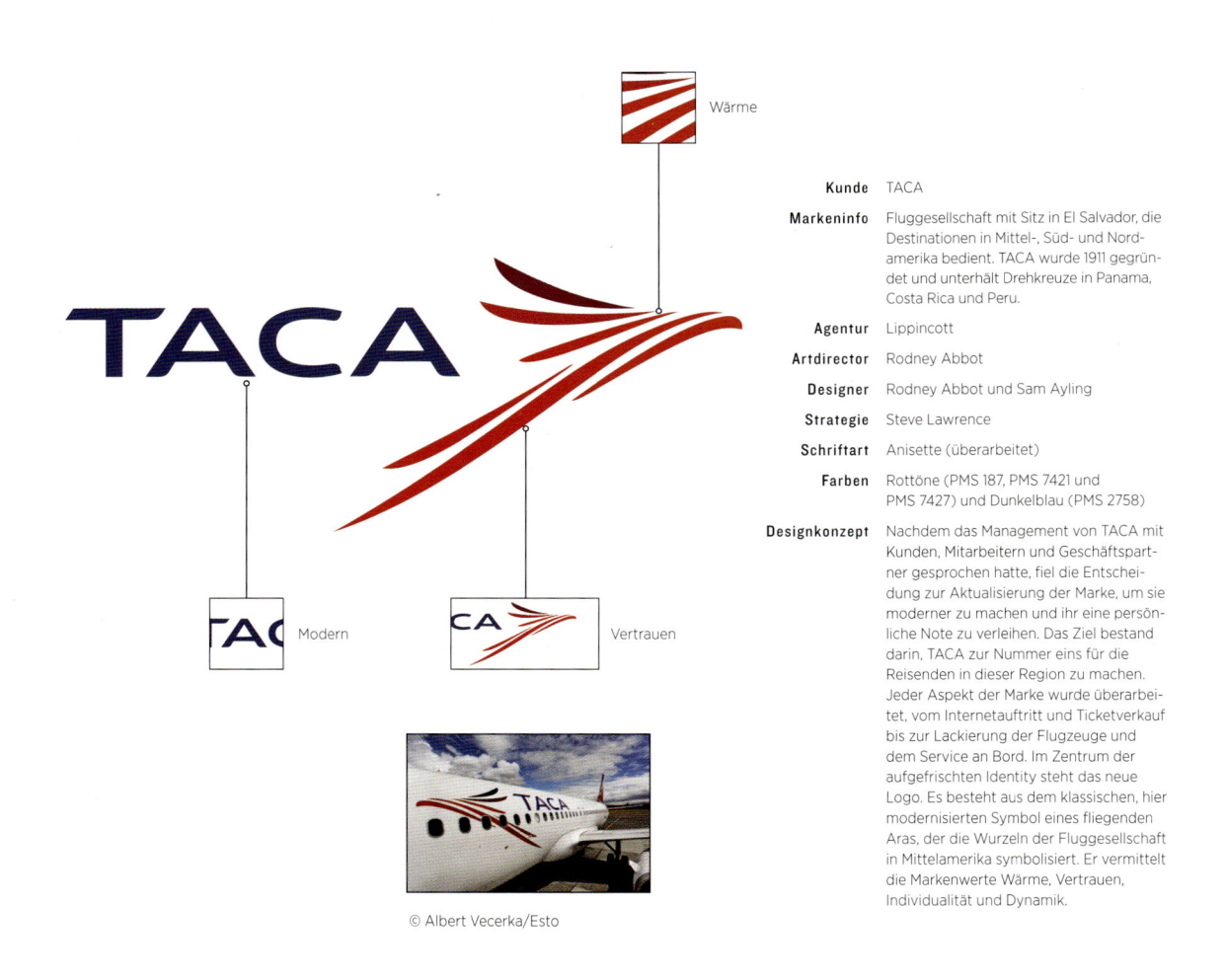

Wärme

Modern

Vertrauen

© Albert Vecerka/Esto

Kunde	TACA
Markeninfo	Fluggesellschaft mit Sitz in El Salvador, die Destinationen in Mittel-, Süd- und Nordamerika bedient. TACA wurde 1911 gegründet und unterhält Drehkreuze in Panama, Costa Rica und Peru.
Agentur	Lippincott
Artdirector	Rodney Abbot
Designer	Rodney Abbot und Sam Ayling
Strategie	Steve Lawrence
Schriftart	Anisette (überarbeitet)
Farben	Rottöne (PMS 187, PMS 7421 und PMS 7427) und Dunkelblau (PMS 2758)
Designkonzept	Nachdem das Management von TACA mit Kunden, Mitarbeitern und Geschäftspartnern gesprochen hatte, fiel die Entscheidung zur Aktualisierung der Marke, um sie moderner zu machen und ihr eine persönliche Note zu verleihen. Das Ziel bestand darin, TACA zur Nummer eins für die Reisenden in dieser Region zu machen. Jeder Aspekt der Marke wurde überarbeitet, vom Internetauftritt und Ticketverkauf bis zur Lackierung der Flugzeuge und dem Service an Bord. Im Zentrum der aufgefrischten Identity steht das neue Logo. Es besteht aus dem klassischen, hier modernisierten Symbol eines fliegenden Aras, der die Wurzeln der Fluggesellschaft in Mittelamerika symbolisiert. Er vermittelt die Markenwerte Wärme, Vertrauen, Individualität und Dynamik.

Reise & Tourismus

Kontinuität gegenüber der alten Identity

Kunde	Trentino
Markeninfo	Region in Norditalien
Agentur	Minale Tattersfield Design Strategy Group
Designer	Marcello Minale, Peter Jones und Valeria Murabito
Schriftart	Trentino Sans
Farben	Blau- und Grüntöne (Prozessfarben)
Designkonzept	Das Designbriefing der Tourismusbehörde sah vor, die Marke mit nahe gelegenen Regionen konkurrieren zu lassen, um den Ganzjahrestourismus anzukurbeln. Das alte Logo wirkte etwas kühl und vermittelte nicht alles, was das Trentino dem Besucher zu bieten hat. Um den Wiedererkennungswert nicht zunichte zu machen, behielt das Designteam die Typografie und den stilisierten Schmetterling bei, führte die beiden Elemente aber zusammen. Sie stellten die Buchstaben auf verschiedene Ebenen, um die Berge und Täler der Region zu symbolisieren, fügten neue Farben hinzu, die für Weideland, Seen, Wildnis und klaren Himmel stehen, und entfernten den Rahmen. Die neue Identity, von der es auch einfarbige Versionen gibt, wirkt erheblich lebendiger und sorgt für eine stärkere Präsenz der Marke in Digital- und Printmedien.

Lebendig

Kunde	ProTrip
Markeninfo	Webreisebüro in der Tschechischen Republik
Agentur	Lavmi
Designer	Babeta Ondrová
Schriftart	Times Roman
Farbe	Magenta (Prozessfarbe)
Designkonzept	Der Kunde hatte keine besonderen Wünsche für das Design des Logos, bis auf die Vorgabe, dass es unverwechselbar sein sollte und sich visuell von anderen Reisebüros im Internet unterscheiden musste. Die Designerin kombinierte Form und Farbe so, dass das Logo frisch und unverbraucht wirkt und dem Betrachter ins Auge fällt. Die üblichen Klischees der Tourismusbranche wurden gemieden. Die Kombination von Symbol und kräftiger Farbe weckt gleich mehrere erwünschte Assoziationen: Ein Pfeil steht für das gewünschte Reiseziel, Lippen und eine Sprechblase suggerieren Mundpropaganda, und das Symbol für eine Spielkarte deutet auf einen aufregenden Urlaub und eine romantische Begegnung hin.

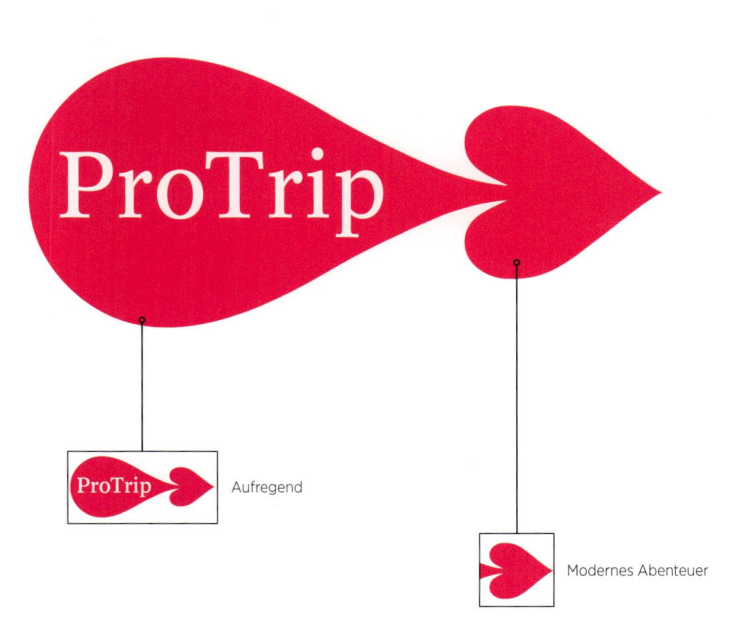

Aufregend

Modernes Abenteuer

91

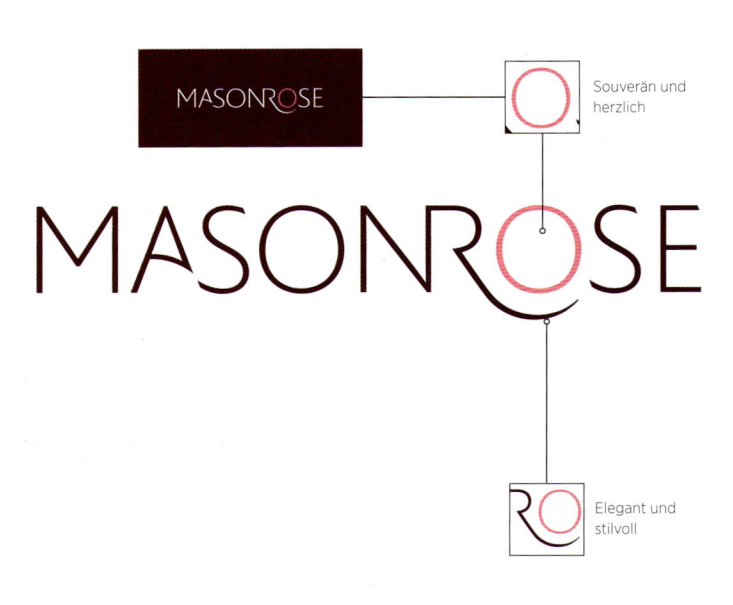

Reise & Tourismus

Kunde	Mason Rose
Markeninfo	Unternehmen, das Hotels der oberen Preisklasse in aller Welt an Kunden in Großbritannien vermittelt.
Agentur	Inaria
Creative-directors	Debora Berardi und Andy Bain
Designer	Andy Bain
Schriftart	Maßgeschneidert
Farben	Dunkles Burgunderrot (PMS 5115) und Rosa (PMS 218)
Designkonzept	Zu Beginn des Projekts formulierte Inaria die Kernidee der Marke Mason Rose, um den Designern die Richtung für die Gestaltung des Logos vorzugeben. Diese entwickelten dann ein Wortzeichen, das die wichtigsten Attribute der Marke vermittelt: zuverlässig, intelligent, dynamisch, stylish, selbstbewusst, anspruchsvoll. Die Kombination von modifizierten, sehr zierlich wirkenden Buchstaben und einer ungewöhnlichen Farbpalette, die durch weitere Elemente der Markenidentity verstärkt wird, ergab ein Logo, das diese Werte auf subtile, aber unverwechselbare Weise vermittelt.

Souverän und herzlich

Elegant und stilvoll

Kunde	Tourismusbehörde von Katar
Markeninfo	Regierungsbehörde zur Förderung von Tourismus und Messen in der Golfregion
Agentur	Fitch
Artdirector	Steve Burden
Designer/Typograf	Shaghig Anserlian
Schriftarten	Englisch: Palatino; Arabisch: maßgeschneidert
Farben	Dunkles Burgunderrot und Grau
Designkonzept	Die Tourismusbehörde von Katar brauchte eine neue Identity, um die Werte zu vermitteln, mit dem auch das Land selbst identifiziert wird: Authentizität, Qualität und Gastfreundschaft. Das Bild eines Wachssiegels steht für das kulturelle Erbe Katars, der Name wird in die vereinfachten arabischen Buchstaben geschrieben. Das Farbschema verstärkt die Werte: Das dunkle Violett steht für königliche Gastfreundschaft, das weiche Grau für subtile Autorität. Die moderne Serifenschrift ist Geschäftsleuten vertraut und vermittelt Qualität und Zuverlässigkeit. Das Ergebnis ist eine starke, kompakte und lesbare Identity, die ihre Wirkung in unterschiedlichen Formaten und Medien entfaltet.

Authentizität

Qualität

Reise & Tourismus

Gewissenhaft

Luxair Stilvoll

Kunde	Luxair
Markeninfo	Nach jahrelangen Budgetkürzungen wurde die nationale Fluggesellschaft Luxemburgs als altmodisch und bei Qualität und Preis als unterdurchschnittlich wahrgenommen.
Agentur	Minale Tattersfield Design Strategy Group
Designteam	Jim Waters und Gwenael Hanquet
Schriftart	Luxarine (Hausschrift auf der Basis der Dax)
Farbe	Türkis (PMS 314)
Designkonzept	Nach einer genauen Untersuchung der Unternehmenskultur und Markenimplementierung machte sich das Designteam daran, die Identity von Luxair zu aktualisieren. Der typografische Stil wurde überarbeitet, die Farbe blieb, und das Logo wurde nur sehr behutsam modifiziert. Der Wechsel zu einem Schriftzug in Kleinbuchstaben lässt das Logo moderner und dynamischer wirken. Die neue Identity wurde für die Lackierung der Flugzeuge, die Uniformen der Flugbegleiter, Flughafenschalter, Flugtickets und Hunderte anderer Anwendungen verwendet und sofort in die Unternehmenskultur übernommen.

Verantwortungsbewusst

Kunde	Nigerian Eagle Airlines
Markeninfo	Nach dem Ende der Partnerschaft mit Virgin brauchte die staatliche Fluggesellschaft Nigerias eine neue Identity, um die Rückkehr zu ihren nigerianischen Wurzeln zu verdeutlichen und die Marke als bevorzugte Fluglinie für Reisende in Westafrika zu etablieren.
Agentur	Interbrand Sampson
Designer	Anton Krugel
Schriftart	Maßgeschneidert
Farben	Grün (PMS 3485). Gelb (PMS 116), Rot (PMS 485) und Schwarz
Designkonzept	Bei früheren Lösungen drehte sich alles um das Wortzeichen „Nigerian", das mit einem Adler als Bildzeichen kombiniert wurde. Interbrand ging die Sache anders an, da das Logo in einer Branche bestehen musste, in der er es bereits jede Menge Adlerlogos gab. Daher wurde ein unverwechselbares Zeichen gesucht, das neugierig und stolz machte. Das neue Logo, für das Muster und Farben der für diese Region typischen Bekleidung verwendet wurden, kann das leisten. Der symmetrische Aufbau in Kombination mit dem ausdrucksstarken Wortzeichen verleiht der neuen Fluggesellschaft ein Gefühl der Stabilität und Sicherheit.

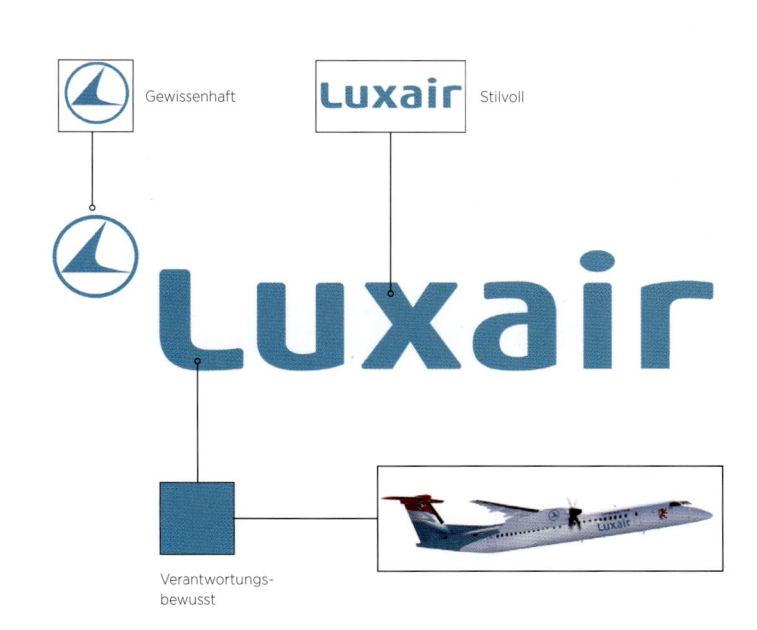

Ausgewogen und stabil

NIGERIAN

Afrikanisch

93

Reise & Tourismus

Exklusiv

Wohlhabend

Kunde	The Valley Club
Markeninfo	Privater Golfklub in Sun Valley, Idaho, USA
Agentur	Mary Hutchison Design
Designer	Mary Chin Hutchison
Schriftarten	Garamond Book (angepasstes Schriftgewicht) und Interstate Bold
Farben	Dunkelgrün (PMS 561) und Gold (PMS 8021)
Designkonzept	Das Originallogo dieses Golfklubs, der neue Mitglieder nur auf Einladung hin aufnimmt, stammt vom Erbauer des Golfplatzes, der es auch für seine anderen Klubs verwendet. Da der Valley Club exklusiver ist, brauchte er ein eigenes Logo. Das musste aber ähnliche Farben aufweisen, um die Verbindung zur Marke aufrechtzuerhalten. Als Inspiration für das neue, sehr exklusiv wirkende Logo dienten die beiden Berggipfel, die über dem Tal von Sun Valley aufragen.

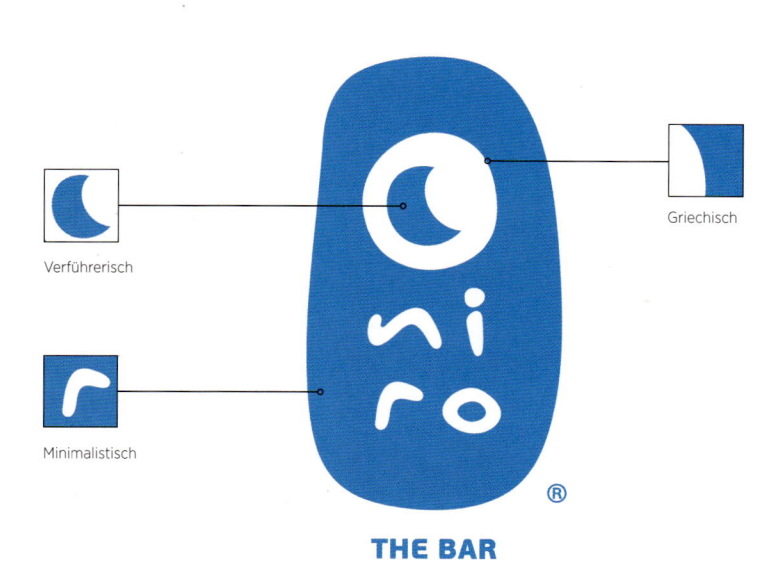

Verführerisch

Griechisch

Minimalistisch

Kunde	Oniro The Bar
Markeninfo	Von Zisimopoulou Stamatia betriebene Bar der gehobenen Preisklasse im griechischen Mykonos.
Agentur	Chris Trivizas | Design
Artdirector	Chris Trivizas
Designer	Katerina Kotti
Schriftart	Maßgeschneidert
Farbe	Blau (PMS 2925)
Designkonzept	Mykonos ist eine lebhafte Ferieninsel mit vielen exklusiven Bars. Daher brauchte Oniro eine unverwechselbare Identity, um sich vom Wettbewerb abzuheben. Die abgerundete, leicht unregelmäßig wirkende Form des Logos ist auch von den Kiesel- und Felssteinen beeinflusst, die bei der Gestaltung der Bar verwendet wurden, und zum Teil von der grandiosen Aussicht, die sich einem bei Nacht bietet. Blau und Weiß stehen für Sommerurlaub auf den griechischen Inseln, während die übereinander angeordneten Buchstaben Assoziationen an das auf dem Wasser schimmernde Mondlicht wecken sollen. Der minimalistische Look spricht das kultivierte Publikum an.

Minimalistisch

Kunde	Cooper Square Hotel
Markeninfo	Boutique-Hotel in New York City
Agentur	//Avec
Designer	Camillia BenBassat, David O'Higgins und sine elemental
Schriftart	Linotype Univers
Farbe	Schwarz
Designkonzept	Dieses Logo sieht das Hotel als Rahmen, in dem sich die „kreative Besetzung" (Gäste mit Interesse für Kunst, Theater und Musik) in einem Raum bewegen kann, der ihre Sinne reflektiert. Der Kontrast zwischen dem wuchtigen Quadrat und den zarten Linien schafft eine visuelle Spannung, die den Charakter von Downtown New York einfängt, wo sich die Wohlhabenden den urbanen Raum mit den Armen teilen und gepflegte Kultur auf lebendige Straßenszene trifft. Das Fehlen von Farbe und Schrift im Logo unterstreicht den hippen Charakter der Downtown-Marke. Die quadratische Außenform (englisch „square") spielt auf den mittleren Namensbestandteil an.

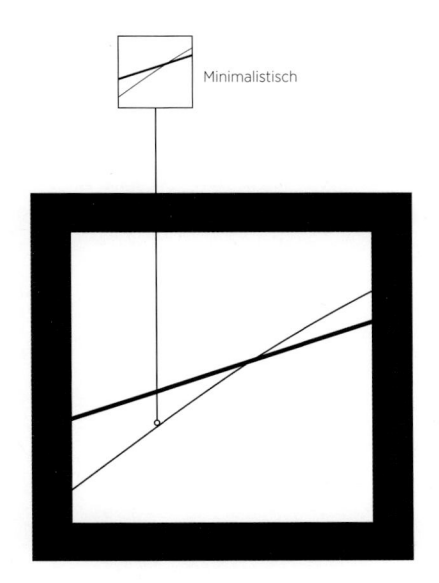

Kunde	Cresta Hotels
Markeninfo	Afrikanische Hotelkette
Agentur	Interbrand Sampson
Designer	Belinda Steenberg
Schriftart	Maßgeschneidert
Farben	Chrom (PMS 8002) und Dunkelblau (PMS 3025), ergänzt um Rot, Gelb, Grün und Braun
Designkonzept	Interbrands erste Aufgabe bestand darin, die strategischen Ziele für die Marke zu formulieren, auf einem Markt, in dem Ressourcen knapp sind und die Markenerfahrung eine entscheidende Rolle spielt, wenn es darum geht, Kunden zu gewinnen und zu halten. Dies half den Designern bei der Definition einer Markenarchitektur und dem Unternehmen bei der Pflege seiner Marken. Die afrikanischen Wurzeln des Unternehmens werden durch Symbolik, Textur, Muster und Stil ausgedrückt – angefangen beim neuen Logo, das sich traditioneller Motive bedient, diese aber auf moderne Art präsentiert.

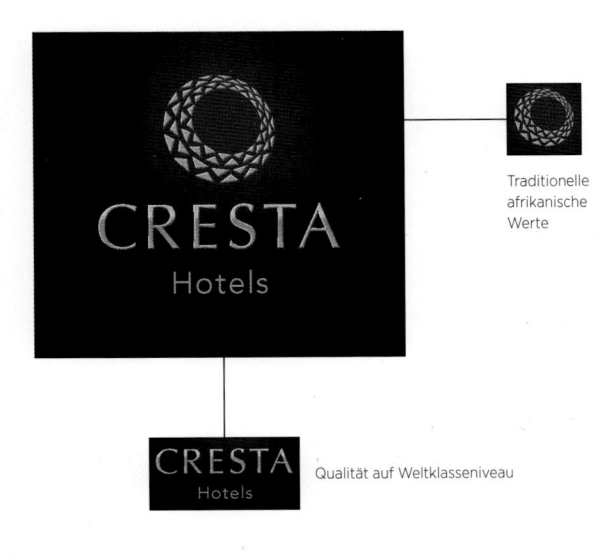

Traditionelle afrikanische Werte

Qualität auf Weltklasseniveau

Reise & Tourismus

ONE&ONLY CAPE TOWN
Ein komplexes Logo, bei dem unterschiedliche kulturelle Einflüsse gemischt wurden.

Markeninfo	Luxushotel in Südafrika
Agentur	Inaria
Creative-director	Andrew Thomas
Designer	Andrew Thomas und Pablo Basla
Schriftart	Baskerville (modifiziert)
Farben	Dunkelbraun, Malachit (PMS 3278), gebranntes Orange und Stein
Designkonzept	Kapstadt wird vom Tafelberg und dem Signal Hill dominiert. Die Verwendung dieser Wahrzeichen in einer Identity liegt zwar nahe, wäre aber ein Klischee. Bei Recherchen zu afrikanischer Kunst fanden sich jedoch faszinierende Beispiele für Perlenstickerei und Muster, aus denen sich ein unverwechselbarer südafrikanischer Look entwickeln ließ. Der Entwurf der Designer basiert auf der Idee, dass Kapstadt eine Art Schmelztiegel ist für westliche Designpräzision und die Unzulänglichkeiten, die afrikanische Kunst so interessant machen. Das Logo besteht aus einem computergenerierten Muster, das durch den Wechsel oder Wegfall einiger „Perlen" absichtlich ein paar Fehler bekommt. Das Muster ist schlicht und zugleich komplex, und es gelingt ihm, die Schönheit und Faszination Südafrikas zu vermitteln. Bei der Reproduktion des Logos verwendeten die Designer u. a. Prägefoliendruck, um das Muster auf Verpackungsmaterial und den luxuriösen Geschenkartikeln, die das Hotel für seine Gäste zusammenstellt, haptisch erfahrbar zu machen.

Die Palette der sekundären Farben für die grafische Identity der Marke ergänzt die weichen, dezenten Braun- und Grautöne des Logos, um den Eindruck von dezentem Luxus zu schaffen.

Das Motiv wurde mittels aufwendigem, dreischichtigem Prägefoliendruck aufgebracht, um von Hand gefertigte Kunst zu suggerieren und einen haptischen Eindruck zu vermitteln.

Um den mit der Marke assoziierten Luxus visuell und haptisch erfahrbar zu machen, wurde mithilfe aufwendiger Druckverfahren wie Prägefoliendruck eine 3D-Textur geschaffen. Außerdem wurden präzise, computergenerierte Muster für Perlenstickerei nachträglich mit „Musterfehlern" versehen.

Modern und traditionell

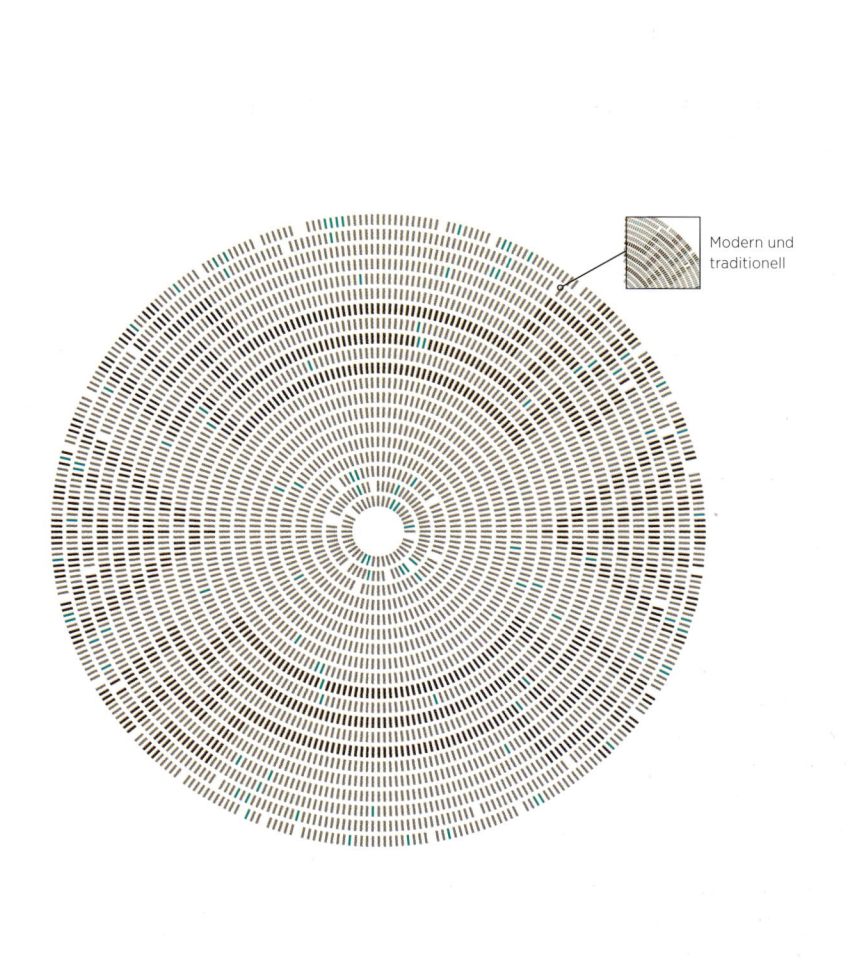

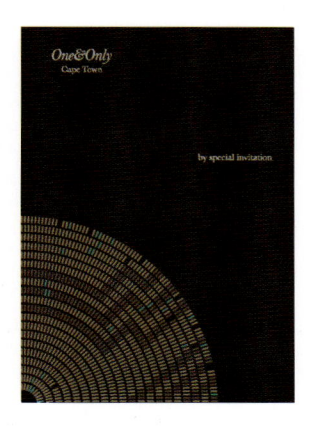

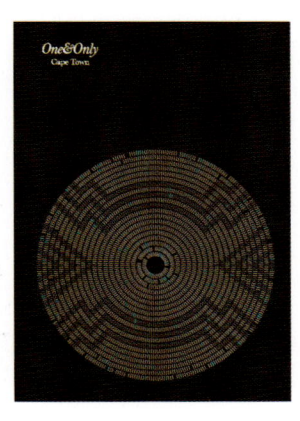

Das Logo ist so groß und vielseitig, dass es in mehreren positiven oder negativen Farbschemata für das gesamte Marketingmaterial verwendet werden kann – entweder als Ganzes oder auch als Detail.

Reise & Tourismus: Fallstudie

KROATISCHE TOURISMUSBEHÖRDE
Hier musste fast ein Dutzend Sprachen berücksichtigt werden, um eine internationale Zielgruppe anzusprechen.

Markeninfo Mehrsprachige visuelle Identity zur Tourismusförderung in Kroatien
Agentur Studio International
Designer Boris Ljubicic
Schriftart Handgemalt
Farben Gelb (PMS 130) mit Rot-, Blau- und Grüntönen (Prozessfarben)
Designkonzept Nachdem Kroatien unabhängig geworden war und seine Infrastruktur wieder aufgebaut hatte, musste das Land eine neue Identity für sich entwickeln, um sich den Zielgruppen in unterschiedlichen Ländern als attraktive Urlaubsdestination zu präsentieren.

Für das Logo wurde der Name des Landes mit groben Pinselstrichen in aquarellartigen, kräftigen Primärfarben gemalt. Der Landesname wird auf jedem Markt in der jeweiligen Sprache benutzt, da Kroatisch keine sehr weit verbreitete Sprache ist und eine Version nur in Englisch oder nur in Deutsch politisch schwierig gewesen wäre und auch vielen Touristen einen falschen Eindruck vermittelt hätte.

Um den vielen Versionen ein einheitliches Aussehen zu geben, nutzt das Logo den (zufälligen) Umstand, dass der vierte Buchstabe des Landesnamens in den meisten Sprachen ein A ist. Aus diesem Buchstaben wird dann in der Mitte des Namens ein blaues Quadrat, das für das berühmte Meeresblau steht und an die Form eines Segelboots erinnert. Links davon wurde ein rotes Quadrat über dem Schriftzug platziert, das ein Symbol für die Sonne ist. Die Schachbrettstruktur, die sich daraus ergibt, steht für die heraldische Tradition Kroatiens.

Andere Buchstaben werden mit Wellen oder Palmwedeln illustriert, was das Bild eines Landes ergibt, das sich hervorragend für einen entspannenden Urlaub eignet. Die daraus resultierende Identity mit ihren verschiedenen Komponenten ist so ansprechend, dass sie auf Handtücher, Taschen, Kleidung und alle möglichen Souvenirs für Touristen gedruckt werden kann und die Marke nicht nur auf traditionelle Werbemöglichkeiten vertrauen muss, um wahrgenommen zu werden.

Der Buchstabe A mitten im Landesnamen dient als visueller Anker, sodass alle Sprachversionen einheitlich gestaltet werden können: Englisch, Französisch, Italienisch, Deutsch, Kroatisch, Slowenisch, Tschechisch, Niederländisch und Polnisch.

Kroatische Heraldik

Spaß

Reise & Tourismus: Fallstudie

Das rotblaue Schachbrettmuster weckt Gefühle an Sommer, Sonne und Spaß und bezieht sich auf Urlaubsaktivitäten am Meer sowie die heraldische Tradition Kroatiens. Der Designer entwickelte ein komplettes Alphabet aus handgemalten Buchstaben, damit alle Logovarianten einheitlich aussehen.

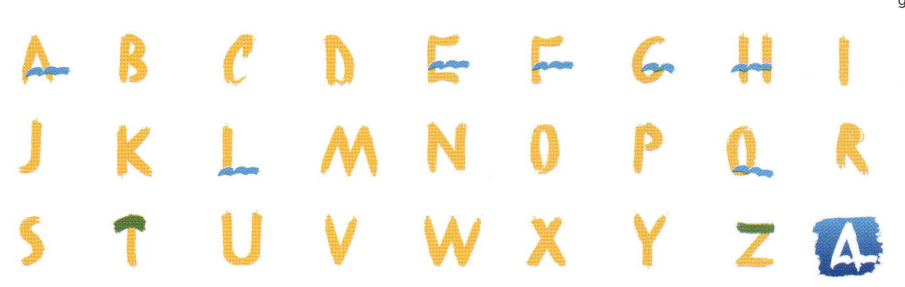

Das Logo kann ganz oder in Teilen in unzähligen Varianten auf Artikel wie Tragetaschen und Strandaccessoires gedruckt werden.

SPORT

Menschen treiben Sport, um gesund zu bleiben, Selbstvertrauen zu gewinnen, Aggressionen abzubauen oder ganz einfach, weil es ihnen Spaß macht. Daher suggerieren Sportmarken in der Regel eine dynamische Bewegung und spielen darauf an, dass wir spontan und erfolgreich sein und uns selbst verwirklichen wollen.

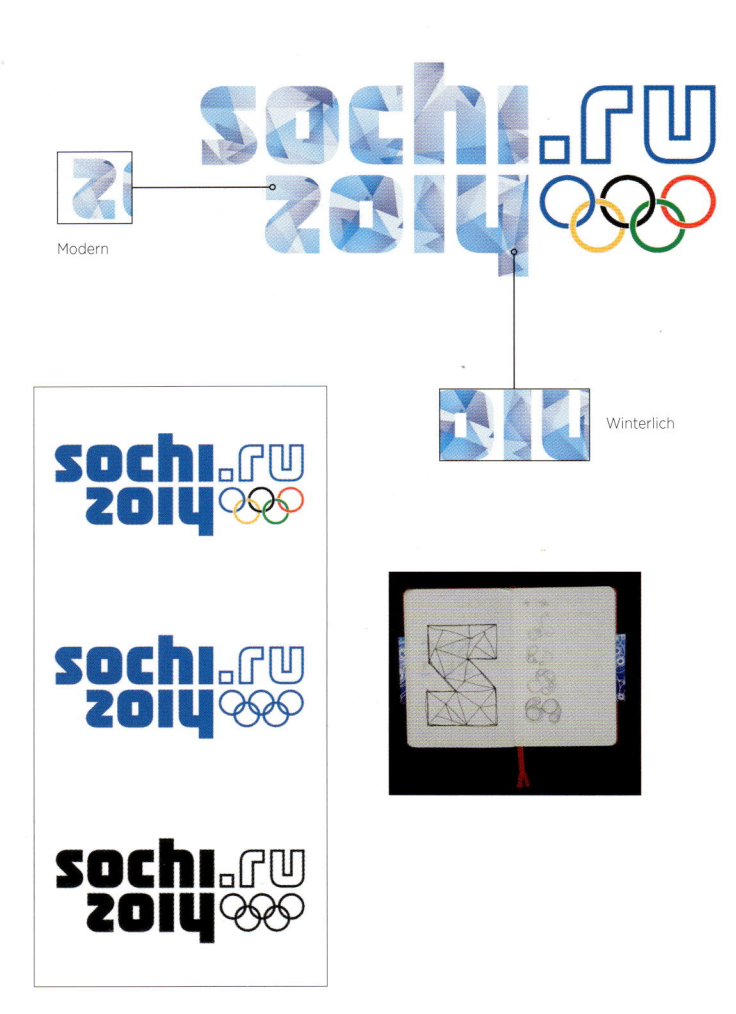

Modern

Winterlich

Kunde	Sochi 2014
Markeninfo	Die olympischen Winterspiele 2014 werden im russischen Sochi am Schwarzen Meer stattfinden.
Agentur	Interbrand
Artdirector	Christoph Marti
Designer	Alexandra Hulme, Chris Kline, Alexander Kohl, Karen Leong, Anton Stepanenko, Rieko Tsuda, Roman Yershow und Marco Zimmerli
Schriftart	Maßgeschneidert
Farben	Blautöne (PMS 2935 und PMS 286) und Zyan (Prozessfarbe), ergänzt durch die olympischen Farben
Designkonzept	Es ist immer eine große Ehre für ein Land, Gastgeber der Olympischen Spiele zu sein, und immer auch eine Herausforderung für Designer, ein ausgewogenes Verhältnis zwischen national orientierten visuellen Hinweisen und den Werten der Spiele selbst zu schaffen. Nachdem die Designer dieses Projekts mit verschiedenen Möglichkeiten zur Darstellung der russischen Kultur experimentiert hatten, entschieden sie sich für eine Lösung, die eine spielerisch wirkende Interaktion zwischen Buchstaben und Ziffern – vier der Buchstaben im Namen Sochi werden in der Jahreszahl 2014 wiederholt – mit einer Textur kombinieren, die an russische Folkloremuster erinnert und gleichzeitig die atemberaubende Schönheit des russischen Winters vermittelt. Die Integration der berühmten Olympischen Ringe – ein zeitloses Logo, dessen korrekte Wiedergabe vom IOC überwacht wird – dient als Markenendorsement und als visuelle Verzierung, die den kühlen Farbtönen einen Funken der Begeisterung hinzufügt.

Sport

Überschwänglich

Kunde	Seven Star Soccer
Markeninfo	Britische Amateurliga für Fußball mit sieben Spielern. Die Mannschaften treffen sich einmal in der Woche zu einem einstündigen Spiel.
Agentur	Imagine-cga
Designer	David Caunce
Schriftart	Commando (modifiziert)
Farben	Rot, Blau und Gelb (Prozessfarben auf der Basis von PMS 185, PMS 300 und PMS 123)
Designkonzept	Obwohl es sich um eine Amateurliga handelt, wollte der Designer Seven Star Soccer als Marke darstellen, die einen heldenhaften Sportsgeist unter den Spielern entstehen lässt. Ein Wappen oder Schild ist das ideale Symbol, um Stolz hervorzurufen, und die 7 im Zentrum des Schildes verweist auf den Umstand, dass in dieser Liga Mannschaften mit sieben Spielern anstatt der für diese Form des Fußballsports sonst üblichen fünf Spieler antreten. Das Logo positioniert die Liga als erste Wahl für Amateure dieser Region, und nach Einführung des Logos konnten dann auch tatsächlich alle 18 freien Mannschaftsplätze schnell besetzt werden.

Heldenhaft

Kunde	This Is Rugby
Markeninfo	Der Dachverband für englische Rugbyvereine ließ eine neue Marke entwickeln, um mehr Interessenten für diese Sportart zu gewinnen.
Agentur	Interbrand
Creativedirectors	Andy Howell und Pete Dewar (Text)
Schriftart	Maßgeschneidert
Farben	Rot, Weiß und Grasgrün (Foto)
Designkonzept	Das Briefing sah vor, eine Marke zu entwickeln, um einer breiten Öffentlichkeit die Kernwerte des englischen Rugbyverbands zu vermitteln: Teamarbeit, Disziplin, Fairness, Respekt und Spaß am Spiel. „This is Rugby" wurde entwickelt, um alle möglichen Zielgruppen anzusprechen und Neulingen zu kommunizieren, was Rugby so besonders macht. Das Logo musste auf Rugbybällen, Mundschutzen, Spielfeldschablonen, Bierdeckeln und im Web funktionieren. „This is Rugby" ist die Kurzform für den einzigartigen Charakter dieses Sportes, denn die Trainer begründen ihre Anweisungen häufig mit der Formel „... because this is rugby".

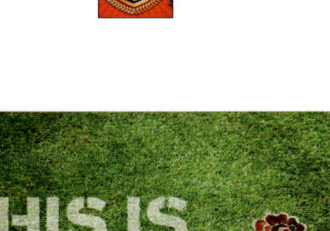

Authentizität

Kameradschaft

101

Sport

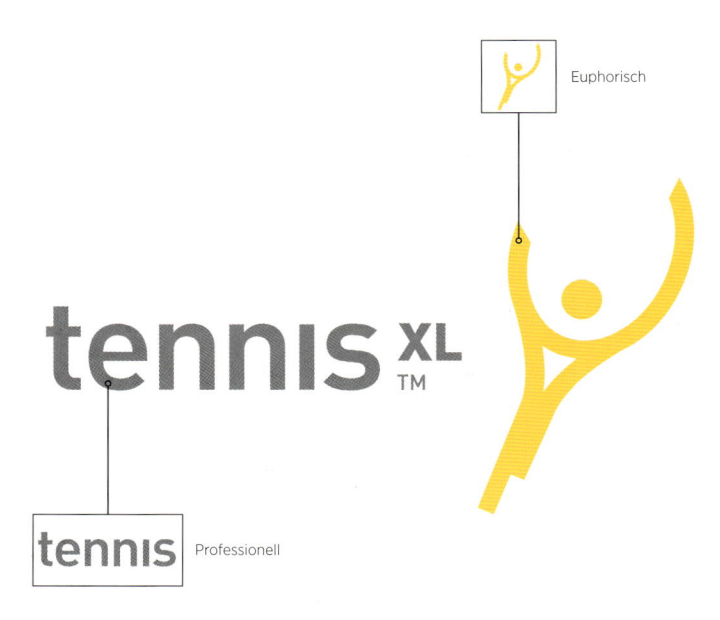

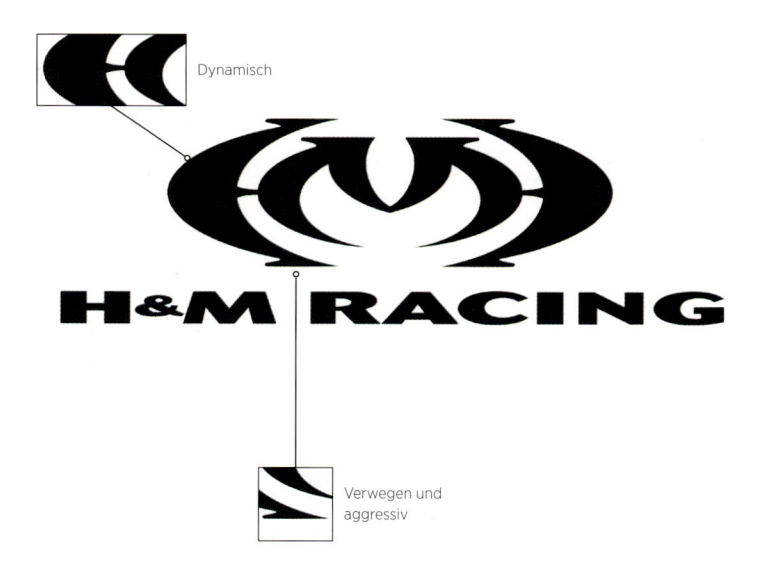

Euphorisch

tennis XL
™

tennis Professionell

Kunde	Tennis XL
Markeninfo	Agentur, die im kanadischen Vancouver eine Tennisschule betreibt.
Agentur	Seven25. Design & Typography
Designer	Isabelle Swiderski
Schriftart	DIN
Farben	Gelb (PMS 108) und Grau (PMS Cool Grey 11)
Designkonzept	Der Kunde verkauft Tennisstunden als Möglichkeit, die wichtigen Werte im Leben zu lernen. Fairness, Konkurrenzfähigkeit und Spiel. Die Identity musste sowohl Jugendliche ansprechen als auch deren Eltern, die die Stunden bezahlen. Das Logo – ein stilisierter gelber Tennisschläger, der gleichzeitig ein in die Luft springender Tennisspieler ist – betont die spielerischen und dynamischen Aspekte von Tennis, während es gleichzeitig unterstreicht, wie wichtig dabei die menschliche Interaktion ist. Die klare Linienführung und die serifenlose Typografie suggerieren Professionalismus, was beruhigend auf die Zielgruppe wirkt.

Dynamisch

H&M RACING

Verwegen und aggressiv

Kunde	H+M Racing
Markeninfo	Motocross-Racing-Team für Jugendliche
Agentur	Mosaic Creative
Designer	Tad Dobbs
Schriftart	Cosmos Extra Bold
Farbe	Schwarz
Designkonzept	Das Logo musste Jungen ansprechen sowie die Geschwindigkeit und aggressive Energie vermitteln, die bei diesem Sport im Vordergrund stehen. Der Designer ließ sich von Logos für Superheldencomics und dem Branding von Veranstaltungen für Extremsportarten inspirieren. Das Logo sollte in einigen Kontexten, z. B. auf der Kleidung des Teams, auch ohne das Wortzeichen funktionieren, und je nach Farbe der Kleidung in Schwarz oder Weiß gedruckt werden können. Es sieht schick und modern aus und hebt sich von den Logos anderer Jugendteams ab. Trotz der oberflächlichen Aggressivität wirkt die symmetrische Gestaltung des Logos diszipliniert und selbstbewusst – wichtige Werte beim Jugendsport.

Sport

Aufregend und spannend

Stark

Kunde	The Big Game (Harlequins)
Markeninfo	Der Londoner Rugbyverein hatte nach Weihnachten ein Spiel gegen einen wichtigen Gegner und musste Werbung dafür machen. Die Mannschaft zog dafür auf einen größeren Platz um und hoffte, dreimal mehr Eintrittskarten zu verkaufen.
Agentur	Minale Tattersfield Design Strategy Group
Artdirector	Marcello Minale
Designer	Giuseppe Mascia
Schriftart	Individuell gezeichnet, 3D
Farben	Rot, Weiß und Naturfarben
Designkonzept	Die visuelle Identity für dieses heftig beworbene Sportereignis benutzt die Sprache, die auch bei der Werbung für Hollywood-Filme verwendet wird: die drohend aufragenden, stark schattierten 3D-Buchstaben wecken solche Assoziationen. Das Branding musste jede visuelle Verbindung zur Identity der Harlequins selbst vermeiden, um das Spiel als Einzelereignis zu präsentieren und die maximale Anzahl von Zuschauern anzuziehen. Farbe und Typografie basieren auf den Grundwerten der Marke des englischen Dachverbands für Rugbyvereine und können jedes Jahr aktualisiert werden.

Dynamisch

Energiegeladen

Kunde	Tschechischer Basketballverband
Markeninfo	Der Verband, der für professionelle Basketballvereine in der Tschechischen Republik zuständig ist, brauchte nach einem Wechsel in der Führungsetage 2007 eine neue Identity.
Agentur	Lavmi
Designer	Babeta Ondrová
Schriftart	Neue Helvetica
Farben	Dunkelblau (PMS 299), Rot (PMS 485) und Orange (PMS 1375)
Designkonzept	Basketball hat in der Tschechischen Republik eine lange Tradition. Die neue Führungsspitze des Verbands wollte durch eine Überarbeitung der Identity vermitteln, dass sie neue Energie in die Verbandsarbeit brachte. Der Kunde machte die Vorgabe, ein klassisches Basketballsymbol in das Logo zu integrieren, doch ein runder Ball wirkt langweilig und gewöhnlich. Die Designerin brachte den Ball in eine neue Form, die als Symbol für den Sport diente, gleichzeitig aber auch so dynamisch war, dass sie etwas von seiner Energie vermitteln konnte. Die Aufwärtsbewegung des Logos steht für den Weg zum Korb und suggeriert Erfolg.

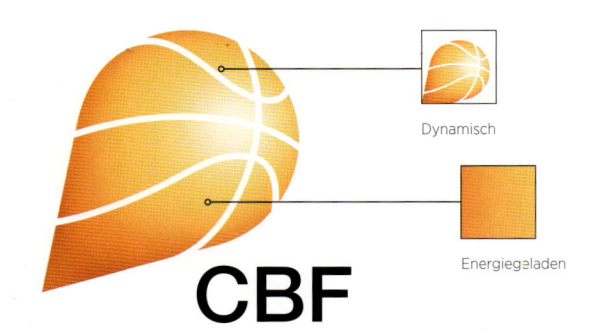

Sport

Innovativ

Umwelt-
freundlich

KILOWATT
BIKES

Kunde	Kilowatt Bikes
Markeninfo	Amerikanischer Hersteller von Elektrofahrrädern für Freizeitradfahrer und umweltbewusste Pendler, die nicht ins Schwitzen kommen wollen. Das Spitzenmodell wird aus Bambus und Carbonfasern gefertigt.
Agentur	Starr Tincup
Designer	Tad Dobbs
Schriftarten	Delicious Heavy (modifiziert) und Futura Book
Farben	Grün (PMS 376) und Dunkelgrau (PMS 405)
Designkonzept	Aus Kostengründen muss die Marke Verbraucher aus mittleren und oberen Einkommensschichten ansprechen. Daher suchte der Designer bei Marken wie Apple nach Inspiration, um ein hippes, umweltfreundliches Markenimage zu entwickeln. Das große Zahnrad für die Kette in Kombination mit dem Blitz kommuniziert das Grundprinzip des Produkts, während die Kombination aus Typografie und Farbe für Energie und Umweltbewusstsein steht.

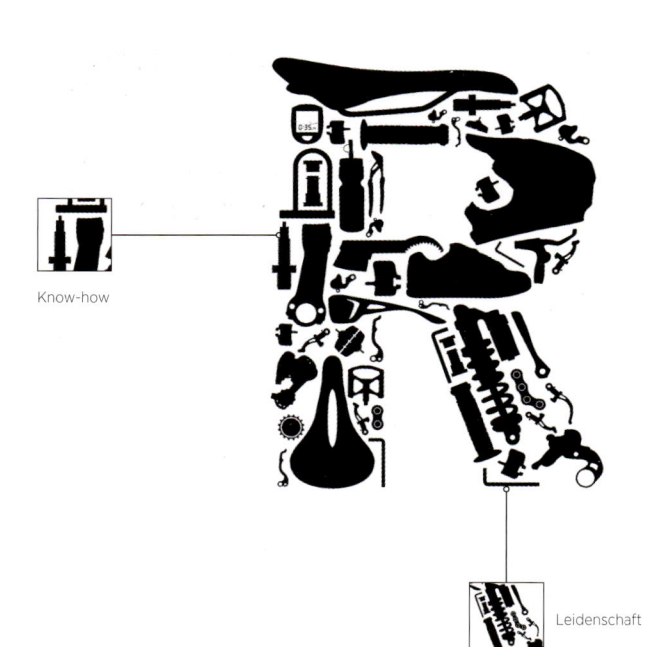

Know-how

Leidenschaft

Kunde	Rock and Road
Markeninfo	Britisches Fahrradgeschäft
Agentur	Pencil
Designer	Luke Manning
Schriftart	[keine]
Farbe	Schwarz
Designkonzept	Um eine charakteristische Marke für das Fahrradgeschäft zu entwickeln, die Radfahrer aus allen Bereichen anspricht, vom Freizeitradfahrer bis zum Experten, gestaltete der Designer das Initial aus vertrauten und weniger vertrauten Fahrradteilen. Außer Sitzen, Pedalen und Bremshandgriffen, die jeder kennt, sind auch Teile vorhanden, bei denen Experten den Hersteller erkennen können. Das Ergebnis ist eine originelle, einprägsame Marke, die das Know-how des Geschäfts und seine Leidenschaft für das Radfahren kommuniziert.

Sport

Offenheit und
Zusammengehörigkeit

Kunde	Community Skate & Snow
Markeninfo	Laden in Arvada, Colorado, USA, für den Verkauf von Artikeln für Skate- und Snowboarder; der Kunde will die Wahrnehmung seiner Branche ändern und den Schwerpunkt auf Zugänglichkeit legen sowie für in den USA hergestellte, nachhaltige Produkte und umweltbewusste Hersteller werben.
Agentur	Riverbed Design
Designer	Corbet Curfman
Schriftart	Maßgeschneidert, beeinflusst von Arista 2.0
Farben	Schwarz mit verschiedenen Hilfsfarben
Designkonzept	Die Inhaber des Geschäfts wollten die positiven Kernideen der Branche kommunizieren. Daher entwickelte der Designer ein Logo, bei dem alle Elemente durch Linien und Formen miteinander verbunden sind, sodass der Eindruck von Offenheit und Zugänglichkeit entsteht. Der neue Look spricht eine junge, hippe Zielgruppe an, zu der auch Neulinge in diesem Sport gehören. Die Details des Logos stehen für Vielseitigkeit und Individualität. Aufgrund der zahlreichen Farbvariationen kann es im Laden flexibel eingesetzt werden.

Zugänglich, hip,
offen für alle

Kunde	Erickson Longboards
Markeninfo	Amerikanischer Hersteller von handgefertigten Skateboard-Decks aus umgestürzten Ahorn- und Kirschbäumen
Agentur	Think Studio, NYC
Artdirectors	John Clifford und Herb Thornby
Schriftarten	Berthold Akzidenz Grotesk Extended und Bodoni Poster
Farbe	Schwarz
Designkonzept	Die Herstellung von Hand und die Verwendung gefundener Hölzer führt dazu, dass jedes Board anders aussieht. Das Unternehmen brauchte eine Identity, die designorientierte Kunden anspricht, daher wirkt das Logo schlicht und unauffällig, was der neuen Marke Glaubwürdigkeit und Tradition verleiht.

E Anspruchsvoll

ODSAL SPORTS VILLAGE (OSV)
Eine einfache, perfekt ausgeführte Idee, die spontan und dynamisch wirkt und die Träume der Zielgruppe widerspiegelt.

Markeninfo Großes Sanierungsprojekt in Bradford, England, zur Umgestaltung von Sportanlagen in Zusammenhang mit den Olympischen Spielen 2012 in London

Agentur Bulletpoint Design

Designer Paul Kerfoot

Schriftart Avenir

Farben Mehrfarbig, von Rot-Orange bis Violett-Blau

Designkonzept Nachdem in den letzten Jahren mehrere Programme zur Revitalisierung Bradfords gescheitert waren, gaben die Olympischen Spiele 2012 in London den entscheidenden Impuls und sorgten auch für die notwendigen Investitionen. Das Sanierungsprojekt konzentriert sich auf das Odsal Stadium (Spielstätte des Rugbyvereins Bradford Bulls) und sieht Anlagen für In- und Outdoorsportarten, einen Joggingpfad und ein Schwimmbecken vor. Außerdem sollen Einrichtungen im Bereich Weiterbildung, Unterhaltung und Gesundheit sowie Unterkunftsmöglichkeiten entstehen. Von der Sanierung werden Amateur- und Profisportler in dieser Region noch lange nach dem Ende der Spiele profitieren.

Das Problem bei früheren Programmen besteht u. a. darin, dass es weder eine zündende Markenidee noch eine überzeugende visuelle Identity gab. Das Logo für das OSV behebt diesen Mangel und gibt den Organisatoren und der Bevölkerung von Brandford etwas an die Hand, auf das sie ihre Hoffnungen und Träume projizieren können. Das neue Logo eint jene, die an der Umsetzung des Projekts arbeiten, und gibt ihnen eine Richtung vor. Die Idee für das Logo ist ganz einfach: Eine kalligrafisch wirkende Figur in der Pose eines Sportlers, die an Identitys vergangener Spiele erinnert, aber mit einer brillanten Überraschung aufwartet – dreht man das Logo um 90°, erkennt man die Buchstaben OSV. Die Idee dazu war ein Geistesblitz. Tests ergaben durchweg positive Reaktionen beim Kunden und verschiedenen, am Projekt beteiligten oder davon betroffenen Gruppen.

Die Pinselstriche der Figur bestehen aus bunten Farbverläufen in Rot-Orange und Violett-Blau, die für die Wärmesignatur des menschlichen Körpers bei sportlicher Betätigung stehen. Auf der Basis der verschiedenen Farben in den Farbverläufen wurden dann die Logos von Untermarken für einzelne Komponenten des Sanierungsprojekts entwickelt.

Wenn man den Kopf schieflegt, wird aus der stilisierten Figur eines Läufers die Abkürzung OSV. Das Gefühl von Energie wird durch die dynamische Farbgebung des Logos noch verstärkt, die der Wärmesignatur des menschlichen Körpers ähnelt.

Das Logo funktioniert auch einfarbig und ohne Schriftzug. Ein erfolgreiches Logokonzept sollte immer dazu in der Lage sein.

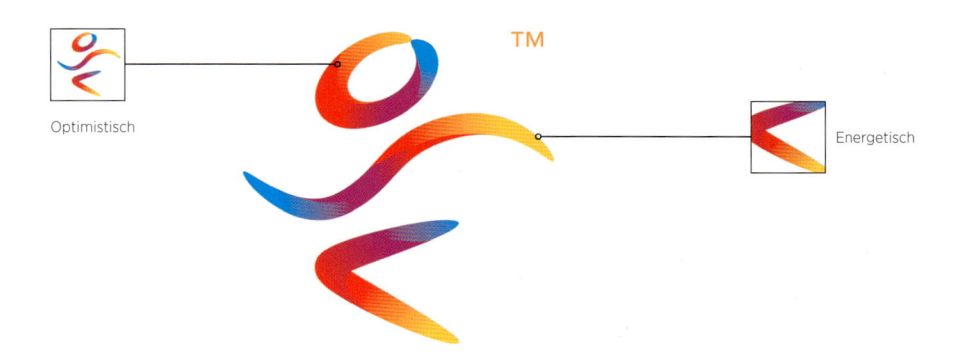

Optimistisch

TM

Energetisch

ODSAL SPORTS VILLAGE

ODSAL SPORTS VILLAGE
HEALTH

ODSAL SPORTS VILLAGE
EDUCATION

ODSAL SPORTS VILLAGE
ENTERTAINMENT

ODSAL SPORTS VILLAGE
ACCOMMODATION

Ein mehrfarbiges Logo mit weichen Farbverläufen lässt sich zwar ohne Weiteres für Drucksachen wie Broschüren nutzen. Bei Anwendungen wie Stickereien kann es jedoch Probleme geben. Zum Glück lässt sich hier Computertechnologie einsetzen, um auch ohne systematisches Ausprobieren ein gutes Ergebnis zu erzielen.

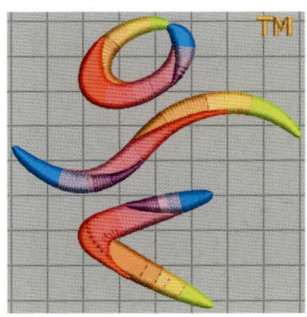

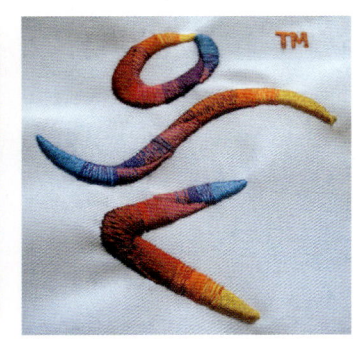

Sport: Fallstudie

MEDIA & ENTERTAINMENT

Unser Leben wird immer mehr von den Medien beherrscht – Internet und Video, TV und Radio, Zeitungen und Magazinen, Plakatwänden, ja sogar immer noch Büchern. Produzenten und Vertriebsunternehmen aus den verschiedenen Mediensparten kämpfen in einer sich rasch entwickelnden Medienökologie ums Überleben. Auch ihre Markenidentitys müssen sich anstrengen, damit sie weiterhin bemerkt und geschätzt werden.

Verspielt und unabhängig

Kunde	The Smalls
Markeninfo	Britischer Vermittler von unabhängigen Kurzfilmen, der Nachwuchstalente mit großen Fernsehsendern zusammenbringen will. Das Unternehmen organisiert Preisverleihungen und entwickelt eine Onlinecommunity für Film- und Rundfunkschaffende.
Agentur	Transfer Studio
Designer	Valeria Hedman und Falko Grentrup
Schriftart	Maßgeschneidert
Farbe	Gelb (PMS 114)
Designkonzept	Die Identity basiert auf einem Wortspiel: Mit „smalls" ist ein Kurzfilm, aber auch Kleidung in einer kleinen Größe oder Unterwäsche gemeint. Das Logo, das mit dieser Idee spielt, soll in erster Linie die Aufmerksamkeit unabhängiger Filmemacher erregen und in verschiedenen Medien eingesetzt werden. The Smalls hat inzwischen auch Komödien im Programm und entwickelt sich zu einem populären sozialen Netzwerk im Internet, dem vor allem Filmschaffende angehören. Die Designer nutzen die Gelegenheit und arbeiten bei neuen Projekten mit ihnen zusammen.

Media & Entertainment

Kunde	Imminent
Markeninfo	Polnisches Magazin für urbane Kultur
Agentur	InsaneFacilities
Designer	Jarek Berecki
Schriftart	Maßgeschneidert
Farbe	Schwarz
Designkonzept	Das Magazin brauchte ein Design für den Schriftzug auf seinem Cover, das sich auf das Verrinnen der Zeit konzentriert und ausdrückt, dass der Untergang der Menschheit unmittelbar bevorsteht. Der Designer entwickelte ein Logo, das einen Atompilz zeigt. Die makabre Anspielung wird durch den cartoonartigen Stil der Illustration abgemildert, die zur respektlosen Einstellung der Zielgruppe passt. Die hippe Schrift verstärkt diesen Eindruck noch.

Respektlos

imminent™

imminent™ Hip

Kunde	Cherie Smith JCCGV Jewish Book Festival
Markeninfo	Kulturveranstaltung in Vancouver, Kanada, zu jüdischen Themen
Agentur	Seven25. Design & Typography
Creative-director	Isabelle Swiderski
Designer	Jaime Barrett
Schriftart	Apex Sans
Farbe	Schwarz
Designkonzept	Die Organisatoren wollten kommunizieren, dass die Veranstaltung offen und relevant ist und mit jedem Jahr größer wird. Durch ein einfaches visuelles Konzept konnte der Designer die Organisation als proaktiv darstellen. Das Logo kombiniert ein offenes Buch mit einer Menora – Symbole, die allgemein bekannt sind und mit dem jüdischen Glauben assoziiert, aber nicht ausschließlich mit Religion verbunden werden. Die Bewegung nach oben und die klare, schlichte Typografie vermitteln die Werte der Organisatoren und positionieren die Veranstaltung entsprechend der Vorgaben.

CHERIE SMITH JCCGV
JEWISH
BOOK FESTIVAL

JEWISH BOOK FE Zeitlose Typografie

Wachstum und Offenheit

Media & Entertainment

Modernistisch

CHRISTOPHER B. SMITH
RAFAEL
FILM CENTER

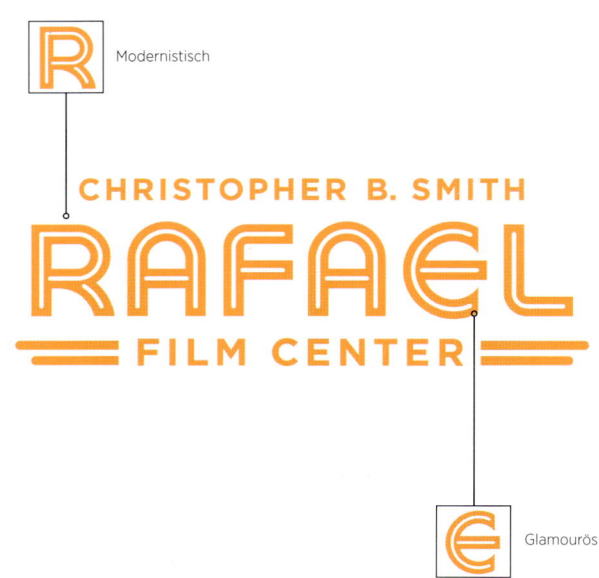

Glamourös

Kunde	Rafael Film Center
Markeninfo	Programmkino in Kalifornien, das Klassiker und unabhängige Filmproduktionen zeigt.
Agentur	MINE
Artdirector	Christopher Simmons
Designer	Tim Belonax, überarbeitet von Christopher Simmons
Schriftarten	Maßgeschneidert, kombiniert mit der Gotham
Farbe	Orange (PMS 152)
Designkonzept	MINE erhielt den Auftrag, drei Logos für zusammenhängende Projekte zu entwickeln: Für das 30th Mill Valley Film Festival, für das Rafael Film Center als Veranstalter dieses Festivals sowie für die Dachorganisation, das California Film Institute. Die drei Identitys mussten auch zusammen funktionieren und benötigten daher einen stilistischen Zusammenhang. Inspiration für dieses Logo war die klassische Leuchtwerbung des Kinogebäudes. Das neue Logo ist eine Überarbeitung des Originaldesigns von Mark Fox und fängt den Glanz und Glamour der Kinowelt ein, ohne die üblichen Klischees wie Filmprojektor oder Filmstreifen zu verwenden.

West-Coast-Feeling

CFI
CALIFORNIA FILM INSTITUTE

Zeitlos

Kunde	California Film Institute
Markeninfo	Gemeinnützige Organisation, die Film als Kunst und Erziehung sieht und fördert.
Agentur	MINE
Artdirector	Christopher Simmons
Designer	Tim Belonax
Schriftarten	Maßgeschneidert, kombiniert mit der Gotham
Farbe	Blau (PMS 549)
Designkonzept	Diese Identity hängt mit den Identitys für das Rafael Film Center und das Mill Valley Film Festival zusammen. Auch hier sind die Buchstaben in Anlehnung an die Leuchtwerbung an der Fassade des Rafael Film Center gestaltet. Durch die Stilisierung des Akronyms konnten die Designer die üblichen visuellen Klischees für Logos aus der Filmbranche vermeiden und ein einprägsames Logo schaffen, das trotzdem Assoziationen zu Film und Kino weckt.

Begeisterung

Kunde	Mill Valley Film Festival
Markeninfo	Jährlich stattfindendes Filmfestival in Kalifornien
Agentur	MINE
Artdirector	Christopher Simmons
Designer	Tim Belonax
Schriftart	Gotham Rounded
Farbe	Hellgrün (PMS 390)
Designkonzept	Zum 30. Jahrestag des Festivals bekamen die Designer den Auftrag, ein neues Logo zu entwickeln, das die Begeisterung für Film verkörpert, ohne die solche Festivals nicht existieren würden. Das Logo widersetzt sich der üblichen Symbolik für Filmfestivals und basiert stattdessen auf den stilisierten Buchstaben M und V. Die beiden kürzesten V-Linien oben in der Mitte sehen gleichzeitig wie ein kleines Herz aus. Die Gestaltung dieses Logos folgt in Linienstärke und Proportionen den Schwesterlogos für das California Film Institute und das Rafael Film Center. So konnte sicher gestellt werden, dass die drei Logos visuell integriert sind und auch zusammen funktionieren.

MILL VALLEY FILM FESTIVAL

Bildung

Kunde	Greek Film Center
Markeninfo	Kino, das sich mit seinen „Kunst"-Filmen eine anspruchsvollere Zielgruppe als das durchschnittliche Kinopublikum ansprechen will.
Agentur	Chris Trivizas | Design
Designer	Chris Trivizas
Schriftart	PF Highway Sans Pro
Farbe	Schwarz
Designkonzept	Inspiration für dieses Logo war das Kino mit seinen langen, auf die Leinwand ausgerichteten Sitzreihen. Die minimalistische Darstellung der Sitze und die Beschränkung auf Schwarz sollen Cineasten anziehen und spielen auf ältere Schwarz-Weiß-Filme mit einem gewissen Anspruch an.

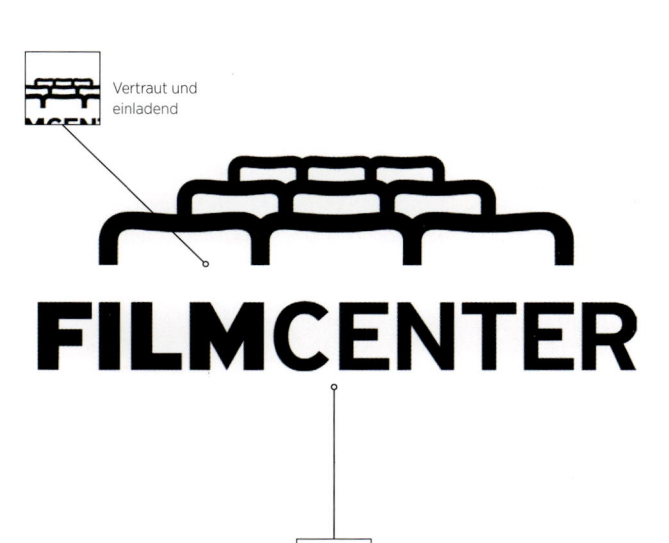

Vertraut und einladend

FILMCENTER

Anspruchsvoll, minimalistisch

Media & Entertainment

111

Media & Entertainment

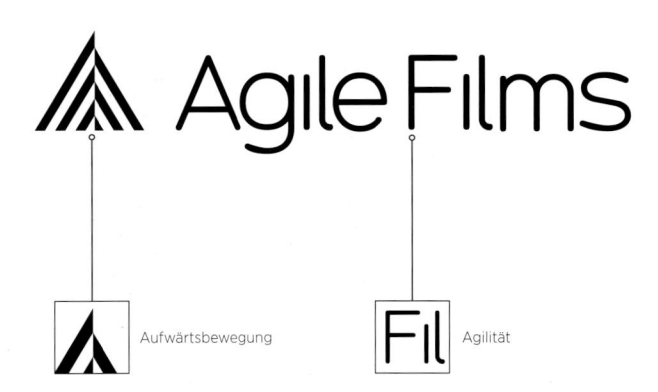

Aufwärtsbewegung

Agilität

Kunde	Agile Films
Markeninfo	Filmproduktion, die Werbespots, Animationen, Internetvideos, Musikvideos und andere bewegte Bilder herstellt.
Agentur	Studio EMMI
Designer	Emmi Salonen
Schriftart	Abgerundete serifenlose Schrift (nicht angegeben)
Farbe	Schwarz
Designkonzept	Das Design basiert auf der nach oben gerichteten Pfeilform des A. Das Gefühl von Bewegung entsteht durch die versetzt angeordneten Streifen links und rechts und symbolisiert den Weg zum Gipfel. Das soll die hohe Qualität der Filme vermitteln, aber auch Assoziationen zu den Streifen auf einem Bildschirm wecken. Die abgerundeten Buchstaben suggerieren, dass die Filmproduktion flexibel und dynamisch ist, was auch schon im Namen zum Ausdruck kommt. Das Logo kommuniziert den Charakter der Filmproduktion so gut, dass es als Leitmotiv für die Gestaltung der Inneneinrichtung von Agile Films neuem Büro verwendet wurde.

Humorvoll

Handgemacht

Kunde	Oro Pagalvés
Markeninfo	Kreative Videoproduktion in Litauen
Designer	Tadas Karpavicius
Schriftart	Gagaille seconde
Farbe	Schwarz
Designkonzept	Das Studio arbeitet in mehreren Mediensparten und produziert Animationen und andere Filme. Der Name bedeutet übersetzt „Airbag", daher entschied sich der Designer bei der Entwicklung des Logos für eine surreal anmutende Kombination aus einem Paar Flügel und einem Kissen. Die von Hand gezeichneten, unregelmäßig geformten Buchstaben mit gefüllten Punzen und einer schräg gestellten Grundlinie suggerieren hohe Kreativität und ein Gespür für Trends, während das Logo als Ganzes klar und zugänglich, ja sogar freundlich wirkt.

Elegant

Kunde	Alex Coletti Productions
Markeninfo	TV-Produktionsfirma, deren Gründer aus Brooklyn, NYC, stammt.
Agentur	Think Studio, NYC
Designer	John Clifford und Herb Thornby
Schriftart	Trade Gothic
Farben	Blau (PMS 650) und Braun (PMS 462)
Designkonzept	Wichtigste Vorgabe des Kunden war: Das Logo muss gut aussehen, wenn es am Ende eines TV-Films für kurze Zeit auf dem Bildschirm gezeigt wird. Der Stolz des Besitzers auf seine Herkunft aus Brooklyn wurde so in das Logo integriert, dass es auf den ersten Blick erkennbar ist, aber nicht abgedroschen wirkt. Die aus einer ungewöhnlichen Perspektive aufgenommene Silhouette der Brooklyn Bridge steht für die cinematografischen Attribute dieses Logos und fängt die hippe, selbstbewusste Atmosphäre des Boroughs ein. Wenn das Logo gesendet wird, blinken die Quadrate und wechseln die Farbe, wofür moderne, elegante Farbpaletten verwendet wurden. „Der Kunde erzählt mir immer wieder, dass er viele Komplimente für das Logo bekommt", sagt John Clifford, der Designer des Logos.

Aktuell

Kunde	Banana Split Productions
Markeninfo	TV-Produktionsfirma mit Sitz in London
Agentur	Fivefootsix
Schriftart	Franklin Gothic (modifiziert)
Farben	Gelb (PMS 116) und Braun (PMS 4625)
Designkonzept	Angesichts des humorvollen Namens der Produktionsfirma blieb den Designern gar nichts anderes übrig, als eine Banane für das Logo zu verwenden. Sie machten aus der Banane ein typografisches Symbol (genauer gesagt, sie machten aus einem typografischen Symbol eine Banane) und konnten so die Persönlichkeit der Produktionsfirma einfangen und sich konzeptionell von dem früheren Logo entfernen, das eine zur Hälfte geschälte Banane zeigte. Die Klammerzeichen lassen sich für fast jeden Kontext modifizieren, sodass das Bananenlogo Teil der Markensprache geworden ist und die Bananenklammern auch in anderem Kommunikationsmaterial der Produktionsfirma auftauchen.

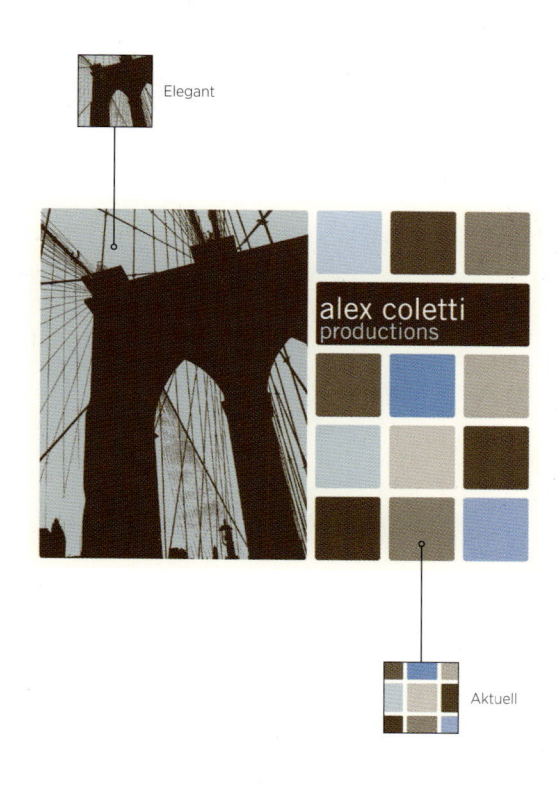

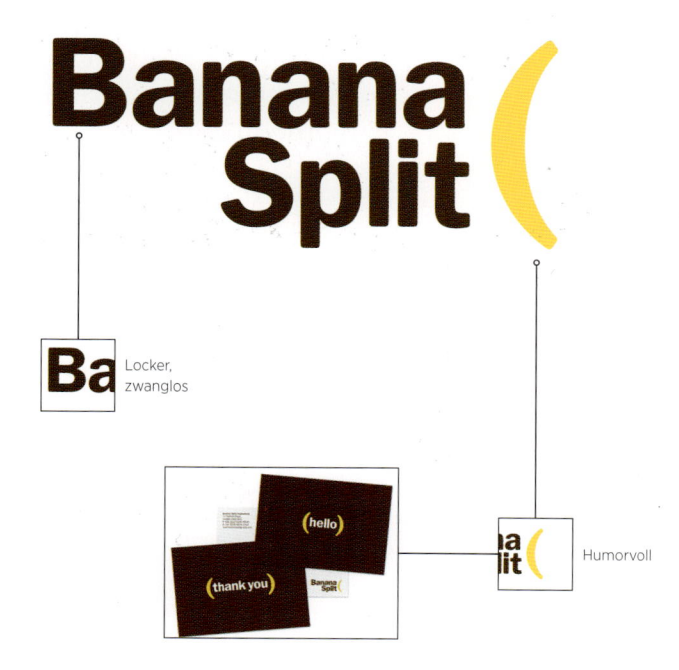

Locker, zwanglos

Humorvoll

Media & Entertainment

Media & Entertainment

Kunde	Rock Zone
Markeninfo	Musikproduzent
Agentur	Ambient
Designer	Scott Mosher
Schriftart	Impact
Farben	Rot, Gelb und Schwarz (Prozessfarben)
Designkonzept	Das Unternehmen brauchte ein unübersehbares Logo für Bucheinbände und anderes Marketingmaterial, das die starken Gefühle von Rockmusik vermitteln konnte und eine mit Web-2.0-Grafik großgewordene Zielgruppe ansprach. Die Kombination eines auffälligen Fonts mit aggressiven Farben verkörpert den jungen, rebellischen Geist des Zielmarktes.

Dynamisch

Wild

Kunde	Joe Allison and This Machine
Markeninfo	Alternative Country-Music-Band aus der Gegend von Dallas, Texas, die Südstaatenrock mit Retroanklängen spielt.
Agentur	Creative Squall
Designer/ Typograf	Tad Dobbs
Schriftarten	Maßgeschneidert (Joe Allison) und DIN Engschrift (This Machine)
Farben	Rot (PMS 1807), Gelb (PMS 726) und Braun (PMS 4625)
Designkonzept	Die Designer ließen sich von LP-Covers aus den 1960ern und frühen 1970ern inspirieren, als Musikgruppen großer Plattenfirmen in der Regel eigene Logos zur Kennzeichnung ihrer Platten hatten. Dieses Logo ist eine Verbeugung vor den Arbeiten der Allman Brothers im Besonderen und der Typografie älterer Plakate, mit denen für Jahrmarktartisten und reisende Zauberer geworben wurde, im Allgemeinen. Das Logo musste aussagekräftig genug sein, um es für das Cover des Debütalbums zu verwenden, und flexibel genug, um sich auch für T-Shirts, Plakate, Aufkleber und im Web zu eignen.

Spricht eine männliche Zielgruppe mit einer Vorliebe für Südstaatenrock an

Retro

Media & Entertainment

Kunde	Lies That Rhyme
Markeninfo	Musikproduzent aus Nashville, Tennessee, USA
Agentur	Clay McIntosh Creative
Designer	Clay McIntosh
Schriftarten	Auswahl aus der Wild-West-Press-Schriftenkollektion von Walden Font: u. a. Cut and Shoot, Royal Nonesuch, Shelldrake, Wildwash, Ashwood Condensed, Stockton, Ashwood Extra Bold und Gatlin Bold.
Farben	Rot (PMS 188), Hellbraun (PMS 153) und Braun (PMS 4625)
Designkonzept	Da das Logo auffallen und eine größere visuelle Wirkung erzielen sollte als die der Wettbewerber, musste es der Musikbranche von Nashville Kompetenz, gleichzeitig aber auch Lebenslust vermitteln. Erreicht wurde dies durch den speziellen Namen, die Wild-West-Fonts und die „verblichenen" Farben.

Weitgereist

Wettergegerbt

Kunde	Wink
Markeninfo	Classic-Rock-Coverband aus Alaska, USA
Agentur	The Whole Package
Designer/ Typograf	Leila Singleton
Schriftart	Maßgeschneidert
Farben	Dunkelblau (PMS 281) und Gelb (PMS 108)
Designkonzept	Als Inspiration für diesen maßgeschneiderten Schriftzug dienten Schriften aus den 1970ern. Die Buchstaben wurden künstlich gealtert, um einen Vintagelook zu erzielen, der an abgenutzte LP-Cover erinnert. Der Schriftzug und die von Gitarrensaiten inspirierte Hintergrundtextur vermitteln dem aufmerksamen Betrachter Informationen über den Sound der Band. Der Bezug zur Gegenwart wird durch den Punkt auf dem i und den Haken auf dem n hergestellt, beides zusammen ergibt ein gedrehtes Semikolon und spielt auf Onlinekommunikation an. Die Farbkombination Blau/Gelb wurde von der Band vorgegeben.

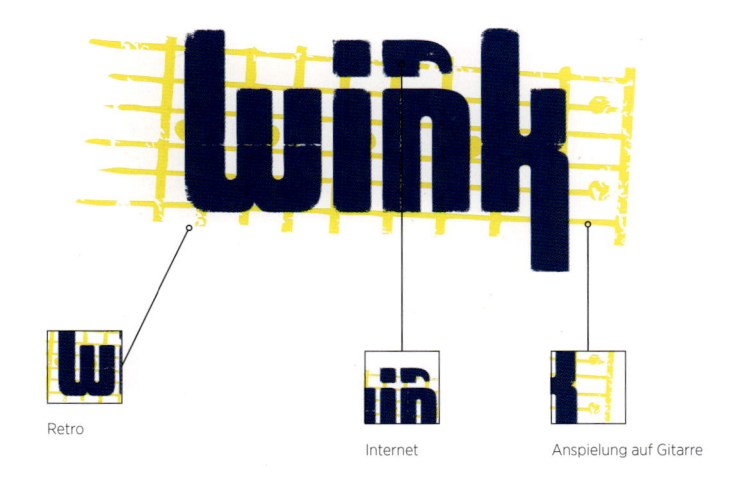

Retro

Internet

Anspielung auf Gitarre

115

Media & Entertainment

Underground

Independent

Kunde	Klaipeda Goes Indie
Markeninfo	Veranstaltung für Indie-Rockmusik im litauischen Klaipeda
Designer	Tadas Karpavicius
Schriftart	Chinese Rocks
Farbe	Schwarz
Designkonzept	Dieses Logo passt perfekt zur ästhetischen Orientierung der Zielgruppe und zum Thema: unabhängige, nichtkommerzielle Rockmusik am Rand Europas. Das Wechselspiel zwischen Grafikdesign und Rockmusik reicht weit in die Musikgeschichte zurück, und die Identity für das Musikfestival spielt darauf an. Sie verkörpert die kreative Spannung und die Grenzüberschreitungen dieser Musikrichtung und vermittelt gleichzeitig die Individualität und Unangepasstheit ihrer Zielgruppe. Die verhältnismäßig einfache Form und die Farbe Schwarz sorgen dafür, dass das Logo auch in niedriger Auflösung verwendet werden kann, z. B. für T-Shirt-Siebdruck oder den Druck preisgünstiger Plakate.

Achtzigerjahre-Retro

Kunde	TRON
Markeninfo	Monatliches Event für Techno/Electro in Malmö, Schweden
Agentur	Nils-Petter Ekwalls Illustrationsbyrå
Designer	Nils-Petter Ekwall
Schriftart	Maßgeschneidert
Farben	Mischung verschiedener Farben
Designkonzept	Das neue Clubkonzept von Staffan und Niklas Ehrlin, die bereits mehrere Musicclubs geleitet hatten, orientierte sich mehr an der „alten Schule" und sollte exklusiver wirken. „Tron" ist schwedisch für Glaube, und die Ehrlins gehören zu den letzten Hütern der Technobewegung in Südschweden. Sie wollten ein Logo haben, das aussah, als wäre es 1982 (in diesem Jahr brachte Disney den Film Tron heraus) gestaltet worden, und hatten zudem eine Schwäche für Neonfarben. Der Designer ließ sich von Sci-Fi-Filmen aus den frühen 1980ern und LP-Covern für Italo-Disco inspirieren. Darüber hinaus analysierte er die Grafik für den Film Tron, um mögliche Rechteverletzungen vorzubeugen.

Media & Entertainment

Ablenkung

Kunde	Arm The Lonely
Markeninfo	Unabhängige Plattform für alternative, in einer Alltagsumgebung komponierte und aufgeführte Musik.
Designer	Alexander Egger
Schriftart	Maßgeschneidert
Farbe	Helles Türkis (PMS 566)
Designkonzept	Arm The Lonely (Anspielung auf einen Song von Savoy Grand) ist ein österreichisches Label, dass sich kritisch mit Popkultur und Konsumverhalten auseinandersetzt und einen streitbaren, philosophisch geprägten Ansatz zur Musik verfolgt. Zu den Aktivitäten des Labels gehören Performances, Kunstausstellungen und Publikationen. Mit dem Logo wollte der Designer die Vorstellung von Klang als Geräusch in einem gewollten Kontext darstellen. Er nutzte gefundenes Material, Gekritzel, Fotokopien und visuellen Lärm, um ein Logo zu entwickeln, das mit jedem neuen Kontext und jedem neuen, billigen Verfahren zur Anwendung anders aussieht: gestempelt, ausgeschnitten, aufgesprüht oder projiziert.

Visueller Lärm

Kunde	Technique
Markeninfo	Veranstaltung für Drum-and-Bass-Music in Polen
Agentur	Insane Facilities
Designer	Jarek Berecki
Schriftart	Quer
Farbe	Schwarz
Designkonzept	Die Musiker, die an dieser Veranstaltung teilnehmen, verwenden Klänge, die für die 8-Bit-Spieleplattformen der frühen 1980er, wie etwa Pac-Man und Space Invaders, charakteristisch waren. Der Designer nutzte die nächstliegenden visuellen Assoziationen zu solchen Klangbildern und entwickelte ein komplexes Logo, das viele der traditionellen Regeln des Logodesigns bricht: Er kombinierte geborgte Illustrationen und Text zu einem einprägsamen Logo, das im Grunde genommen ein in sich abgeschlossenes Plakat ist und bei der Zielgruppe Assoziationen zur Atmosphäre der Veranstaltung weckt.

Pixeliert

Von Videospielen inspiriert

117

Media & Entertainment

Mechanisch

Rhythmisch

Kunde	Promophobia
Markeninfo	Label und Musikproduzent für elektronische Musik in Litauen
Designer	Tadas Karpavicius
Schriftart	Relish Gargler
Farbe	Schwarz
Designkonzept	Der Designer dieses Logos ließ sich von der Musik selbst inspirieren. Da diese Musikrichtung in der Regel auf sich oftmals wiederholenden Rhythmen und Tonintervallen basiert, sind die Buchstaben streng geometrisch und vermitteln den Eindruck von Mechanik und Wiederholung. Das passt perfekt zum Genre. Durch die Beschränkung auf Schwarz lenkt nichts von der Form der Buchstaben ab. Das schräg stehende, inverse P im schwarzen Punkt weckt Assoziationen zu den Vinylplatten, mit denen DJs arbeiten, und kann als Variante des Logos für kleinere oder einfachere Anwendungen benutzt werden.

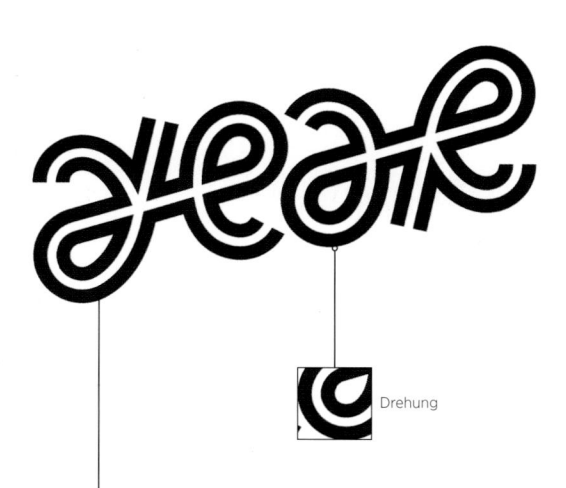

Drehung

Wiederholung

Kunde	YEAR
Markeninfo	Regelmäßige DJ-Veranstaltung, bei der jeder Abend einem Jahr aus der Zeit von 1956 bis 2006 gewidmet ist.
Agentur	MINE
Designer	Christopher Simmons und Tim Belonax
Schriftart	Maßgeschneidert
Farbe	Schwarz
Designkonzept	Das Konzept, die ganze Nacht nur Songs aus einem bestimmten Jahr zu spielen, war auch die Inspiration für dieses Logo, in dem ein und dieselbe Form seitenverkehrt verwendet wird und so die zweite Hälfte des Schriftzuges bildet, sodass „year" sowohl auf dem Kopf stehend als auch um die eigene Achse gedreht gelesen werden kann. Der Schriftzug spielt auf sich drehende Vinylscheiben an und darauf, wieder die Gefühle der eigenen Jugend zu erleben. Die Buchstaben in Schreibschrift vermitteln ein heiteres, kalifornisch anmutendes Gefühl und sind so schlicht, dass sie für Beschilderung, Etiketten, T-Shirts und viele andere Anwendungen verwendet werden können.

Media & Entertainment

Retrofuturistisch

Kunde	Ich Robot
Markeninfo	Kleiner Nachtklub im schwedischen Malmö für Liebhaber von Minimal-Synth und Flexi-Pop
Agentur	Nils-Petter Ekwalls Illustrationsbyrå
Designer	Nils-Petter Ekwall
Schriftart	Maßgeschneidert
Farbe	Schwarz
Designkonzept	Der Klubbesitzer wollte eine Identity, die Melancholie und Härte der Musik so darstellte, dass Assoziationen an Science-Fiction oder Futurismus geweckt wurden. Ekwall ließ sich von alten Grafikmagazinen aus den 1920ern und 1930ern sowie der futuristischen Atmosphäre von Fritz Langs Metropolis inspirieren. Das Bild eines Roboters ist fast gleichbedeutend mit dem Musikgenre, das viele auch „Robotermusik" nennen, und durch die etwas überraschende Kombination mit einem Pentagramm ergibt sich ein starkes, einprägsames Logo.

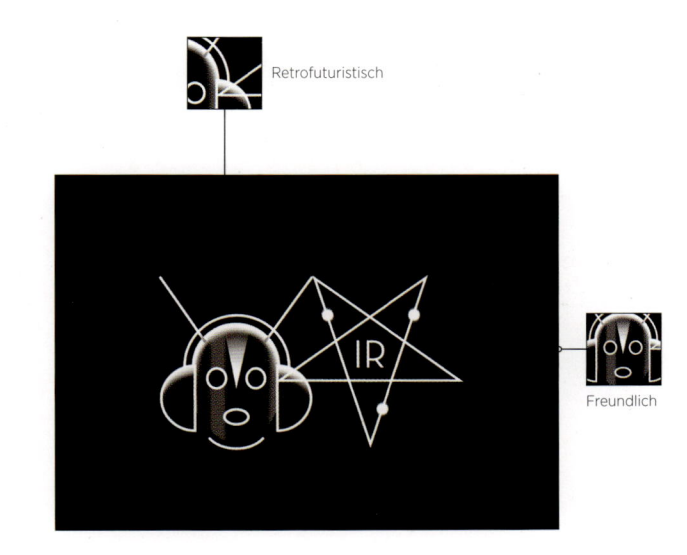

Freundlich

Kunde	Team Dank
Markeninfo	PR-Agentur und Veranstalter von Konzerten und Veranstaltungen
Designer	Colin Decker
Schriftart	Maßgeschneidert
Farben	Violett übergehend in Rot/Magenta
Designkonzept	Der Designer wollte ein Logo entwickeln, das für die Aktivitäten der Agentur im Bereich Open-Air-Festivals, Jambands und umweltbewusste Veranstaltungen steht. „Ein glücklicher, vom Leben berauschter Musikbaum", so Decker zu seinem Logo. Er ließ sich von der organisch wirkenden, mit der Hand gezeichneten Schrift auf Konzertpostern für den legendären Fillmore Club der 1970er inspirieren und entwarf einen „lustigen, funkigen Musikbaum". Das Logo passt perfekt zum Musikgeschmack und den politischen Werten der Kunden. Für andere Kontexte wurde zudem eine vereinfachte Version des Logos entwickelt.

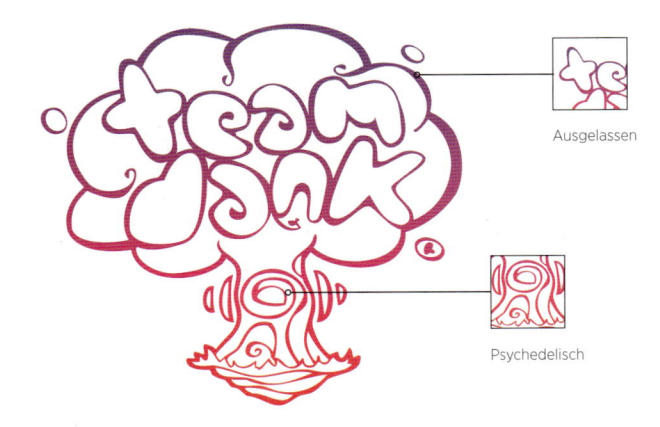

Ausgelassen

Psychedelisch

Media & Entertainment

C Klassisch

association de
musique ancienne
de nancy

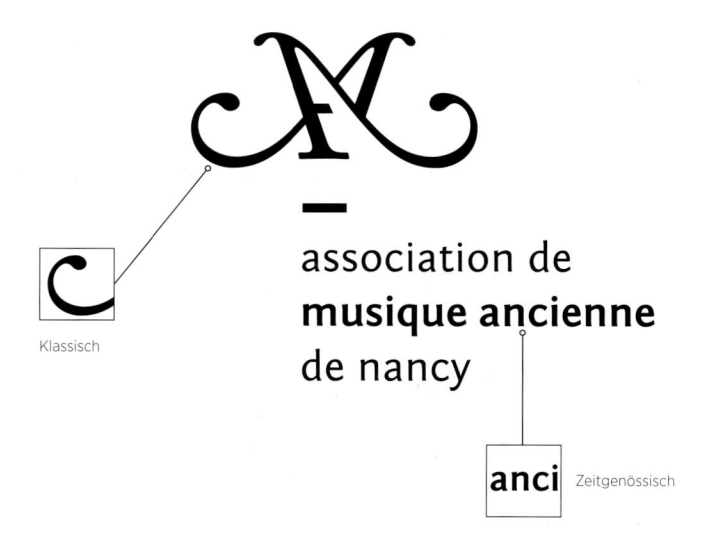

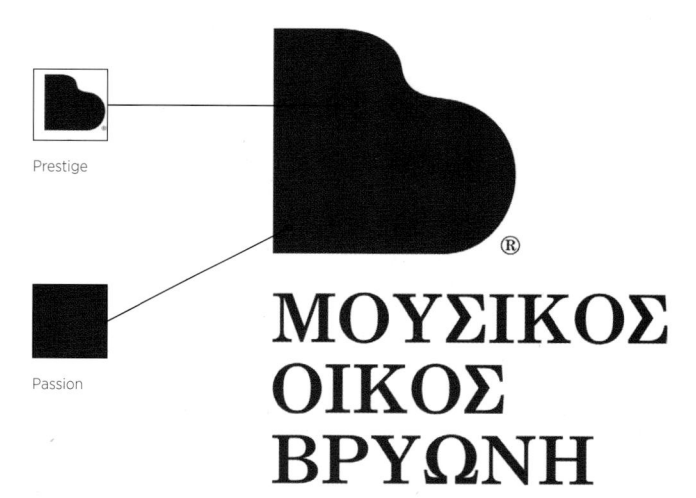

anci Zeitgenössisch

Kunde	Association de Musique Ancienne de Nancy
Markeninfo	Organisation zur Förderung der Musik aus Mittelalter, Renaissance und Barock im französischen Nancy
Agentur	Studio Punkat
Designer	Hugo Roussel
Schriftarten	Caslon (Monogramm) und Fontin Sans
Farbe	Schwarz
Designkonzept	Die Identity für die Organisation sollte auf den ersten Blick mit klassischer Musik in Verbindung gebracht werden, dabei aber visuelle Klischees vermeiden, die so häufig für klassische Musik verwendet werden. Der Designer nahm das Stundenbuch als Vorlage und gestaltete ein klassisches, gleichzeitig aber auch modernes Monogramm aus den Buchstaben M und A (oder zweimal A, einmal normal, einmal gespiegelt), das Assoziationen zur Gestik der Musiker und den Konturen ihrer Instrumente weckt. Für das Logo wurden zwei Schriften aus dem 18. und dem 21. Jahrhundert kombiniert. Der illustrative Stil des Logos, das für Plakate und Broschüren der Organisation verwendet wird, ist eine postmoderne Collage aus Alt und Neu.

Prestige

Passion

ΜΟΥΣΙΚΟΣ
ΟΙΚΟΣ
ΒΡΥΩΝΗ

Kunde	Vrionis Music House
Markeninfo	Griechisches Musikgeschäft mit anspruchsvoller Kundschaft
Agentur	Chris Trivizas | Design
Designer	Chris Trivizas
Schriftart	PF Century
Farbe	Burgundy (PMS 519)
Designkonzept	Im griechischen Alphabet ist der erste Buchstabe des Namens Vrionis ein Beta, das zufällig den Umrissen eines Flügels von oben ähnelt. Die Kombination mit dem Flügel vermittelt der Marke Prestige, während der Minimalismus des Logos in Kombination mit der Serifenschrift Zuversicht und Eleganz vermittelt und das Violett die Passion der Firma für Musik verkörpert.

Media & Entertainment

Überwindet lokale und
kulturelle Grenzen

Dynamisch

Kunde	Qatar Symphony
Markeninfo	Klassikorchester des Emirats Katar aus 80 Mitgliedern. Das Orchester wurde von der Qatar Foundation gegründet, um Musik als gemeinsamen Nenner aller Kulturen zu feiern.
Agentur	Fitch
Artdirector	David Walker
Designer/ Typograf	Hammad Iqbal
Schriftart	Maßgeschneidert
Farben	Violett, Mauve und Sand
Designkonzept	Um das Symphonieorchester und seine Musik zu visualisieren, baute der Designer auf der Landestradition auf und nutzte Farbe und Formen, um eine dynamische Bewegung darzustellen. Die neue Identity musste modern wirken, sollte aber auch lokale, traditionelle Elemente enthalten. Das Ergebnis vermittelt das Gefühl, dass Grenzen überwunden werden, die sowohl geografischer als auch kultureller Natur sind.

QATAR SYMPHONY

Kunde	NKD (Neva Killa Dream)
Markeninfo	Eine südafrikanische Band, die ein Programm gegen Drogenabhängigkeit von benachteiligten oder missbrauchten Kindern entwickelt hat und die Marke des Programms auch als Identity der Band verwendet.
Agentur	Interbrand Sampson
Artdirector	Anton Krugel
Director	Jacqueline Sampson
Schriftart	Stencil
Farben	Magenta und Schwarz (Prozessfarben)
Designkonzept	Der Markenname NKD wurde aus den Initialen der Bandmitglieder gebildet. Als die Band ihr Anti-Drogen-Programm entwickelte, nannten sie es Neva Killa Dream und beauftragten Interbrand, eine Identity zu gestalten, mit der sie sich das Sponsoring eines weltweit tätigen Elektronikkonzerns sichern wollte. Nach der Zusage des Konzerns übernahm die Band die Identity. Der stilisierte schwarze Schwan steht für die Schönheit des Lebens und den Wunsch, Hoffnungen und Träume zu verwirklichen; der unscharfe Graffitistil mit der großen Träne (oder dem Blutstropfen) verkörpert die Tragödie eines von Drogen zerstörten Lebens.

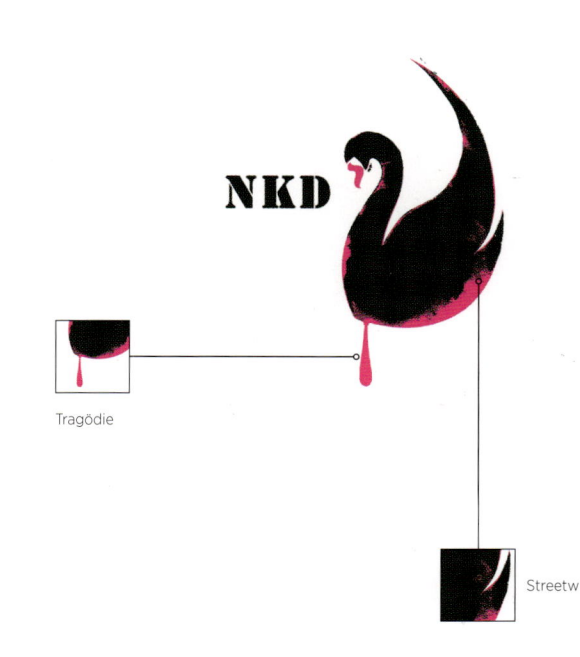

Tragödie

Streetwise

121

STORIES: PROJECTS IN FILM

Modernes Design für ein flexibles, modulares Programm, mit dem zahlreiche Logoverwendungen möglich sind.

Markeninfo Filmproduktion, die sich auf Projekte für Jugendliche und Communitys spezialisiert hat und starke Erzählungen mit einer sozialen Botschaft umsetzt.

Designer Tom Munckton

Schriftart Akzidenz Grotesk Roman

Farben Grüntöne (PMS 3415 und PMS 3405) und Gelb (PMS 3965)

Designkonzept Das Logo ist die abstrakte Darstellung eines aufgeschlagenen Buches. Die fehlende Umrandung lässt gleich mehrere Assoziationen zu: dass die Geschichten in dem Buch ein Mikrokosmos für die „größeren" Geschichten des Lebens sind, und dass der Vorgang des Geschichtenerzählens in alle Medien umgesetzt werden kann, auch im Film. Der Stil der Identity erinnert an den Funktionalismus früherer Jahrzehnte und betont den realistischen, dokumentarischen Charakter des Themas.

Wie die meisten konventionellen Logos funktioniert auch dieses sowohl in Schwarz-Weiß als auch in Farbe und bei Bedarf sogar ohne den begleitenden Schriftzug.

Das Logodesign wird durch Spezifikationen für andere Aspekte der visuellen Identity, die auch Farben und Typografie festlegen sowie Beispiele für ein Layout ergänzt. Die Spezifikationen sind in einem Plakat zur Marke zusammengefasst, das als Referenz für den Kunden und als Absichtserklärung für potenzielle Kunden dient.

Trotz der relativ einfachen Gestaltung des Logos ist die grafische Ausführung so detailliert, dass die Reproduktion in sehr kleinen Größen problematisch sein könnte, da die Linien dann zu dünn sind, um sie „richtig" zu lesen. Damit das Logo auch in kleinen Größen funktioniert, entwickelte der Designer eine zweite Version mit weniger Linien. In den Spezifikationen ist der Grenzwert für die Verwendung der weniger detaillierten Version festgelegt: 45 mm.

Eine begrenzte Farbpalette ist kostengünstiger, braucht aber ein einprägsames, unverwechselbares Logo, damit es auf Drucksachen nicht langweilig wirkt.

Bezeichnend

Stories
Projects in Film

Zusammenhängend

Media & Entertainment: Fallstudie

Der Designer entwickelte zwei Versionen des Logos: ein primäres und eine Version für die Verwendung in kleinere Größen. Die kleine Version unterscheidet sich vor allem in der Anzahl der Linien innerhalb des Kreises von dem primären Logo. Da sie weniger Linien hat, werden diese nicht zu dünn gedruckt, was dann trotz der kleinen Größe den „richtigen" Eindruck ergibt.

Das Logo kann als zentrales visuelles Mittel oder als Hintergrundmuster dienen. Das half bei der Illustration von Drucksachen der Organisation, da es noch keine Bilder aus Filmprojekten gab.

123

FALCO INVERNALE RECORDS
Ein altmodisches Logo, dessen Retrolook zur anspruchsvollen Zielgruppe passt.

Markeninfo Kleines, unabhängiges Plattenlabel im französischen Toulouse, das sich auf Vinylausgaben alternativer elektronischer Tanzmusik in limitierter Auflage spezialisiert hat. Es gehört dem Künstler Philippe Hayet.

Agentur Nils-Petter Ekwalls Illustrationsbyrå

Designer Nils-Petter Ekwall

Schriftart Neutraface Text Italic

Farbe Schwarz

Designkonzept Der größte Teil der von diesem kleinen Plattenlabel herausgegebenen Musik erinnert an die frühen 1980er: Electro, Synthie-Pop und Italo-Disco. Der Name ist italienisch und bedeutet „Winterfalke". Die Stückzahlen sind klein – 300 bis 500 pro Auflage –, und jede Platte wird von Hand nummeriert. Der typische Kunde ist ein junger, männlicher Plattensammler oder DJ aus Europa oder den USA, der bereits eine große Plattensammlung besitzt. Der Kunde wollte „etwas Düsteres" als Logo, außerdem musste es sowohl im Internet als auch auf Papier funktionieren und auch einfarbig gedruckt gut aussehen.

Der Designer dachte sofort an eine „klassische" Gestaltung als Abgrenzung zu den Logos des Wettbewerbs, die meist so durchgestylt sind, dass sie zwölf Monate lang klasse aussehen, dann aber von einem Tag auf den anderen veraltet wirken, oder sehr minimalistisch bzw. im kantigen Technolook gehalten sind.

Als Inspiration für das Logo diente italienische und deutsche Art-déco-Grafik. Der Designer sah seine Sammlung an Verpackungsmaterial durch – vor allem Künstlerbedarf, Fläschchen mit Zeichentusche und Stempel – und suchte nach etwas „Stabilem". Zwischen dem Bildzeichen in Form eines Vogels und der Geschäftstätigkeit des Labels besteht kein direkter Zusammenhang, aber es gibt eine indirekte konzeptionelle Verbindung zwischen den Assoziationen zur „Winterstimmung" und dem scharfkantigen, strengen Stil des Logos.

Nachdem der Designer zahlreiche Miniskizzen angefertigt hatte, suchte er sich die besten aus und bearbeitete sie mit Japanpinsel, Tusche und weißer Gouache, um einen Computerlook zu vermeiden. Anschließend optimierte er den besten Entwurf in Illustrator.

Nachdem der Designer das Grundkonzept erarbeitet hatte, zeichnete er Dutzende von Varianten, um genau die richtige Kombination aus stilisiertem Falken und eingerahmten Initialen zu finden.

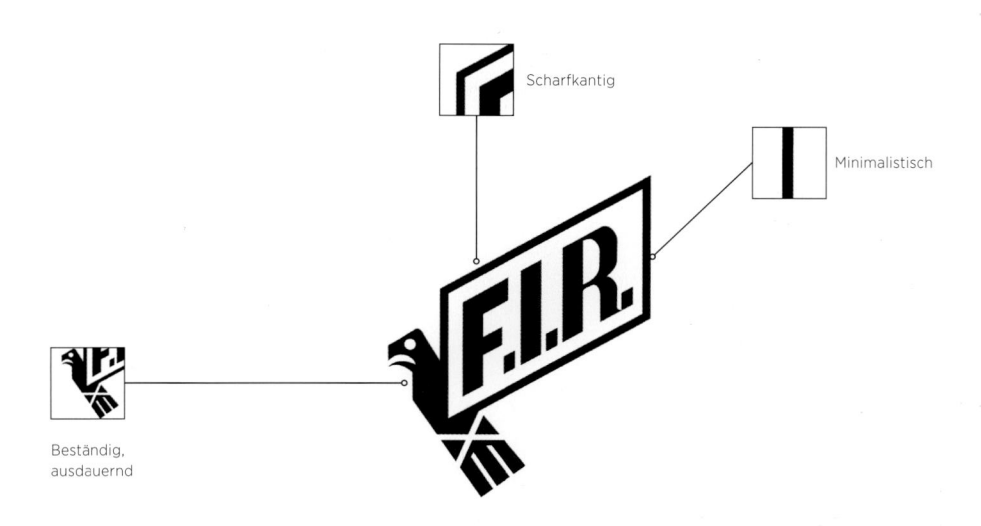

Scharfkantig

Minimalistisch

Beständig, ausdauernd

Falco Invernale Records

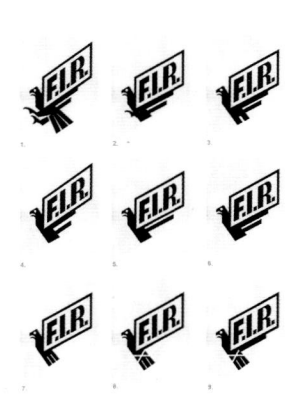

Der endgültige Entwurf wurde mit Pinsel, Tusche und Gouache bearbeitet, um dem Logo einen klassischen Look zu geben und die Designfallen zu umgehen, die entstehen, wenn der Computer zu früh in den Designprozess eingebunden wird.

Der Designer experimentierte mit verschiedenen Möglichkeiten zur Stilisierung eines Falken und der Integration der Initialen in ein Logo.

Media & Entertainment: Fallstudie

THE NEW YORK TIMES
Wie eine Zeitungsmarke aus einem alltäglichen Design im Laufe von 150 Jahren mit nur leichten Änderungen etwas Wegweisendes gemacht hat.

Markeninfo	Die 1851 gegründete Zeitung wird heute landesweit in den USA gedruckt und produziert auch Wochenbeilagen für Zeitungen in anderen Ländern; nytimes.com ist eine der populärsten und innovativsten Nachrichtenwebsites der Welt.
Agentur	Verschiedene
Designer	Verschiedene
Schriftart	Maßgeschneidert, basierend auf traditionellen Frakturschriften
Farbe	Schwarz
Designkonzept	Die Designer des ursprünglichen Schriftzuges sind zwar nicht namentlich bekannt, aber an der Überarbeitung des Logos waren der Typograf Matthew Carter, Lou Silverstein, der ehemalige Art Director der *New York Times*, und Michael Bierut von Pentagram beteiligt.

Zu den Herausforderungen, denen sich die Designer gegenübersahen, gehörten Änderungen in der Orthografie (der Bindestrich in „New-York" wurde Ende des 19. Jahrhunderts gestrichen, der Punkt nach „Times" 1965); Änderungen technischer Art, die bei beweglichen Metalllettern begannen und über den Fotosatz zur digitalen Druckplattenherstellung führten, eine Fülle neuer Medien im 21. Jahrhundert, zu denen Zeitschriften, Internet, Mobiltelefone und Video gehören, und die innovative Beschilderung eines neuen, modernen Gebäudes am Times Square in Midtown Manhattan, dem Firmensitz.

Die Verwendung von Frakturschriften für den Schriftzug von Zeitungen war früher so üblich, dass man schon fast von einem Klischee sprechen kann. Im Verlauf des letzten Jahrhunderts führten dann die meisten Zeitungen modernere Schriftarten ein, die *Times* gehört jedoch zu den wenigen Zeitschriften, die ihre Originalschrift beibehalten haben, sodass diese inzwischen zu einer Art Markenzeichen geworden ist. Sie verwendet diese Schrift in so vielen modernen Kontexten, dass das Altmodische inzwischen zeitlos erscheint.

Der Schriftzug wurde mehrfach neu gezeichnet, damit er klarer und einheitlicher wirkt und zum aktualisierten Image der Zeitung passt. Allerdings haben die Designer bei solchen „Generalüberholungen" stets darauf geachtet, die Frakturschrift des Logos nicht für Textüberschriften und andere typografische Layoutelemente zu verwenden. Hier gab man kontrastierenden Schriftarten wie der leichten Cheltenham, der modernen Helvetica Bold oder der schweren, serifenbetonten Karnak den Vorzug.

New-York Daily Times.

1850er

The New-York Times.

1860er

The New-York Times.

1890er

The New York Times.

1930er

The New York Times

1960er

Der Schriftzug am oberen Rand der Titelseite hat traditionell die Aufgabe, den Namen der Publikation am Zeitungsstand zu verkünden, so wie ein Logo ein Produkt im Regal eines Supermarkts kennzeichnet. Das Logo der *New York Times* hat sich seit der Gründung der Zeitung 1851 nur geringfügig verändert. Die letzte Überarbeitung erfolgte in den 1980ern durch den bekannten Typografen Matthew Carter.

Der Kontext für die Verwendung des Logos hat sich von 1851 (links) bis 2010 (rechts) kaum verändert, trotz technischer Neuerungen wie der täglichen Verwendung von Farbfotos und kulturellen Veränderungen wie dem Umstand, dass der wichtigste Artikel heute nicht mehr links, sondern rechts auf der Seite beginnt.

Media & Entertainment: Fallstudie

Im Laufe der Jahre gab es einige Reaktionen der *New York Times* auf Anforderungen neuer Medien, u. a.:

- Das T im Schriftzug wurde verändert, damit es auf der Titelseite von „T Styles", einer mehrmals im Jahr herausgegebenen Sonntagsbeilage, als alleinstehendes Logo verwendet werden konnte.
- Für die kleinen Displays von mobilen Geräten wurden Pixelversionen mit niedriger Auflösung entwickelt.
- Aufgrund der zunehmenden Verwendung von Internetvideos wurde eine animierte Version des Schriftzuges *The New York Times* entwickelt, die als Einleitung verwendet werden kann.
- Im Rahmen internationaler Partnerschaften zur Veröffentlichung von Inhalten der *Times* in ausländischen Zeitungen muss das *Times*-Logo mit unterschiedlich gestalteten Logos kombiniert werden, hierfür werden harmonische Lösungen gesucht.
- Als 2007 der neue Firmensitz der *New York Times* eröffnet wurde, mussten Bauvorschriften der Stadt New York beachtet werden, nach denen Neubauten am Times Square mit vorgehängten, beleuchteten Reklametafeln zu versehen sind. Die Designer von Pentagram nutzten daher die vom Architekten Renzo Piano gestaltete Verblendung aus weißen Keramikstäben und montierten darauf das Logo der Zeitschrift aus dickeren schwarzen Elementen.

Um den für den Times Square geltenden Bauvorschriften zu entsprechen, nach denen die Beschilderung vor der Fassade anzubringen ist, bauten die Designer von Pentagram die Buchstaben des Schriftzuges aus horizontalen Keramikstäben nach.

In der Eingangssequenz von Internetvideos ist das Logo animiert: Vor einem blauen Hintergrund werden die Umrisse der einzelnen Buchstaben nachgezeichnet, die dann in Überblendungen den Schriftzug ergeben.

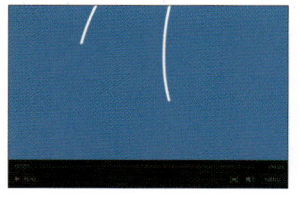

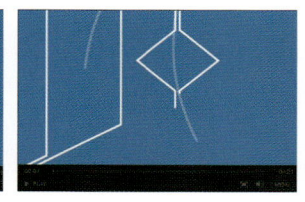

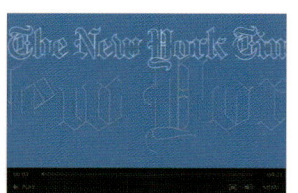

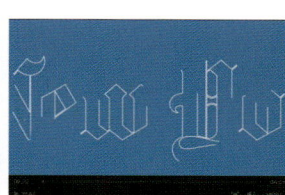

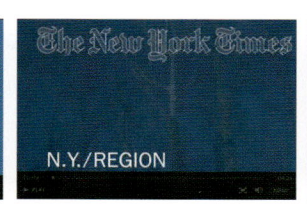

Als die *New York Times* etwa um 2005 ihr vierteljährlich erscheinendes Magazin „T Style" herausbrachte, entschied sie sich für eine gefettete Version des Buchstabens T als Logo der Untermarke. Der Wine Club der Zeitung verwendet ein Logo, bei dem der Wein in einem Glas dem Querstrich des Fraktur-T ähnelt.

Media & Entertainment: Fallstudie

INTERNET & TELEKOMMUNIKATION

Internet- und Telekommunikationsfirmen kommt in Bereichen wie Networking und Schnittstellenentwicklung häufig eine Vorreiterrolle zu. Sie entwickeln innovative Möglichkeiten für den Umgang der Menschen miteinander und den Einsatz von Technologien, um mit der Welt in Kontakt zu treten. Die besten Identitys in diesem Bereich spiegeln nicht nur die jeweilige Technologie wider, sondern auch immer ein Element menschlicher Interaktion.

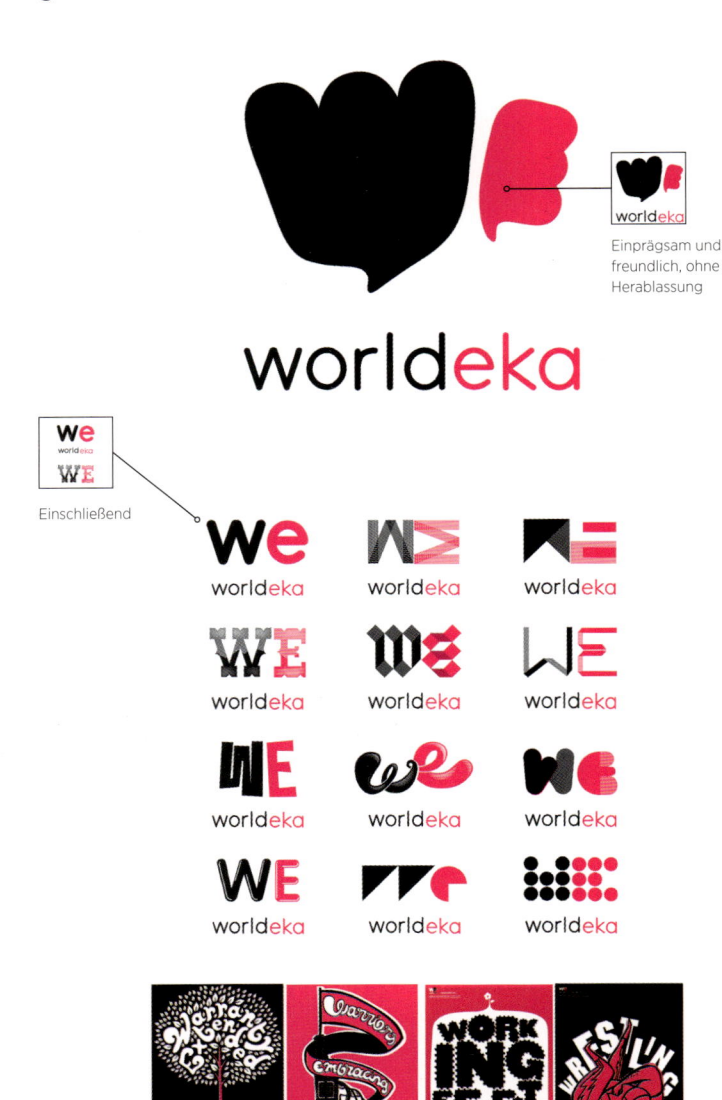

Einprägsam und freundlich, ohne Herablassung

Einschließend

Kunde	Worldeka
Markeninfo	Social-Networking-Plattform für global denkende Menschen, die die Welt verändern möchten. Die Plattform bietet einen Videokonferenzservice, Fortbildungsressourcen, Präsenzmöglichkeiten für nichtstaatliche und gemeinnützige Organisationen sowie Informationen aus den Bereichen Umweltschutz, Entwicklungshilfe und Philanthropie.
Agentur	Landor Associates
Creativedirectors/ Designer	Jason Little und Mike Staniford
Designer/ Typografen	Joao Peres und Serhat Ferat
Schriftart	Maßgeschneidert (vollständige Identity verwendet VAG Rounded)
Farben	Magenta und Schwarz (Prozessfarben)
Designkonzept	Worldeka (der Name stammt aus dem Sanskrit und bedeutet „eine Welt") brauchte ein Logo, das die zentralen Werte der Internetplattform vermitteln konnte: Kommunikationsförderung, Zusammenarbeit und das Gefühl, einer revolutionären globalen Gemeinschaft anzugehören. Die Marke musste einprägsam, selbstbewusst und kompromisslos sein. Die Designer entschieden sich für die Markenidee der Gemeinschaft. Es gibt kein einzelnes Logo für Worldeka: Innerhalb der Markenstruktur (Initialen WE, Farbpalette, Persönlichkeit) können Benutzer ihre eigenen Mantras entwickeln, z.B. „Working Effectively" oder „Warriors Embracing". Die anschaulichen Logos fungieren als eine Art Miniplakat, stehen für den Charakter der Marke und drücken den revolutionären Geist des Networking aus, dessen Ziel ein positiver Wandel ist.

Kunde	Huawei
Markeninfo	Das Unternehmen wurde 1989 im chinesischen Shenzhen gegründet und ist in der Netzwerktechnologie weltweit führend. Die Geräte von Huawei werden von über einer Milliarde Menschen genutzt.
Agentur	Interbrand China
Designer	Tim Arrowsmith und Chuan Jiang
Schriftart	Maßgeschneidert
Farben	Rottöne (Mischung Prozessfarben) und Schwarz
Designkonzept	Huawei brauchte eine neue Identity, um zu verdeutlichen, dass es sich von einer Start-up-Firma zu einer weltweit führenden Marke entwickelt hat und dass statt Technologie nun Kundenorientierung, Innovation, Nachhaltigkeit und Harmonie als traditioneller chinesischer Wert wichtig sind. Das neue Logo verkörpert Unternehmergeist und die Verpflichtung, dem Kunden innovative, wettbewerbsfähige Lösungen und langfristigen Wert zu bieten. Die Segmente streben nach oben, was Ruhe und Frieden vermittelt, während die Farbverläufe, die dem Logo Tiefe verleihen, für einen Sonnenaufgang stehen.

Harmonie

Wachstum

Kunde	The Best Of
Markeninfo	Firmenverzeichnis im Internet für Bewertungen lokaler Unternehmen durch Kunden in Großbritannien. Die Aufnahme in das Verzeichnis hängt von der Zahl der Kundenempfehlungen ab.
Agentur	The House
Artdirector	Steven Fuller
Designer	Andy Gerrard
Schriftart	Interstate
Farben	Hellblau (PMS 277) und Dunkelblau (PMS 281)
Designkonzept	In diesem Verzeichnis tauchen Firmen nur auf, wenn sie wirklich „die Besten" sind und von ihren Kunden empfohlen werden. Die Identity der Website musste dies auf den ersten Blick vermitteln, daher schien eine stilisierte Sprechblase die beste Lösung für die Gestaltung des Logos zu sein. Dieses Design hat noch andere Vorteile: Der Rahmen ist erweiterbar, daher kann das Logo auch für andere Bezeichnungen verwendet werden (thebestofbath etc.), wenn die Marke im Franchiseverfahren auch in anderen Städten aufgebaut wird. Die Kleinbuchstaben lassen die Marke freundlicher und zugänglicher wirken, während die Lesbarkeit durch die unterschiedliche Farbgebung der einzelnen Wörter verbessert wird.

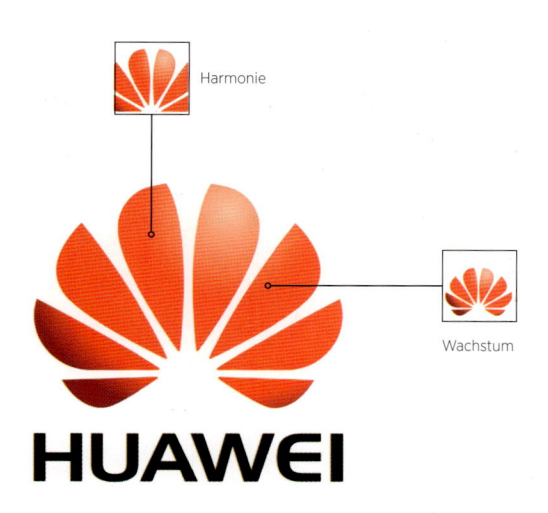

Mundpropaganda

Einschließend

Internet & Telekommunikation

Internet & Telekommunikation

Ausgelassenheit und Spontaneität

Kunde	EmFesta.com – Festas de Portugal
Markeninfo	Internetverzeichnis von Festen und Festivals in Portugal
Agentur	Playout
Designer	Tiago Machado
Schriftart	Clarendon
Farben	Mehrfarbig, Name in Schwarz (PMS 029) und Grau (PMS Cool Grey 4)
Designkonzept	Die Website soll sowohl Gäste als auch Organisatoren von portugiesischen Festen und Festivals ansprechen. Der Kunde machte dem Studio nur die Vorgabe: „Überraschen Sie uns." Und das tat es dann auch – mit einem Logo, das an ein Feuerwerk erinnert und damit die große Bandbreite der Feste und Festivals darstellt, ohne sich auf eine feste Form, eine Farbe oder eine Besonderheit einer einzelnen Region oder einer bestimmten Veranstaltung festzulegen.

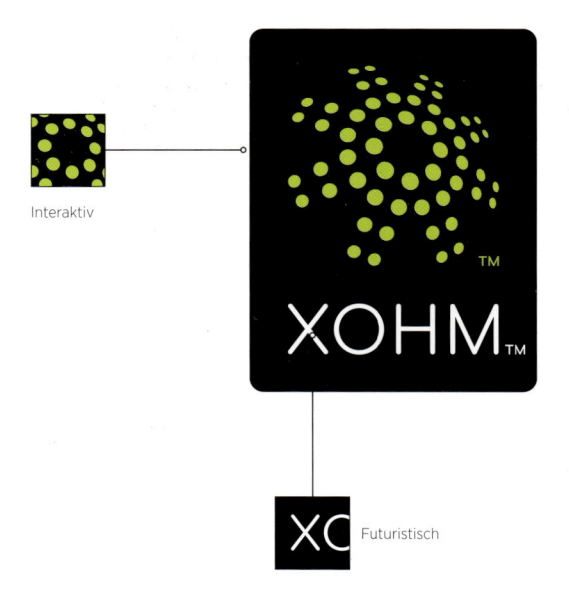

Interaktiv

Futuristisch

Kunde	Xohm (Sprint Nextel)
Markeninfo	Von Sprint betriebenes drahtloses WiMAX-Breitbandnetz in den USA. Die Benutzer können ohne Verträge oder Gebühren Filme herunterladen, Videos ansehen und Spiele auf mobilen Geräten spielen, mit Geschwindigkeiten, die bis jetzt nur mit einem Kabelnetz möglich waren.
Agentur	Lippincott
Artdirector	Rodney Abbot
Designer	Rodney Abbot, Peter Chun und Brendán Murphy
Schriftart	Bryant (neu gezeichnet)
Farben	Hellgrün (PMS 382) und Schwarz
Design	Das Logo steht für das Konzept, Menschen, Orte und Geräte miteinander zu verbinden, und weckt Assoziationen an futuristische Videospiele. Die Punkte in dem sternförmigen Muster sollen das Heranzoomen eines Ziels und Kontaktaufnahme symbolisieren. Darüber hinaus verstärken sie das X des Namens. Die strahlenförmigen Linien suggerieren unbegrenzte Bewegungsfreiheit.

Internet & Telekommunikation

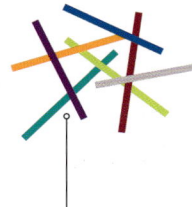

Kunde	Hayneedle
Markeninfo	Internet-Shopping-Site mit einer großen Auswahl an sonst schwer zu findenden Produkten für das Zuhause und Lifestyle.
Agentur	Lippincott
Artdirector	Su Mathews
Designer	Vincenzo Perri, Sam Ayling, Thy Nguyen-Huu, Saki Tanaka, Matt Calkins und Bogdan Geana
Schriftart	ITC Officina Sans
Farben	Verschiedene
Designkonzept	Name und Logo stehen für die Freude, die man empfindet, wenn man den lange gesuchten Artikel oder das ideale Geschenk aus einem verwirrend großen Produktsortiment gefunden hat – die Nadel im Heuhaufen also. Die überlappenden, farbigen Linien symbolisieren Optionen und Auswahl. Der Name ist in einer modernen, freundlichen Schrift gesetzt, der den spielerischen Aspekt der Marke vermittelt.

ha Freundlich

Entdeckergeist

Kunde	Geeknet
Markeninfo	Die Dachgesellschaft mehrerer technologienaher Websites und Blogs mit Sitz in den USA, u.a. Slashdot, ThinkGeek, SourceForge, Ohloh und freshmeat.
Agentur	Interbrand
Artdirector	Kurt Munger
Designer	Kurt Munger und Noriko Ohori
Schriftart	Freeway (modifiziert)
Farbe	Schwarz
Designkonzept	Die meisten Websites von Geeknet kennzeichnet ein starkes Gemeinschaftsgefühl unter den Benutzern, bei denen es sich in der Regel um intelligente, technisch versierte junge Menschen handelt, die ihre sozialen Kontakte lieber im Internet als im realen Leben pflegen. Viele von ihnen sind in einer Zeit aufgewachsen, in der Computer und Videospiele bereits etwas ganz Alltägliches waren. Das Logo weckt Assoziationen zu Figuren aus alten Arcade-Spielen. Die pfeilförmigen Tentakel stehen für die zahlreichen Aktivitäten unter dem Dach von Geeknet, die vielfältigen Interessen der Menschen, von denen die verschiedenen Websites besucht werden, und das soziale Networking, das auf den Sites stattfindet.

Verspielt und hyperaktiv

Internet & Telekommunikation

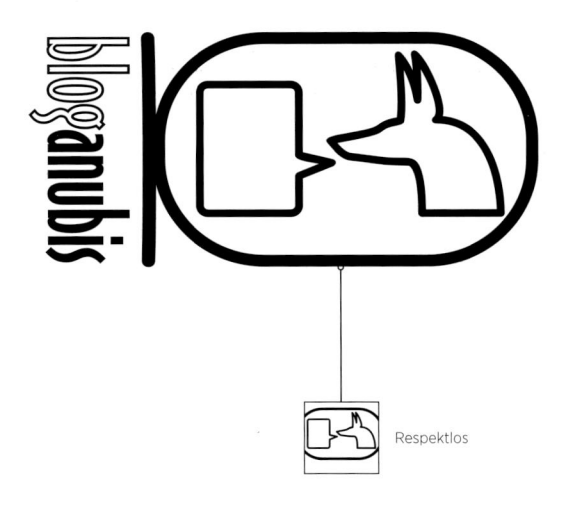

Respektlos

Kunde	Blog Anubis
Markeninfo	Blog, in dem es um Plagiate und Kritik an Werbung in Kuwait und den Golfstaaten geht.
Agentur	Paragon Marketing Communications
Artdirector	Louai Alasfahani
Designer	Konstantin Assenov
Schriftart	Bodega Sans Oldstyle (neu gezeichnet)
Farbe	Schwarz
Designkonzept	Anubis, der altägyptische Gott der Totenriten, war auch oft derjenige, der die Wahrheit ans Licht brachte. Er wird in der Regel mit einem Hundekopf dargestellt. Bei diesem Logo wird seine Silhouette mit einer Sprechblase kombiniert und von einer Kartusche gerahmt. Das steht für das Konzept des Blogs und die aus Werbe- und Marketingfachleuten bestehende Zielgruppe, die es mit subtilem Humor anspricht.

Zugänglich und verbraucherorientiert

Kunde	Rave
Markeninfo	Mobile Integration für Universitätsgelände in den USA
Agentur	Siegel+Gale
Creativedirector	Doug Sellers
Seniordesigner	Rob Sawitz und Joo Chae
Schriftart	Neue Helvetica
Farbe	Schwarz
Designkonzept	Obwohl die meisten Collegestudenten in den USA ein Mobiltelefon besitzen, waren viele Universitäten bis jetzt noch nicht in der Lage, wichtige Informationen über dieses Medium zu kommunizieren. Rave wollte seine führende Rolle in diesem Bereich weiter ausbauen, indem es seine Markenstory vereinfachte, die visuelle Identity auffrischte und das Produkt bei amerikanischen Universitäten neu einführte. Das Logo musste neben denen der Universität und des Mobilfunkbetreibers bestehen können, daher entwickelte Siegel+Gale ein einprägsames, schlichtes Logo in Schwarz-Weiß, das den Anwendernutzen des Serviceangebots betont.

Internet & Telekommunikation

Kunde	Kink (CyberNet Entertainment)
Markeninfo	Erotikwebsite
Agentur	MINE
Artdirector	Christopher Simmons
Designer	Tim Belonax und Christopher Simmons
Schriftart	Handgezeichnet
Farbe	Rot (PMS 1797)
Design	Dieses Nischenunternehmen möchte Erotik für die Masse anbieten, was auch in dem „sauberen" Logo zum Ausdruck kommt. Der Buchstabe K ist so gezeichnet, dass Assoziationen an schmiedeeiserne Werkzeuge geweckt werden. Die Umrisse des Schildes sind wie ein Korsett geformt, das mit seinen oberen und unteren Konturen entfernt an die Rundungen des weiblichen Körpers erinnert. Das fröhliche Rot wirkt alles andere bedrohlich und greift die Bemühungen der früher als „verrucht" geltenden Marke Playboy auf, um die Masse zu erreichen.

Verlockend, aber an der Masse orientiert

Kunde	Hotelicopter
Markeninfo	Website, auf der Reisende Hotels zum geringstmöglichen Preis buchen können.
Agentur	Stebler Creative
Designer	Jeremy Stebler
Schriftart	Triplex Bold (modifiziert)
Farben	Orange und Grau (Web-/Prozessfarben)
Designkonzept	Der neue Name der Website enthielt zwar das Wort „Hotel", kombinierte ihn aber mit einer unerwarteten Nachsilbe, damit er zum Claim „Elevate your search" passte. Der Designer war der Meinung, dass eine wörtliche Illustration des Markennamens keineswegs eine abgedroschene Lösung sein und gerade wegen ihrer Kuriosität funktionieren würde. Das Logo, für das Hubschrauberrotoren, ein Hotelgebäude und der Buchstabe H kombiniert wurden, verstärkt den Namen und trägt so dazu bei, dass der Kunde sich an ihn erinnert. Die spielerische Note, die typisch für Webdesigns ist, unterstreicht das Markenversprechen, dass die Website einfach zu verstehen ist und es Spaß macht, über sie ein Hotel zu buchen.

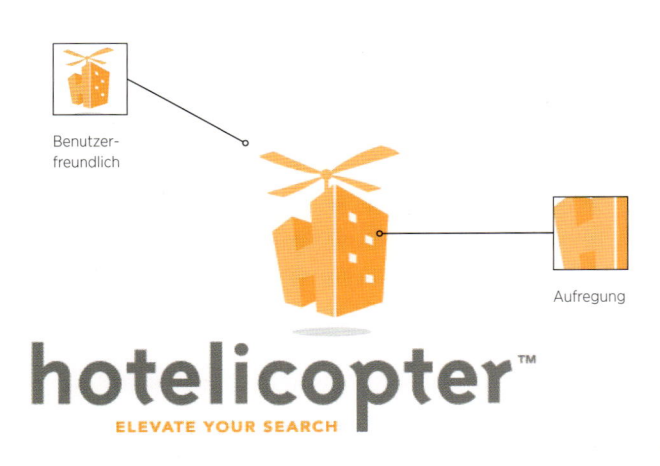

Benutzerfreundlich

Aufregung

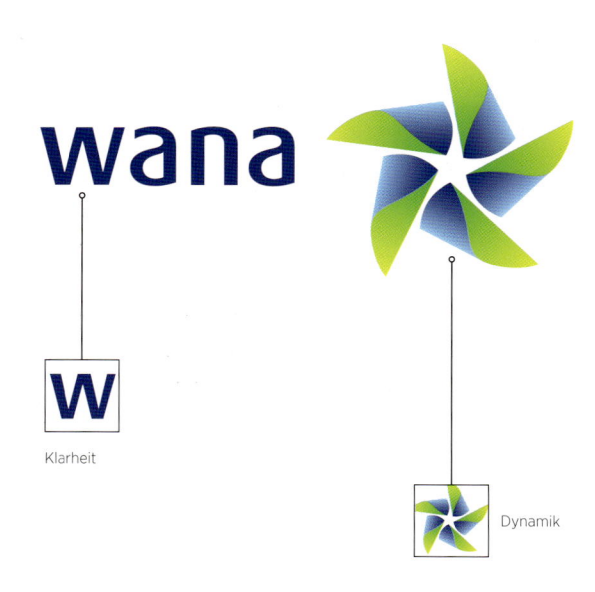

Internet & Telekommunikation

a Zugänglich

n Peppig

bayn
باين

Kunde	Bayn
Markeninfo	Lokaler Prepaid-Mobilfunkanbieter in Marokko, der von Wana (früher Maroc Connect) betrieben wird.
Agentur	Lippincott
Designer	Brendán Murphy
Strategy	Dennis Bonan und Kat Walker
Schriftart	Maßgeschneidert
Farben	Dunkelblau (PMS 2738), Grün (PMS 376) und Hellgrün (PMS 382)
Designkonzept	Der Mobilfunkanbieter wollte den Telekommunikationszugang in Marokko demokratisieren und den Kunden zumindest teilweise die Kontrolle darüber zurückgeben. Die schlichte, abgerundete Typografie in einer hellgrünen Gedankenblase signalisiert ein neues, unverbrauchtes Konzept und setzt die Marke von den etablierteren Anbietern ab. Da der Name Bayn sowohl mit dem arabischen als auch mit dem lateinischen Alphabet dargestellt werden kann, lässt sich die Identity problemlos für regionale und nationale Zielgruppen anpassen.

wana

W Klarheit

Dynamik

Kunde	Wana
Markeninfo	Neues Telekommunikationsunternehmen in Marokko, das Dienstleistungen für Festnetz, Mobilnetz und Internetanschluss anbietet. Das Kernkonzept besteht darin, den Kunden entscheiden zu lassen.
Agentur	Lippincott
Designer	Brendán Murphy und Julia McGreevy
Strategen	Dennis Bonan und Kat Walker
Schriftart	Dax (neu gezeichnet)
Farben	Dunkelblau (PMS 2738), Blau (PMS 2985), Grün (PMS 376) und Hellgrün (PMS 382)
Designkonzept	Wana wollte auf dem marokkanischen Telekommunikationsmarkt für Aufsehen sorgen und sein Markenversprechen umfassend umsetzen – vom Namen (bedeutet „in deiner Nähe") und dem Design der Identity über die Produkterfahrung bis hin zum Angebot. Jeder Aspekt des Markendesigns wurde sorgfältig gestaltet: Die primäre Markenfarbe – ein kräftiges Grün – steht für ein neues Konzept und setzt die Marke von anderen Telefongesellschaften ab. Das Windrad als Bildmarke weckt Assoziationen zum Stern der marokkanischen Flagge und spricht so das Nationalbewusstsein der Kunden an. Der Name in Kleinbuchstaben einer freundlichen Schrift signalisiert, dass die Marke leicht zugänglich ist.

Neuer Horizont

neustar

Kunde Neustar
Markeninfo Eines der Unternehmen, die für Internet-registrierung und Connectivity zuständig sind.
Agentur Siegel+Gale
Creative-director Young Kim
Design-director Lloyd Blander
Schriftart Maßgeschneidert
Farben Grün und Gelb (Prozessfarben)
Designkonzept Der Name wurde in einer schlichten Helvetica gesetzt und enthält einen Farbverlauf in einer helleren Farbe, der sich diagonal durch seine Mitte zieht. Die Linie zerschneidet das s und setzt sich bis zu den abgeschrägten Enden des u links und des t rechts fort, sodass die beiden Teile des Wortes miteinander verbunden werden. Dieses schlichte Logo, das nur aus dem Schriftzug besteht, beschwört neue Horizonte im Internet und steht für einen neuen Anfang oder dafür, für ein altes Problem eine neue Lösung zu finden.

Humorvoll

soulpicnic interactive

Natürlich

Technisch

Kunde Soulpicnic Interactive
Markeninfo Unternehmen aus dem Bereich Websiteentwicklung
Agentur Think Studio, NYC
Designer John Clifford und Herb Thornby
Schriftart Architype Ballmer
Farben Braun (PMS 405) und Grün (PMS 372)
Designkonzept Wie Designer John Clifford erklärte, bestand die Herausforderung bei der Überarbeitung des Logos darin, dass die Internetagentur „ein technisch orientiertes Unternehmen ist, das Logo aber ein organischeres, freundlicheres Aussehen haben sollte". Das alte Logo war von Hand gezeichnet und wirkte überholt. Think Studio sorgte für ein professionelleres Aussehen, berücksichtigte beim neuen Design aber auch Persönlichkeit und Philosophie der Agentur. Der technische Aspekt zeigt sich in der Wahl der Schriftart, deren Strenge aber durch natürliche Farben wie Braun und Grün und das humorvolle Bildzeichen des Picknicktisches abgemildert wird.

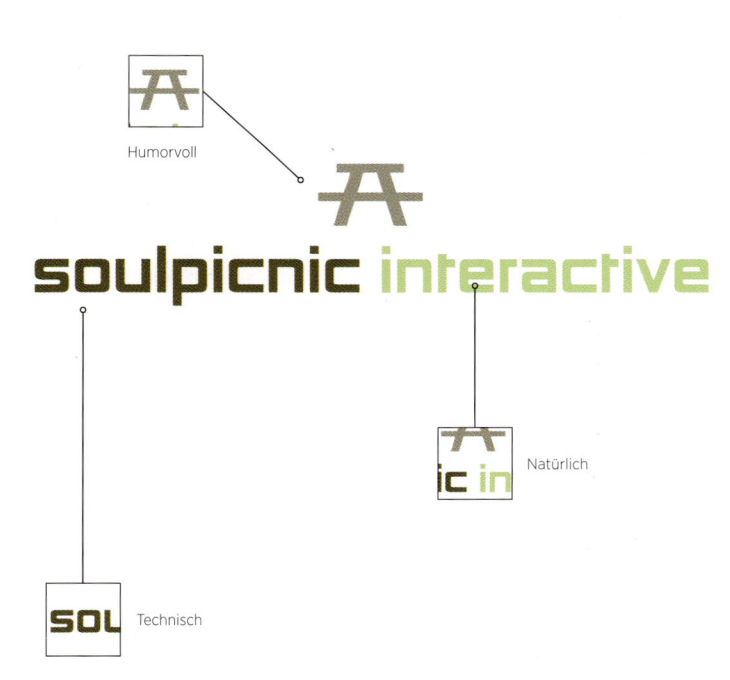

Internet & Telekommunikation

Internet & Telekommunikation

Schlicht

Modular

Zukunftsorientiert
und innovativ

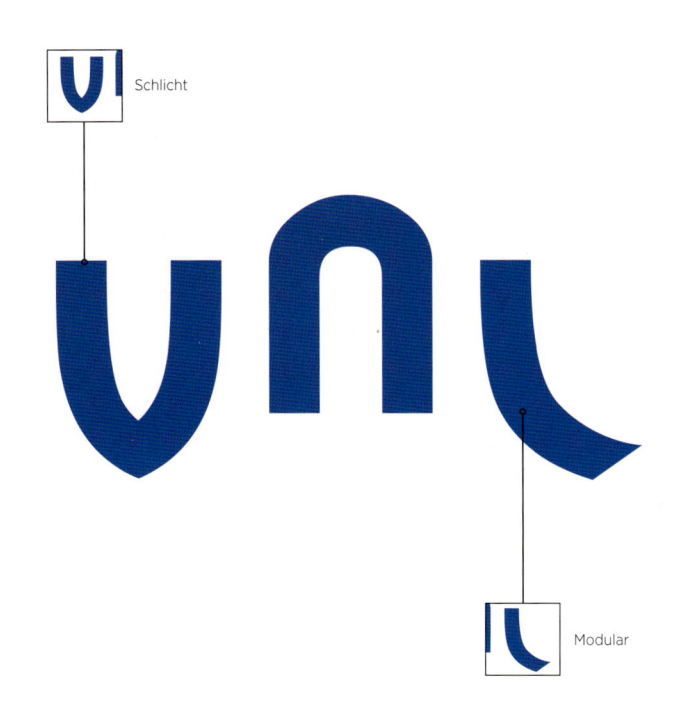

Kunde	VNL (Vihaan Networks Limited)
Markeninfo	Indisches Telekommunikationsunternehmen, dessen GSM-Geräte schlicht und modular sind und einfach installiert, betrieben und gewartet werden können. Die Geräte laufen mit erneuerbarer Energie wie Solar- oder Windstrom, sodass die Betreiber auch Märkte in abgelegenen, ländlichen Regionen rentabel bedienen können.
Agentur	Obos Creative
Designer	Ethem Hürsu Öke
Schriftart	Handgezeichnete Buchstaben
Farbe	Blau (PMS 293)
Designkonzept	Das Logo sollte Anpassungsfähigkeit, Flexibilität, Modularität und innovative Technologie des Unternehmens vermitteln. Der Designer setzte diese abstrakten Eigenschaften visuell um, indem er V, N und L aus schlichten, unkonventionellen Bögen konstruierte, als Zeichen für ein innovatives, modulares System. Die Reduzierung auf schlichte Formen und eine Farbe macht das Logo einprägsam und lässt sich einfacher verwenden. Zudem lässt sich das Logo mit einem Elefanten, dem Arbeitstier vieler ländlicher Gebiete Südasiens, assoziieren.

Kunde	Optima Telekom
Markeninfo	Kroatisches Telekommunikationsunternehmen
Agentur	Studio International
Designer	Boris Ljubicic
Schriftarten	Aldine 721 BT und Verdana
Farben	Rot (PMS 1795) und Grautöne (PMS 423 und PMS 421)
Designkonzept	Der Anfangsbuchstabe des Firmennamens wurde mit einem beweglichen Segment versehen, das an die Wählscheibe eines Telefons oder an einen Telefonhörer erinnert. Dies soll bei den Kunden Assoziationen zum traditionellen Telefonmarkt – das lokale Festnetz – wecken, der den größten Teil von Optimas Geschäft ausmacht, und darüber hinaus kommunizieren, dass das Unternehmen eine Neuorientierung hinter sich hat und in Zukunft auch andere Arten von Telefondienstleistungen anbieten wird.

Kunde Telephone.com (Xplorium Offshore)
Markeninfo Internetbasierte Anwendung für Telefondienstleistungen, Versenden von SMS-Textnachrichten und andere Kommunikationsbedürfnisse, deren Zielgruppe junge, technikorientierte Menschen sind, die aber auch Menschen mit weniger Interneterfahrung als Kunden gewinnen möchte.
Agentur PenguinCube
Designer PenguinCube design team
Schriftart Dax (modifiziert)
Farbe Blau (PMS 295)
Designkonzept Als Inspiration für das Logo diente das klassische Schnurtelefon (zwei über einen Bindfaden miteinander verbundene Blechdosen). Dazu werden „Emoticons" verwendet, um verschiedene Stimmungen darzustellen. Aus der Kombination dieser Ideen entstanden die offenen Klammern auf beiden Seiten des Firmennamens, die durch Emoticons ergänzt werden können. Da das Unternehmen im Internet tätig ist, brauchte es ein Logo, das kontinuierlich angepasst werden kann, während das Grundelement konstant bleibt. Das vermittelt Zuverlässigkeit und steigert die Wiedererkennung.

Nüchtern, aber anpassungsfähig

Kunde CzechPoint
Markeninfo Online-E-Government-System, mit dem Bürger der Tschechischen Republik über Terminals in Postämtern und anderen öffentlichen Einrichtungen Informationen erhalten und Behördengänge erledigen können.
Agentur Lavmi
Designer Babeta Ondrová
Schriftart DIN
Farbe Hellblau (PMS 2995)
Designkonzept Das Konzept eines E-Government-Systems besteht darin, dass die „Lauferei" bei den Behörden nicht von der Person, sondern von den Daten erledigt wird. CzechPoint verwendet eine moderne Technologie für den Internetzugang und den Kontakt zu den Behörden, sodass die Bürger die Bearbeitung von Anträgen etc. online verfolgen können, was die meisten bürokratischen Prozesse erheblich transparenter macht. In Prag und anderen tschechischen Kommunen ist dieses Konzept fast schon revolutionär. Das Logo wird aus zwei Kugeln gebildet, die für die Regierung und ihre Bürger stehen. Das himmelblaue Logo ähnelt einem Fernglas, was für die bessere Sichtbarkeit des Datensystems nach außen steht.

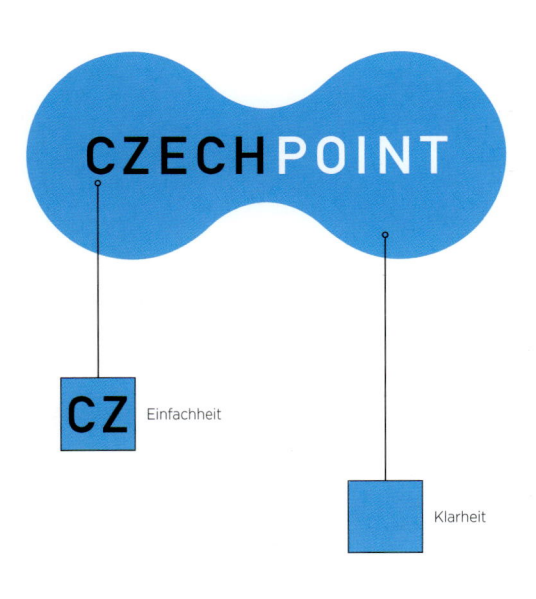

CZ Einfachheit

Klarheit

Internet & Telekommunikation

GOTSPOT

Variationen eines Themas machen eine Identity vielseitig und interessant, lassen aber auch den Humor nicht zu kurz kommen.

Markeninfo	WiFi für Cafés in Großbritannien
Agentur	Fivefootsix
Schriftart	Avant Garde
Farben	Rot (PMS 186) und Cyan (Prozessfarbe)
Designkonzept	Für die sich ständig verändernde digitale Internetwelt braucht man eine visuelle Identity, die diese Veränderungen mitmacht. Der rote Punkt im Zentrum bleibt immer gleich, während sich die davon ausgehenden Muster – Funkwellen, Wellen, Blütenblätter – verändern, damit das Logo interessant bleibt. Das Ergebnis ist eine klare, humorvolle Identity, die die junge, internetkundige Zielgruppe anspricht. Der Name steht für kontinuierlichen Internetzugang an den Orten, an denen man dieses Logo sieht. Das Logo selbst ist einprägsam genug, um auch ohne den Namen zu funktionieren, z. B. an den Fensterscheiben von Cafés.

Hier stellt sich natürlich die Frage: „Welche Version ist das ‚richtige' Logo?" Die Antwort lautet: „Alle." Das Logo dient hier nicht als alleinstehendes Symbol, sondern als einigendes Konzept. Die Standardkombination von Bild- und Wortzeichen fehlt bei diesem Logo. Es fungiert vielmehr als Teil eines kompletten Identitysystems, bei dem der Designer die einzelnen Elemente – Bildzeichen, Wortzeichen, sekundäre Grafik, Typografie – auf den jeweiligen Kontext anwendet.

Die Vorderseiten der Visitenkarten enthalten nur den Namen mit den Kontaktdaten; die Rückseiten wurden mit einem Ausschnitt der verschiedenen Logos bedruckt.

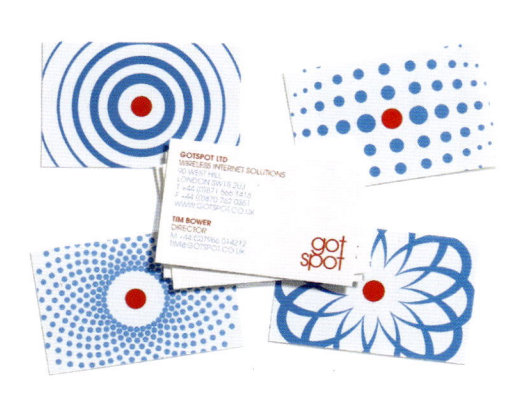

Die verschiedenen Versionen des Logos werden durch den roten Punkt im Zentrum „zusammengehalten"; dies unterstreicht das Markenkonzept, das Internetzugang über Hotspots vorsieht.

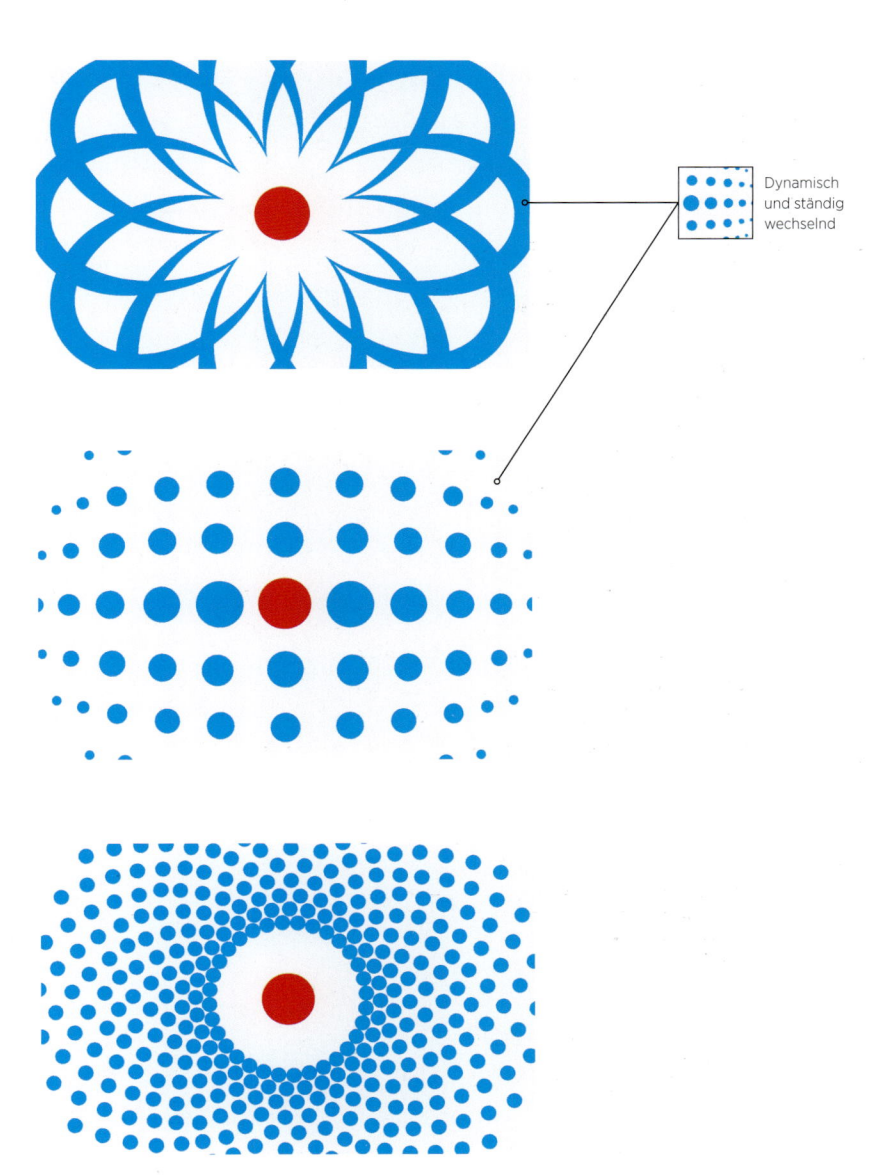

Dynamisch und ständig wechselnd

Internet & Telekommunikation: Fallstudie

141

ARCHITEKTUR & DESIGN

Architekten, Grafiker und Designer gehören zu den Berufsgruppen, die der Meinung sind, dass sie unbedingt ein eigenes Logo brauchen. Manchmal geht es darum, das eigene Studio zu positionieren oder deutlich zu machen, in welchen Bereichen man arbeitet, manchmal sagt ein Logo etwas darüber aus, welcher Tradition man sich verpflichtet fühlt oder welche Weltanschauung man hat, manchmal vermittelt das Logo, welchen Ansatz man bei kreativen Prozessen verfolgt, und manchmal ist es einfach eine kleine Marotte. Im besten Fall trifft alles aus dieser Aufzählung zu.

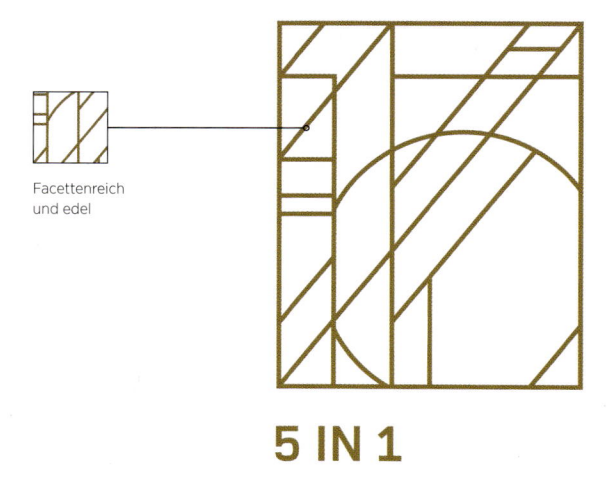

Facettenreich und edel

5 IN 1

Kunde	Studio 5 in 1
Markeninfo	Interdisziplinäres Designkollektiv, das in einem ehemaligen Ladengeschäft in Brooklyn, NYC, arbeitet.
Agentur	//Avec
Designer	Camillia BenBassat
Designer/ Typografen	Joao Peres und Serhat Ferhat
Schriftart	Foundry Monoline
Farbe	Gold (PMS 8660)
Designkonzept	Das Logo zerlegt die Zahlen 1 und 5, um zu zeigen, wie die verschiedenen Teile im Kollektiv arbeiten. Der modernistische Stil spielt auf eine Reihe von künstlerischen Genres an und verkörpert Qualität und Exklusivität. Das Arbeitskollektiv hat wechselnde Mitglieder; jedes kann sich das Logo als „Eigenmarke" innerhalb des größeren, sich ständig verändernden Ganzen konfigurieren. Das Logo wird in den Arbeitsräumen des Kollektivs verwendet, wo es als Positiv- und Negativversion vorkommt. Auf Visitenkarten und Briefpapier wird es in Goldfolie auf verschiedene schwere Papiersorten gedruckt, was die Vielseitigkeit des interdisziplinären Studios noch stärker herausstellt.

Weiblichkeit

Kunde	Black Hare Studio
Markeninfo	Typografie- und Designstudio in Texas, USA
Designer	Virginia Green
Schriftarten	Janson und Myriad Pro-Light
Farben	Beige (PMS 9080), Rot (PMS 193) und Schwarz
Designkonzept	Die Designerin wollte eine Identity entwickeln, die vermittelt, dass das Studio bei seiner Arbeit eine Kombination aus traditionellen und modernen Verfahren verwendet und seinen Kunden individuelle visuelle Lösungen bietet. Konkret ging es darum, mit einem Logo verschiedene Druckverfahren auszudrücken. Als Inspiration diente der Designerin das Lieblingstier des Studios, ein Hase – wegen seiner körperlichen Eigenschaften und seiner Bedeutung in der menschlichen Gesellschaft. „Die anmutige Haltung des Tieres kombiniert mit einer grafischen Sensibilität" verkörpere am besten den individuellen Stil des Studios, sagt die Designerin.

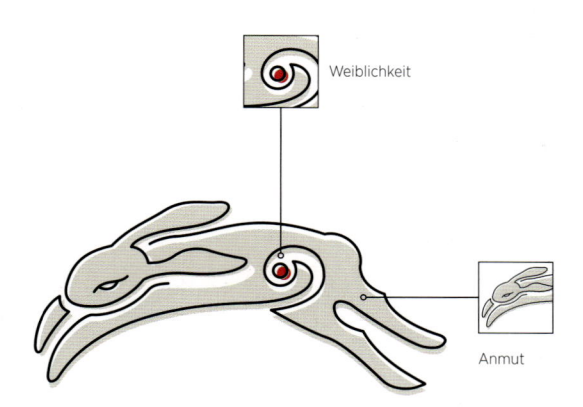

Anmut

BLACK·HARE
STUDIO

Kunde	No. Twelve Queen Street
Markeninfo	Kleines Innenarchitekturstudio in Bath, Großbritannien
Agentur	Irving & Co.
Designer	Julian Roberts
Typograf	Peter Horridge
Schriftart	Kalligrafie von Hand
Farbe	Grün (PMS 384)
Designkonzept	Das Studio brauchte eine neue Identity, die das gregorianische Erbe von Bath reflektierte, dieses aber mit einem modernen, anspruchsvollen Designansatz kombinierte. Die Schreibkunst von George Bickham diente als Inspiration für dieses elegante Wortzeichen, das das hohe Niveau des Studios verkörpert und die Marke am oberen Ende der Branche platziert.

Elegante Schönheit

Erlesener Geschmack

Architektur & Design

RGA+ Taktil

**RGA+D
RUI GRAZINA
ARQUITECTURA+DESIGN**

Ökonomisch

Kunde	Rui Grazina—Arquitectura+Design
Markeninfo	Portugiesisches Architekturstudio, das nach einer puristischen, schnörkellosen Identity suchte, mit der es beide Seiten seiner Geschäftstätigkeit vermitteln kann.
Agentur	Playout
Designer	Tiago Machado
Schriftart	Cargo Bold
Farben	Braun und Grau
Designkonzept	Das Ziel bestand darin, die Arbeitsbereiche Architektur und Design darzustellen, ohne einem der beiden Bereiche den Vorzug zu geben. Zudem sollte sich die Identity auch zum preisgünstigen Kennzeichnen verschiedener Objekte eignen (das Logo kann als Stempel benutzt werden). Die von der Textur her unterschiedlichen Teile des Logos verbinden die Bereiche Architektur (Beton) und Design (Holz).

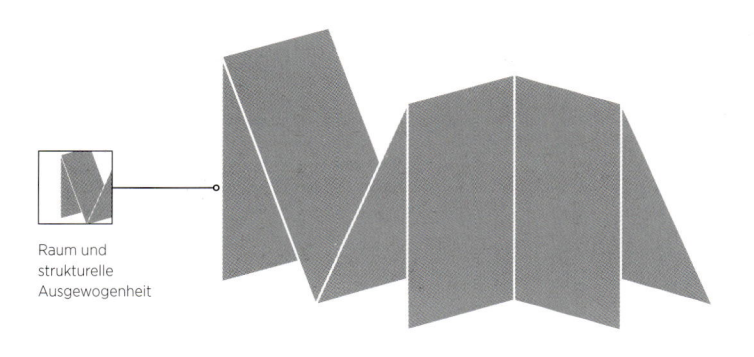

Raum und strukturelle Ausgewogenheit

STUDIO MA

Kunde	Studio Ma/Architecture and Environmental Design
Markeninfo	Designorientiertes Architekturstudio in Phoenix, Arizona, USA, das schöne Räume mit leicht zugänglichen, funktionalen und sorgfältig geplanten Formen entwirft.
Agentur	//Avec
Designer	Camillia BenBassat und Evan Dody
Schriftart	Maßgeschneidert
Farbe	Grau (PMS Cool Grey 8)
Designkonzept	Die Designer wollten ein typisches Wortzeichenlogo für Architekten vermeiden, daher ließen sie sich von der „Raum als Substanz"-Philosophie der Architekten inspirieren und kombinierten diese mit den Merkmalen Ausgewogenheit und Dimension. Die Flächen in und zwischen den Buchstaben wecken Assoziationen zu den funktionalen architektonischen Räumen in einem Gebäude. Darüber hinaus wollten die Designer auch ein Logo gestalten, das für sich allein stehen kann, ohne die Unterstützung von Text. Das Logo vermittelt die Werte des Architekturstudios und stellt eine Grundlage für die Kommunikation dar, die es ihm ermöglicht, sich konzeptionell und visuell weiterzuentwickeln.

kinarc URBAN — Modernität

Kunde Makin Architecture

Markeninfo Die Architekten und Stadtplaner brauchten einen neuen Namen und ein neues Logo, nachdem einer der Partner in den Ruhestand gegangen war.

Agentur Imagine-cga

Designer David Caunce

Schriftart Glasgow

Farben Orange (PMS 130) und Grau (PMS 431)

Designkonzept Der großzügig geschwungene Anfangsbuchstabe M steht für die kreativen Gedankenprozesse, mit denen das Studio seine Projekte umsetzt. Die neue Identity sollte auch die Neupositionierung von Makin als zeitgemäßes, innovatives Studio deutlich machen.

Freiheit und Kreativität

makinarchitecture
URBAN ARCHITECTS & DESIGNERS

Klar

porcupine group

group — Informell

Kunde Porcupine Group

Markeninfo Innenarchitekturstudio in New York City, das puristisches, klares Design mit kräftigen Farbakzenten umsetzt.

Agentur Think Studio, NYC

Designer John Clifford und Herb Thornby

Schriftart Neue Helvetica Bold

Farben Orange (PMS 151) und Grau (PMS 431)

Designkonzept Das Studio verfolgt einen Designansatz, der alles andere als verschnörkelt oder rein dekorativ ist, und das sollte auch beim Logo deutlich werden. Den Namen Porcupine bekam das Studio, weil den Inhabern die Stacheln von Stachelschweinen gefallen. Zunächst untersuchten die Designer Möglichkeiten, um die Borsten mehr oder weniger abstrakt in das Logo zu integrieren, letztendlich waren sie aber der Meinung, dass ein Foto eines einzelnen Stachels die optimale visuelle Lösung sei. Die Kleinbuchstaben im Namen des Studios sollen die freundliche, informelle Atmosphäre des Studios vermitteln. Das schlichte, puristische Logo trägt dazu bei, dass sich das Studio von anderen Innenarchitekturstudios abheben kann, da deren Logos häufig mehr dekorative Elemente enthalten.

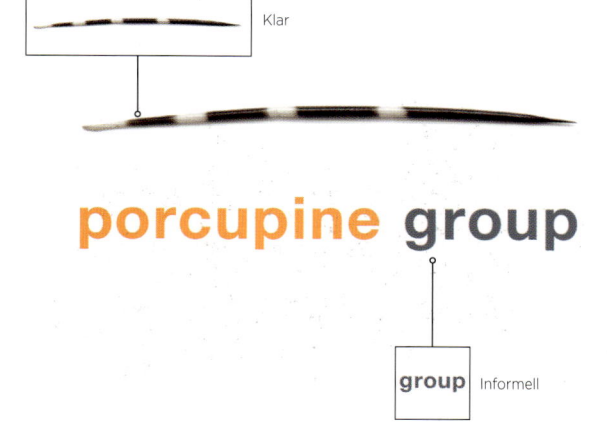

Architektur & Design

Feminin   Natürlich

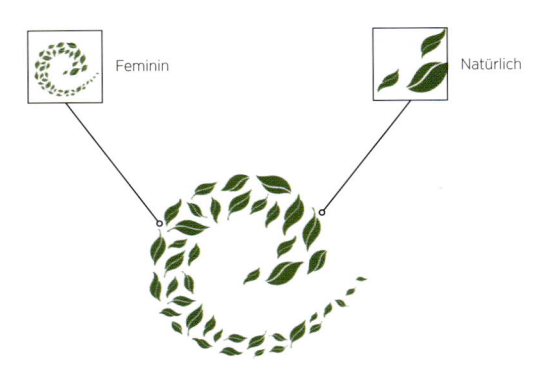

environmentalconstruction,inc.
unique and inspired landscape designs

Kunde	Environmental Construction, Inc. (ECI)
Markeninfo	„Grünes" Unternehmen für Landschaftsgestaltung in den USA mit den Schwerpunkten handwerkliche Ausführung und Design.
Agentur	McBreen Design, Inc.
Designer	Craig McBreen
Schriftarten	Folio Medium Condensed und Light Condensed
Farbe	Grün (PMS 364)
Designkonzept	Bei der Überarbeitung des vorhandenen Logos ging es nicht nur darum, den umweltfreundlichen Ansatz des Unternehmens und den Schwerpunkt auf perfekter handwerklicher Ausführung deutlich zu machen. Der Designer sollte ein Logo entwickeln, das vor allem Frauen anspricht, die eine wichtige Zielgruppe des Unternehmens sind. Das Logo funktioniert mit Namen und Claim genauso gut wie allein.

KATHERINE ANDERSON
LANDSCAPE ARCHITECTURE

Schlicht und modern

Schick und elegant

Kunde	Katherine Anderson Landscape Architecture
Markeninfo	Landschaftsarchitektin mit einer reduzierten, modernen Ästhetik
Agentur	Mary Hutchison Design
Designer	Mary Chin Hutchison
Schriftart	Helvetica Light
Farben	Grün (PMS 390) und Grau (PMS 491)
Designkonzept	Das Logo spielt mit dem Weißraum von Katherine Andersons Initialen (nur gerade Linien) und ist eine abstrakte visuelle Anspielung auf Steinpflaster und Rasenflächen. Es wirkt modern und minimalistisch, doch durch die Farbgebung gelingt es, eine Verbindung zu den traditionellen Baustoffen der Landschaftsarchitektur herzustellen.

Architektur & Design

Kunde	Green Town
Markeninfo	Ukrainisches Unternehmen, das sowohl in der Bauplanung als auch in der Landschaftsgestaltung tätig ist.
Agentur	Korolivski Mitci
Artdirector	Viktoriia Korol
Designer	Dmytro Korol
Schriftart	[keine]
Farben	Grün (PMS 361) und Orange (PMS 021)
Designkonzept	Die Symbole (ein spitzes Dach mit kleinem Schornstein für Bauen, ein Blatt für Gartenarbeit) sind auf den ersten Blick zu erkennen und werden auf originelle Art so miteinander kombiniert, dass ein ansprechendes Logo entsteht, das die Integration der beiden Disziplinen vermitteln kann. Das Logo funktioniert nur mit Komplementärfarben; in Schwarz-Weiß würde es seine Bedeutung verlieren.

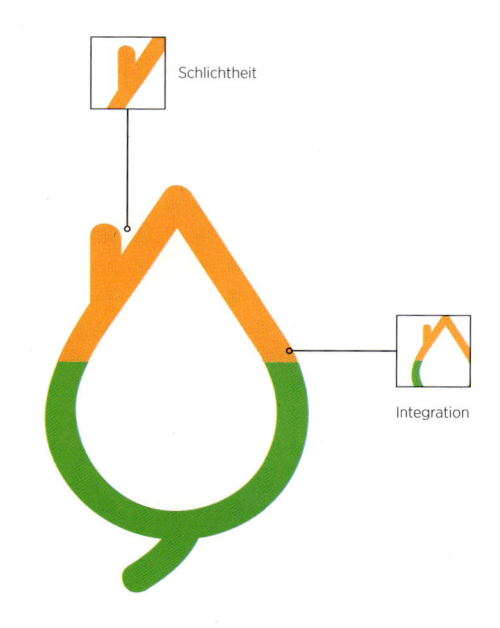

Schlichtheit

Integration

Kunde	Flowers of the World
Markeninfo	Florist der gehobenen Preisklasse in New York, der wissenschaftliche Erkenntnisse über Blumen zu handwerklich perfekten Arrangements bindet, sodass Sträuße und Gestecke mit dem gewissen Etwas entstehen.
Agentur	Inaria
Creativedirector	Andrew Thomas
Designer	Andrew Thomas, Ange Luke und Lynne Devine
Schriftart	Gill Sans
Farben	Schwarz mit silberner Glanzfolie
Designkonzept	Dieses minimalistische Logo vermittelt sowohl die wissenschaftlichen als auch die künstlerischen Aspekte der floristischen Arbeiten: Das Bildzeichen besteht aus Linien, deren Form an Blütenblätter erinnert, und soll deutlich machen, wie ein Blumenstrauß oder ein Gesteck entsteht.

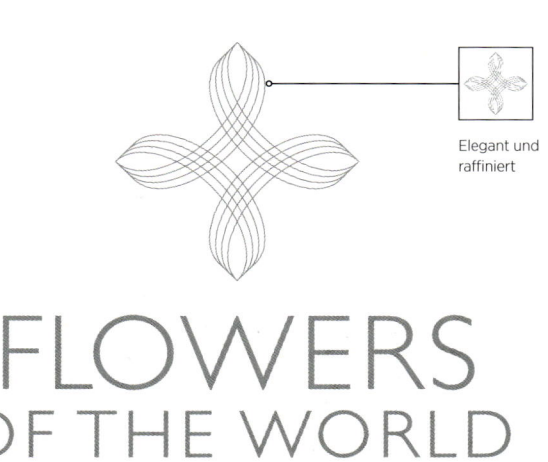

Elegant und raffiniert

FLOWERS
OF THE WORLD

Architektur & Design

Intelligent und freundlich

re

Zugänglich

Kunde	Renaud Merle
Markeninfo	Französischer Grafikdesigner, der sich auf Identitygrafik spezialisiert hat.
Designer	Renaud Merle
Schriftart	Goudy Sans
Farben	Gelb (PMS 130) und Grau (PMS Cool Grey 11)
Designkonzept	„Merle" ist französisch für Amsel, und das doppelte r bildet nicht nur den Buchstaben M, sondern wird durch die Kombination mit der gelben Raute zu einem Vogelkopf. Die schlichten, puristischen Formen täuschen über eine verspielte Identity hinweg, die literarische und visuelle Anspielungen nutzt, um Intelligenz und Kreativität des Designers zu vermitteln.

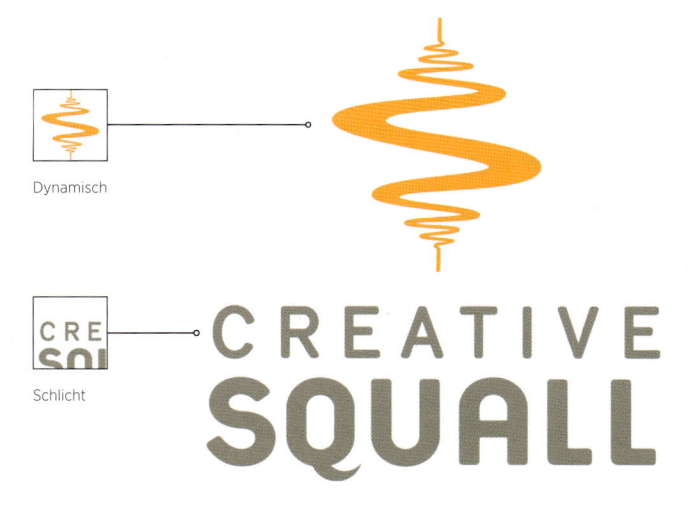

Dynamisch

Schlicht

Kunde	Creative Squall
Markeninfo	Unabhängiges Designstudio in Texas, USA, das im Bereich Logodesign und Marketingmaterial für Marken tätig ist.
Agentur	Creative Squall
Designer	Tad Dobbs
Schriftarten	District Thin (modifiziert) und Base 9 B (modifiziert)
Farben	Orange (PMS 151) und Grau (PMS Warm Grey 9)
Designkonzept	Der Designer wollte die Energie seines kreativen Prozesses (das deutet sich schon im Namen des Studios an; „squall" ist sowohl ein Schrei als auch eine Windböe) so einfangen, dass er damit den minimalistischen Stil seiner Arbeiten vermitteln konnte. Die Farben Orange und Grau spielen auf die Buntstifte an, mit denen er seit Jahren seine Entwürfe zu Papier bringt. „Die Stifte sind nichts Großartiges, aber die Farben, besonders das Orange, gefallen mir einfach", sagt Tad Dobbs. Obwohl seine ersten Skizzen recht locker und grob wirken, ist das Ergebnis in der Regel „schlicht und präzise, genau wie das Logo".

Kunde	Korolivski Mitci
Markeninfo	Ukrainisches Designstudio, dessen Arbeiten nationale Designtraditionen berücksichtigen.
Agentur	Korolivski Mitci
Artdirector	Dmytro Korol
Designer	Viktoriia Korol
Schriftart	Maßgeschneidert, basierend auf kyrillischen Buchstaben
Farben	Rot (PMS 485) und Schwarz
Designkonzept	Der Nachname der Designer, Korol, bedeutet „König"; Korolivski Mitci heißt also „die Künstler des Königs". Das Studio arbeitet vor allem für ukrainische Firmen und ist stolz darauf, dass es das visuelle Erbe der Ukraine in seine Arbeiten integriert. Farben, Muster und handgeschriebene Buchstaben des Logos erinnern an ukrainische Folkloremotive, mit denen Trachten und Ostereier verziert werden, während die minimalistischen Formen und der stilisierte Bleistift (in Kombination mit der Website des Studios) keinen Zweifel daran lassen, dass die Arbeiten der Designer durch und durch zeitgemäß sind.

Traditionell und modern zugleich

Kunde	Natoof Design
Markeninfo	Kleines Designstudio in Dubai, das für Privat- und Firmenkunden arbeitet, vor allem für junge Unternehmer, die ihre Start-ups auf den Markt bringen oder Marken wiedereinführen.
Agentur	Natoof Design
Designer	Mariam bin Natoof
Schriftart	Maßgeschneidert
Farbe	Schwarz
Designkonzept	Der Familienname ist kurz und lässt sich einfach aussprechen, daher bot es sich an, ihn als zentrales Motiv der visuellen Identity zu verwenden. So wird ein Gefühl von Einzigartigkeit und Zugänglichkeit vermittelt, was Natoof von größeren, internationalen Design- und Werbeagenturen abhebt, mit denen das Studio konkurriert. Die Mischung aus arabischer Kalligrafie und lateinischer Schrift zeigt, dass Natoof beide Kulturen mühelos integrieren kann.

Ursprünglich und zugänglich

Architektur & Design

Engagiert

idApostle

id. Selbstbewusst

Kunde	idApostle
Markeninfo	Designer und Berater im kanadischen Ottawa mit Spezialisierung auf Corporate Identity
Agentur	idApostle
Designer	Steve Zelle
Schriftart	Neue Helvetica Bold
Farbe	Schwarz
Designkonzept	Das Ziel bestand darin, das Engagement und die Erfahrung des Studios zu vermitteln. „Unser Logo sollte unsere Stärken deutlich machen", so der Designer. Der Claim des Studios lautet: „An identity love affair." Das Logo steht auch für die produktive Beziehung zu den Kunden, von denen viele Start-ups mit einer ähnlich selbstbewussten Einstellung sind.

Präzise

Kunde	Erik Borreson Design
Markeninfo	Grafikdesigner aus Wisconsin, USA, der vor allem für Printprojekte arbeitet.
Agentur	Erik Borreson Design
Designer	Erik Borreson
Schriftart	Maßgeschneidert
Farben	Cyan, Magenta, Yellow und Black (Prozessfarben)
Designkonzept	Der Designer wollte ein Logo entwickeln, mit dem er vermitteln konnte, dass er fast ausschließlich für Printprojekte arbeitet. Außerdem sollte es nicht schon nach kurzer Zeit überholt wirken. Er ließ sich von verschiedenen Logos der Druckbranche inspirieren und entschied sich dann für eine Kombination aus seinen Initialen, EB, einem Rotationszylinder und den Passkreuzen, an denen beim Vierfarbendruck (CMYK) die Druckplatten ausgerichtet werden.

Verspielt

Transfer Studio

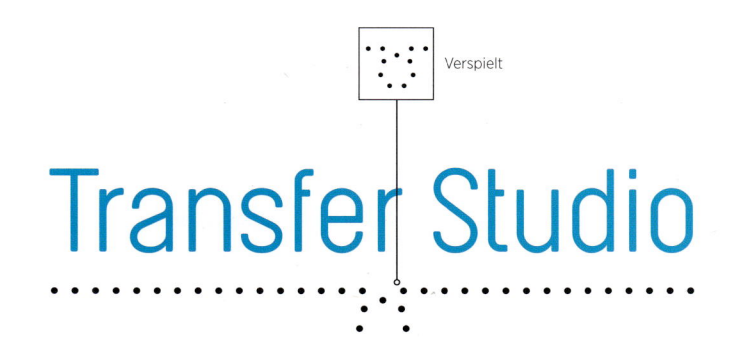

Kunde	Transfer Studio
Markeninfo	Designstudio in London, das für Printprojekte, Ausstellungen und Veranstaltungen arbeitet.
Agentur	Transfer Studio
Designer	Valeria Hedman und Falko Grentrup
Schriftart	Konrad
Farbe	Blau (PMS 132)
Designkonzept	Nachdem die Designer mit „innovativem und intelligentem Design" bekannt geworden waren, brauchten sie eine Identity, die ihren lösungsorientierten Ansatz vermitteln konnte. Die freundlichen Rundungen und offenen Buchstaben verdeutlichen den zugänglichen Charakter des Studios und betonen das Verspielte an seinen Entwürfen. Das Logo wird auf einer großen Bandbreite von Materialien verwendet und verdeutlicht die Begeisterung der Designer für Printprojekte.

Interaktiv

Kunde	Vivio World, Inc.
Markeninfo	Kreativteam in Polen, das neue Erfahrungen für mobile Plattformen und Social-Networking-Websites entwickelt.
Agentur	Insane Facilities
Designer	Jarek Berecki
Schriftart	Maßgeschneidert
Farbe	Magenta (Prozessfarbe)
Designkonzept	Das Studio brauchte ein Logo, das sowohl den kreativen Stil als auch den Arbeitsschwerpunkt der Designer vermitteln konnte, der auf der Optimierung der Benutzererfahrung und auf kommunikationsorientierten Anwendungen liegt. Die Sprechblase bildet die Grundlage des Logos, die quirlige Schrift vermittelt den Eindruck von Dynamik und Kreativität.

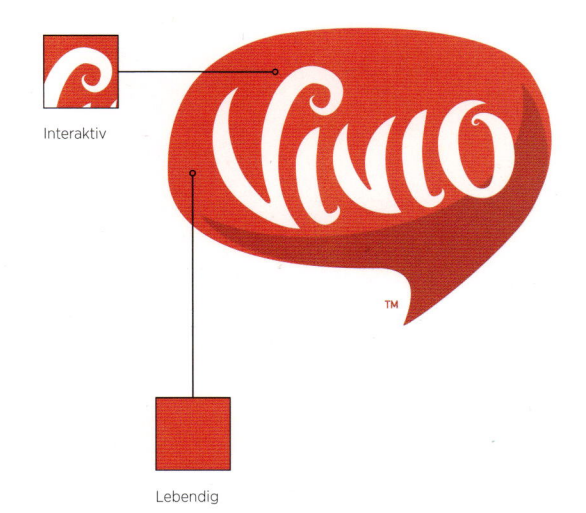

Lebendig

Architektur & Design

Architektur & Design

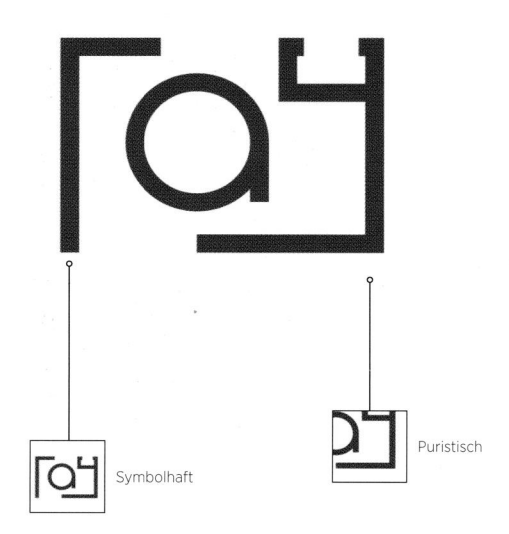

Symbolhaft Puristisch

Kunde	Ray Watkins
Markeninfo	Profifotograf, der mit Prominenten in Großbritannien zusammengearbeitet hat, u. a. Lewis Hamilton und David Beckham.
Agentur	Pencil
Designer	Luke Manning
Schriftart	Maßgeschneidert
Farbe	Dunkelgrau (PMS 477)
Designkonzept	Das Designstudio wollte eine Identity für den Fotografen entwickeln, bei der dessen wichtigstes Handwerkszeug im Mittelpunkt stand. Kameragehäuse sind mit vielen kleinen Symbolen versehen, die die verschiedenen Einstellungen und Funktionen markieren. Aus den drei Buchstaben von Rays Vornamen entwickelten die Designer ein als Logo fungierendes Symbol einer klassischen Spiegelreflexkamera, das für Selbstbewusstsein und Erfahrung auf dem Gebiet der professionellen Fotografie steht.

HAYDEN KING PHOTOGRAPHY

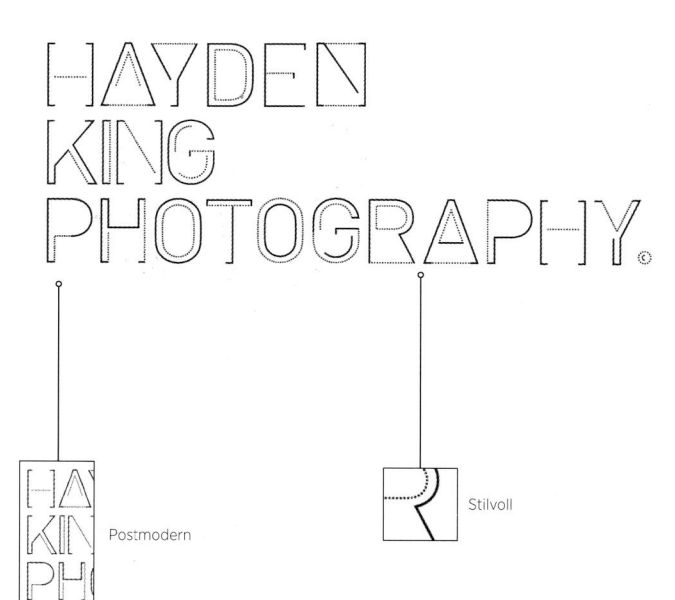

Postmodern Stilvoll

Kunde	Hayden King Photography
Markeninfo	Agentur für Mode- und Studiofotografie
Agentur	Frank & Proper
Designer	Brett King
Schriftart	Maßgeschneidert, basierend auf DIN; jeder Buchstabe ist anders.
Farben	Schwarz und Weiß
Designkonzept	Das Logo besteht aus einem eigens entwickelten stilisierten Font, für den die kleinen Löcher auf einem Filmstreifen und das schnelle Klicken des Kameraverschlusses als Vorlage dienten. Es fängt die Welt von Mode und Stil ein, ohne Klischees mit fotografischen Symbolen oder Bildern zu benötigen. Jeder Buchstabe ist anders, so wie jedes Foto die einzigartige Abbildung eines Objekts und eines Moments ist. Die Buchstaben sind so schlicht wie gut komponierte Fotos, doch sie laden das Auge zum Verweilen und Erkunden ein.

Architektur & Design

Kunde	Barry White
Markeninfo	Etablierter Künstler, der Auftragsarbeiten für Firmen und Privatpersonen ausführt, aber auch in Galerien ausstellt.
Agentur	Imagine-cga
Designer	David Caunce
Schriftarten	Maßgeschneidert, basierend auf Barry Whites Unterschrift, mit Humanist 777
Farben	Schwarz und Weiß
Designkonzept	„Es gibt natürlich noch einen anderen Barry White", schreibt der Designer David Caunce, den berühmten Sänger. „Wir entschieden uns dafür, den Nachnamen von Barrys Unterschrift zu verwenden, um Verwechslungen auszuschließen." Ein schwarzes Quadrat als HIntergrund für den inversen Pinselstrich steht für die Medien, mit denen der Künstler arbeitet. Das ist das Logo. Der vollständige Name mit dem Zusatz „Fine Artist" in Druckschrift lässt keinen Raum für Verwechslungen. Mr. Whites Unterschrift ist sein Logo, seit er mit dem Malen begonnen hat. Dass sie nun auch als Grundlage für seine Marke verwendet wurde, ist Ausdruck für die Einmaligkeit seiner Arbeiten und dient als Referenz für sein künstlerisches Schaffen.

Persönlich

Barry White Individuell

Kunde	Kool Kat Jackson's
Markeninfo	Künstler in Los Angeles
Agentur	Andy Gabbert Design
Designer	Andy Gabbert
Schriftart	Handgezeichnet
Farben	Blau (PMS 544), Grün (PMS 375) und Schwarz
Designkonzept	Das dynamische Logo wurde von Hand gezeichnet, um zur „antiken Kunst" des Künstlers zu passen. Die Einflüsse sind die gleichen: Oldtimer, Pin-up, nostalgische Bilder aus dem Kalifornien der 1950er-Jahre (auch klassische Beschilderung aus dem Raum Los Angeles) und Albumcover von Rockabilly, Swing und Blues. Das Ziel bestand darin, ein Gleichgewicht zwischen Spontaneität und einer allzu präzisen Ausarbeitung zu erreichen.

Lustig

Antik und laut

153

ELEMENTAL

Ein minimalistischer Designansatz kann hervorragend funktionieren, wenn er zur Markenphilosophie passt.

Markeninfo	2006 gegründetes Architekturbüro in New York, dessen Philosophie auf dem Gedanken der Umweltverträglichkeit basiert.
Agentur	//Avec
Designer	Camillia BenBassat
Schriftart	Neue Helvetica
Farbe	Schwarz
Designkonzept	Elemental ist zwar eine junge Firma, kann aber auf die Erfahrung seiner Partner zählen, die zusammen schon über 50 Jahre in der Branche tätig sind. Das Architekturbüro führt eine Designtradition fort, die sich bis zu den frühen Modernisten zurückverfolgen lässt. Um deutlich zu machen, dass das Büro sich der Ideale des Modernismus verpflichtet fühlt, entwickelten die Designer einen Namen und eine Identity, die archetypische Komponenten der minimalistischen Ästhetik enthält: Goldener Schnitt, einfarbige Präsentation und die Schriftart Helvetica.

Das Logo – Kleinbuchstaben in einer Schrift, die der Inbegriff des Modernismus ist – könnte gar nicht funktionaler sein. Doch wie bei der modernen Architektur selbst täuscht diese Einfachheit. Der Abstand der Buchstaben wurde sorgfältig angeglichen, und die Integration des Logos in das Design von Visitenkarten, Briefpapier, Website, Broschüren etc. erfolgte aufgrund genauer Überlegungen. Die Layouts basieren in der Regel auf dem Goldenen Schnitt – also den Proportionen, die von dem Goldenen Rechteck, der Goldenen Spirale und der Fibonacci-Folge vorgegeben werden. Diese räumliche Beziehung kommt überall in der Natur und der Architekturgeschichte vor. Der Bezug zu Natur und kulturellem Erbe entspricht dem Konzept und den Werten der Marke Elemental.

Auf einigen Drucksachen des Büros wird das schlichte, nur aus dem Schriftzug bestehende Logo Schwarz in Schwarz blindgeprägt, als wollte man die minimalistische Ästhetik noch einen Schritt weiterführen.

elemental

em — Schlicht und modern

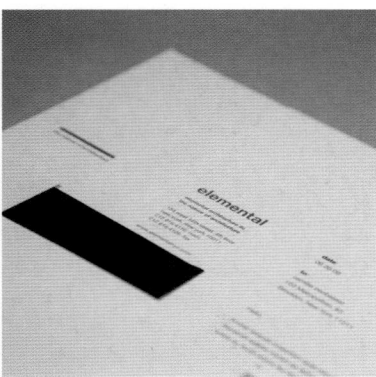

Architektur & Design: Fallstudie

Um die funktionale Markenidentity zu unterstreichen, werden Broschüren in Schwarz-Weiß gedruckt und in einer Typografie, die der vom Logo vorgegebenen ästhetischen Richtung folgt.

GROSSE UNTERNEHMEN & KONZERNE

Ein „Firmenlogo" war lange eine Metapher für ein schwergewichtiges Symbol, das für eine unpersönliche, unzugängliche Einheit mit konservativen Werten steht, die sich nicht um Menschen kümmert und uns Respekt abverlangt. Die Realität heute ist in der Regel aber eine andere. Die folgenden Beispiele zeigen, dass selbst der größte Konzern eine warme, freundliche Ausstrahlung haben kann, die an unsere Gefühle und an unsere Individualität appelliert.

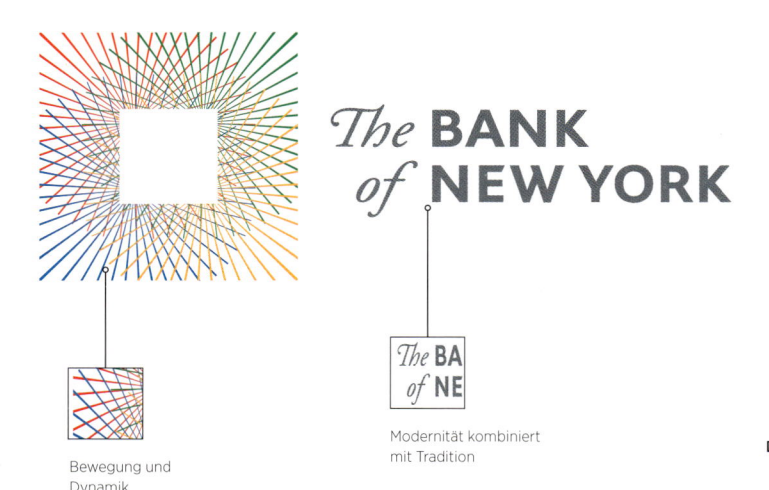

Bewegung und Dynamik

Modernität kombiniert mit Tradition

Kunde	The Bank of New York
Markeninfo	Die 1784 gegründete Bank of New York ist die älteste Bank der USA. Seit Mitte der 1990er hat das Unternehmen zahlreiche andere Finanzinstitute übernommen. Das machte aus der Bank einen Giganten der Finanzbranche.
Agentur	Lippincott
Artdirector	Connie Birdsall
Designer	Alex de Jánosi, Ryan Kovalak und Jenifer Lehker
Strategie	Suzanne Hogan
Schriftarten	Bliss und Garamond (neu gezeichnet)
Farben	Blaugrau (PMS 431) mit Orange (PMS 144), Blau (PMS 300), Grün (PMS 355) und Orangerot (PMS 485)
Designkonzept	Als Inspiration für das grafische Element dieses Logos dienten die komplexen Grafikmuster von Währungen, Aktien und Anleihen: Vier Gruppen sternförmig auseinanderstrebender, sich überlagernder Linien in vier Farben symbolisieren jeweils einen Bereich des Finanzangebots und die Zusammenarbeit der Bank mit ihren Kunden. Die Linien stehen für Bewegung und die Dynamik der Finanzmärkte. Das weiße Quadrat repräsentiert das Know-how in den verschiedenen Geschäftsfeldern der Bank. Für das Wortzeichen wurde eine traditionelle Serifenschrift mit einer modernen Serifenlosen kombiniert, was die Modernisierung einer etablierten Einheit vermitteln und die Kernelemente des Namens betonen soll.

© Andy Shen

© Jeffrey Totaro

Kunde	Mark Snow
Markeninfo	In Großbritannien ansässiger Unternehmensberater mit ganzheitlichem Ansatz
Agentur	Planet
Designer	Bobbie Haslett
Schriftart	Neue Helvetica Bold
Farbe	Violett (PMS 249)
Designkonzept	Der Unternehmensberater arbeitet sowohl mit Firmen als auch mit Einzelpersonen zusammen und unterstützt sie bei der Weiterentwicklung persönlicher Stärken, um ein natürliches Wachstum in ihrer Geschäftstätigkeit zu erzielen. Die Identity musste diesen Ansatz vermitteln können, sollte aber gleichzeitig freundlich und nicht gekünstelt wirken. Der Designer entwarf ein freundliches, zugängliches Logo mit einem Kastanienbäumchen, das aus einer Kastanienfrucht mit Schale wächst. Die Kleinbuchstaben des Schriftzuges verstärken dies noch, während das dunkle Violett für den Wunsch steht, anderen zu helfen. Die Wettbewerber von Mark Snow verwenden in der Regel nüchterner aussehende Logos, daher kann sich die Marke mit dieser Lösung besser von ihnen absetzen.

Organisch
Verpflichtung und Engagement

Kunde	Hays
Markeninfo	Weltweit tätige Personalberatung
Agentur	Interbrand
Artdirector	Paul Smith
Schriftart	Maßgeschneidert
Farben	Blautöne (Prozessfarben)
Designkonzept	Um die zahlreichen Branchen darzustellen, in denen die Personalberatung nach neuen Mitarbeitern für ihre Auftraggeber sucht, entschieden sich die Designer dafür, ein massives H zu verwenden und die Form des Buchstabens aus unterschiedlichen Texturen und Mustern zu gestalten, welche die verschiedenen Branchen und Berufe symbolisieren. Das Logo wird häufig für großformatige Displays auf Flughäfen und Messen verwendet, wo es mit Textclaims ergänzt wird. Die vielen Texturen verleihen der Identity visuelle Anziehungskraft und Vielfalt, unveränderliche Form und Farbe wirken gleichzeitig wie eine Klammer. Da Blau bei vielen Unternehmen eine Schlüsselkomponente der Markenidentity ist (steht für Zuverlässigkeit und Beständigkeit) und Vertrauen für Personalberatungen sehr wichtig ist, dient diese Farbe als Bestätigung für die Kunden und erinnert sie daran, dass Hays ihre Anliegen sehr ernst nimmt.

Zuverlässigkeit
Vertrauen

Große Unternehmen & Konzerne

157

Große Unternehmen & Konzerne

Wachstum

Gesundheit

Kunde	Pfizer
Markeninfo	Der weltweit tätige Pharmariese gab eine leichte Überarbeitung seines blauen Logos von 1991 in Auftrag. Der Wiedererkennungswert durfte nicht verloren gehen, das neue Logo sollte aber zwei Jahrzehnte mit Veränderungen berücksichtigen, etwa die Ausweitung der Geschäftsbereiche.
Agentur	Siegel+Gale
Creativedirectors	Sven Seger und Young Kim
Designdirector	Johnny Lim
Designer	Monica Chai, Quae Luong und Dave McCanless
Schriftart	Maßgeschneidert
Farbe	Blau (gemischte Prozessfarbe)
Designkonzept	Heute entwickelt das Unternehmen auch Medikamente. Siegel+Gale kippten das Oval leicht zur Seite, hellten die Farbe auf und bearbeiteten die Schrift, um sie zugänglicher zu machen. So retteten die Designer den Wiedererkennungswert des Logos, machten es aber „frischer". Die neue Identity steht für die Vision des Unternehmens, die Lebensqualität zu verbessern.

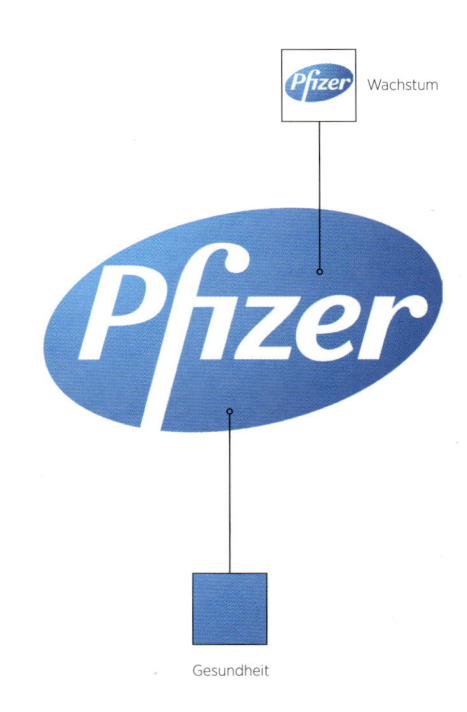

Diversität

Konzern

Kunde	Al Muhaidib
Markeninfo	Saudischer Mischkonzern mit weltweiten Beteiligungen an Unternehmen aus den Bereichen Industriegüter und -dienstleistungen, Energiesektor, Einzelhandel, Finanzwesen und Immobilien.
Agentur	Fitch
Artdirector/ Designer	Anis Bengiuma
Schriftart	Barmeno
Farben	Dunkelblaue Schrift sowie Grün, Gelborange und Hellblau für das Bildzeichen
Designkonzept	Al Muhaidibs unternehmerische Aktivitäten haben eine so große Bandbreite, dass es schwierig war, ein passendes Logo zu finden. Die Identity musste international wirken, aber auch die saudische Zielgruppe ansprechen. Als Inspiration diente die weltweite Geschäftstätigkeit des Unternehmens. Der „Orangenschalen"-Umriss einer Weltkarte wurde Basis für das Bildzeichen und nutzte die Farbbereiche, um die Aktivitäten des Unternehmens in verschiedenen Branchen darzustellen. Dazu kam eine moderne, aber strenge Schrift in klassischem Dunkelblau. Das ergibt ein einprägsames Logo, das sich von der Konkurrenz abhebt und die Werte Einheit, Diversität und Unternehmertum vermittelt.

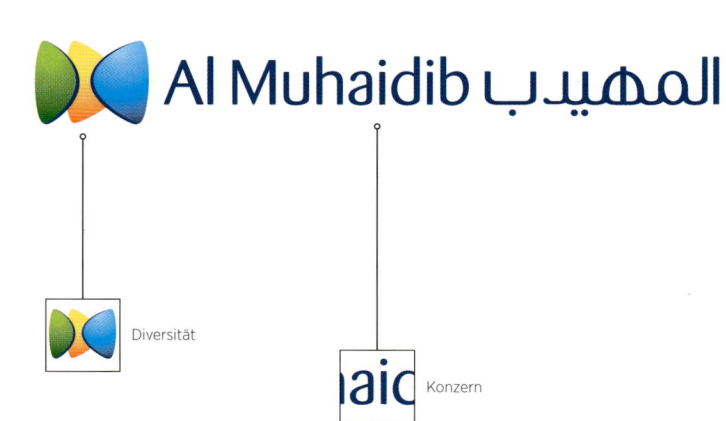

Kunde	Atyab Investments
Markeninfo	Investmentunternehmen im Golfstaat Oman, das ursprünglich aus der Lebensmittelindustrie kommt, aber neue Geschäftsbereiche erschließen möchte.
Agentur	Paragon Marketing Communications
Designer	Konstantin Assenov
Schriftart	Copperplate (modifiziert)
Farben	Bronze (Prozessfarbe) und Schwarz
Designkonzept	Der Designer entwickelte aus einem abstrakten kleinen a eine Form, die das Konzept „Input führt zu Output" verdeutlicht. Aus dem rechten oberen Ende des a ragt ein kleiner Punkt, der wie eine Sonne oder ein aufgehender Laib Brot aussieht (das Unternehmen gehört zu Oman Flour Mills) und Gewinn/Anlagenrendite symbolisiert. Die schlichte Form wurde mit einer warmen, dunklen Farbe kombiniert. Sie steht für Gesundheit und Integration.

Wachstumsorientiert

Integriert

ATYAB
INVESTMENTS

Aufstrebend

Kunde	Qipco Holding
Markeninfo	Holdinggesellschaft mit Sitz in Doha, Katar, mit Beteiligungen an Immobilien, Bauunternehmen, Öl- und Gasfirmen, Handelsgesellschaften und Finanzinstituten sowie – geplant – Joint Ventures im Gesundheitssektor. Das Unternehmen entwickelt sich zu einem Global Player und brauchte eine entsprechende Identity.
Agentur	Fitch
Artdirector/ Designer	Anis Bengiuma
Schriftart	Gotham
Farben	Dunkelblau (PMS 295) und Cyan (Prozessfarbe)
Designkonzept	Qipco musste Kernwerte und visuelle Sprache aufeinander abstimmen. Das strahlenförmige Bildzeichen meint Sonne und Erdkugel und steht für Aktivitäten und Ziele. Dies wird durch die Versalien verstärkt. Die runden Formen der Buchstaben vermitteln den Eindruck von Gediegenheit und Seriosität. Einer der Strahlen dient als Q-Strich und verbindet Wort- und Bildzeichen des Logos – und das vermittelt wiederum, dass alle weltweiten Aktivitäten der Basis zugutekommen. Mit der neuen Identity kann sich Qipco unter den Global Players platzieren und in Zukunft noch weiter diversifizieren.

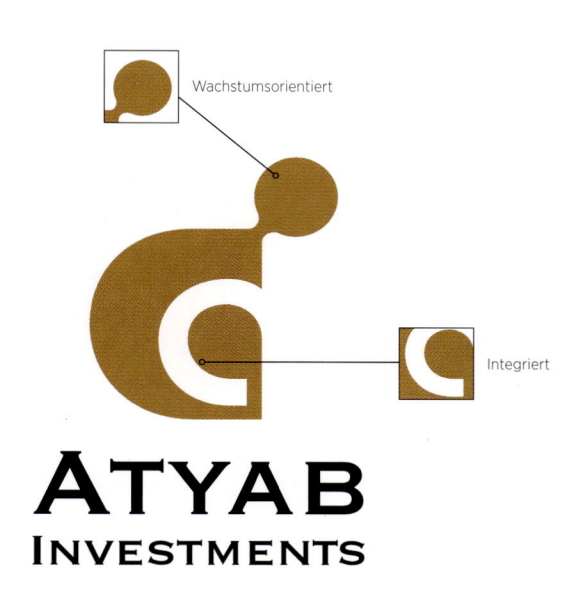

QIPCO
HOLDING القابضة

Konzern

Große Unternehmen & Konzerne

Große Unternehmen & Konzerne

Freundlich

Einladend

Kunde	Cash Plus Credit Services
Markeninfo	Onlinefinanzinstitut mit Sitz im US-Bundesstaat Maryland; bietet kurzfristige Kredite an, zumeist Kunden mit geringem bis mittlerem Einkommen und Mitte 20 bis Anfang 40. Latinos sind das am schnellsten wachsende Segment des Marktes.
Agentur	Mosaic Creative LLC
Artdirector/ Designer	Tad Dobbs
Schriftarten	Interstate Regular (modifiziert) und Eidetic Neo
Farben	Blau (PMS 307) und Grün (PMS 376)
Designkonzept	Eine freundliche und einladende Identity sollte es werden. Die frische, dynamische Farbpalette, kombiniert mit einer modernen serifenlosen Schrift, lässt die Marke zugänglich und ansprechend wirken. Das Logo setzt das Unternehmen von anderen, zumeist konservativeren Finanzinstituten ab, die das Konzept Geld in einer dunkleren Farbpalette vermitteln. Das Plus-Zeichen im Namen fokussiert positive Gefühle und suggeriert eine freundliche Marke mit Rundum-Sorglos-Angebot.

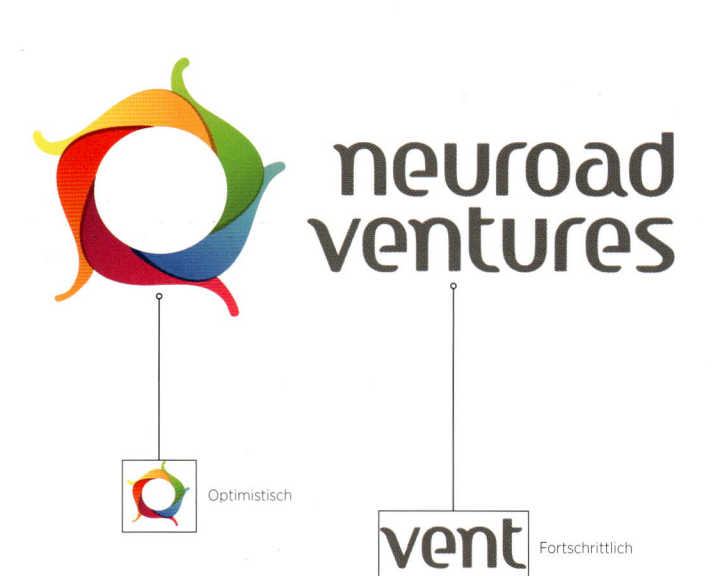

Optimistisch

Fortschrittlich

Kunde	Neuroad Ventures
Markeninfo	Joint-Venture-Kapitalgesellschaft, die in Internet-Start-ups investiert.
Agentur	Insane Facilities
Designer	Jarek Berecki
Schriftart	Maßgeschneidert
Farben	Mehrfarbig
Designkonzept	Der Firmenname ist ein Wortspiel aus „neuro" wie vernetzte Zellen und „road" wie Datenautobahn. Der Designer ließ sich von einer Nervenzelle inspirieren und strebte einen „handwerklichen" Eindruck an. Er entschied sich für organische Rundungen und bunte Farbverläufe, die Assoziationen zu den schnell feuernden Synapsen einer intelligenten Organisation wecken sollen. Das bunte Logo (das an das Apfel-Logo mit Regenbogenstreifen aus den 1980ern erinnert) sieht auf einem weißen Untergrund am besten aus. Der moderne, freundliche Eindruck wird durch die etwas ungewöhnliche Schriftart aus einer kleinen Schriftenschmiede noch verstärkt.

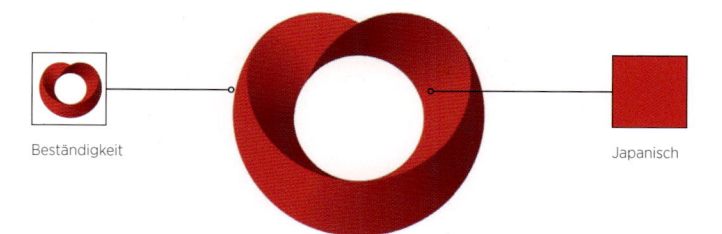

Kunde	Daiwa House Group
Markeninfo	Japans zweitgrößtes Bauunternehmen
Agentur	Interbrand
Schriftart	Maßgeschneidert
Farben	Rot (Mischung Prozessfarben) und Schwarz
Designkonzept	Daiwa gehört zwar zu den führenden japanischen Bauunternehmen, machte sich aber wegen sinkender Geburtenraten und der rasch alternden Gesellschaft in Japan Sorgen um seine Zukunft. Interbrands Recherchen ergaben, dass das Unternehmen sein Image bei den Mitarbeitern und in der Öffentlichkeit ändern musste, wenn es seine Ziele erreichen wollte. Die überarbeitete Markenstrategie empfahl u. a. eine verbesserte Kundenkommunikation, daher entwickelte Interbrand eine neue Markenidentity, mit der sich der neue Unternehmensfokus „menschliche Interaktion" vermitteln ließ. Das Logo basiert auf einem roten Kreis – einem traditionellen japanischen Symbol – in herzartiger Form und steht für den Lebenszyklus, Hausbau und Sicherheit.

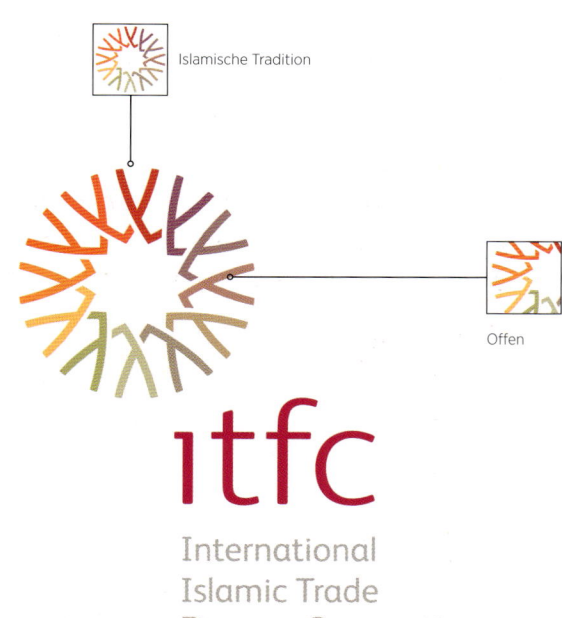

Beständigkeit

Japanisch

Kunde	International Islamic Trade Finance Corporation (ITFC)
Markeninfo	Die ITFC unterstützt Unternehmen in muslimischen Ländern beim Zugang zu Unternehmensfinanzierung und Know-how, um international konkurrenzfähig zu sein, Handelsbeziehungen aufzubauen und die Lebensqualität Einzelner zu verbessern.
Agentur	Siegel+Gale
Schriftart	Officina Sans
Farben	Palette aus zwölf Farben, von Bernstein über Steingrau bis Sand
Designkonzept	Das farbenfrohe Logo besteht aus zwölf ineinandergreifenden Pfeilspitzen, die sich kreisförmig gruppieren, und vermittelt die Werte Partnerschaft, Beziehungen und technische Leistungsfähigkeit. Das Logo ist sehr stark an traditionelle islamische Kunst und Kultur angelehnt, während die Farbpalette den regionalen Fokus der Marke verstärkt. Der Name besteht aus Kleinbuchstaben und wurde in einer modernen, serifenlosen Schrift gesetzt, die die Werte Menschlichkeit und Klarheit suggeriert, mit denen ITFC das Konzept für seine Geschäfte mit Finanzierungspartnern und deren Kunden definiert. Die Initialen sind dunkelrot, was Engagement, Energie und Dynamik symbolisiert.

Islamische Tradition

Offen

Große Unternehmen & Konzerne

Optimistisch

Offen

المشرق
mashreq

Kunde	Mashreq Bank
Markeninfo	Unternehmen für Bank- und Finanzdienstleistungen mit Sitz in den Vereinigten Arabischen Emiraten
Agentur	Lippincott
Artdirector	Alex de Janosi
Designer	Jenifer Lehker und Sam Ayling
Schriftart	Corisande (neu gezeichnet)
Farben	Dunkelblau (PMS 2738) und Gelb (PMS 109) mit Abstufungen zu Rot (PMS 1788)
Designkonzept	Mashreq, arabisch für „wo die Sonne aufgeht", ist auch der Name des Landstriches östlich von Kairo. Als Inspiration für das Logo dienten die aufgehende Sonne und eine sich öffnende Blüte, beides Symbole für neue Möglichkeiten: finanzielle Möglichkeiten, Zugang zu Dienstleistungen, menschliche Beziehungen.

Lokale/globale Zusammenarbeit

Leistung

First Citizens

Kunde	First Citizens Bank
Markeninfo	Weltweit tätiges Unternehmen im Bereich Finanzdienstleistungen mit Sitz auf Trinidad und Tobago
Agentur	Lippincott
Artdirector	Connie Birdsall
Designer	Julia McGreevy, Ippolita Ferrari und Kevin Hammond
Strategy	James Bell
Schriftart	Bliss (neu gezeichnet)
Farben	Flaschengrün (PMS 347), Smaragdgrün (PMS 368), Orangerot (PMS 485), Gelb (PMS 123) und Blau (PMS 285)
Designkonzept	Für die Erweiterung ihres Geschäftsbereiches benötigte die Bank eine neue Identity – um auf dem lokalen Markt zu kommunizieren und gleichzeitig internationale Glaubwürdigkeit aufzubauen. Die ineinandergreifenden, nach oben weisenden Bögen suggerieren Energie und Wachstum und symbolisieren Partnerschaft und Zusammenarbeit. Die Farben stehen für die lebensfrohe, multikulturelle Karibik und die Vielfalt der globalen Märkte. Vorherrschende Farbe ist nach wie vor Grün, um den Wiedererkennungswert der Marke nicht zu gefährden. Der Name in einer freundlichen, serifenlosen Schrift soll der Zielgruppe die Flexibilität und das Engagement der Bank vermitteln.

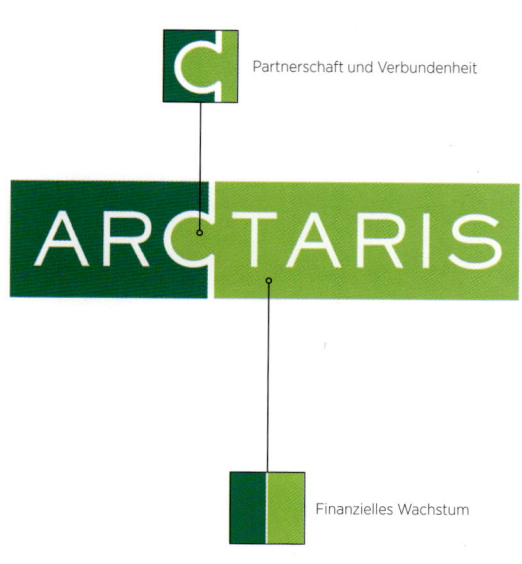

Kunde	Arctaris Capital Partners
Markeninfo	Unternehmen, das öffentlichen und privaten Firmen Investitionskapital verschafft.
Agentur	TippingSprung
Designer	Paul Gardner
Schriftart	ATSackers
Farben	Hellgrün (PMS 376) und Dunkelgrün (PMS 348)
Designkonzept	Das Unternehmen hat sich darauf spezialisiert, Unternehmen mit Kapitalspritzen zu unterstützen, wenn diese einen Wendepunkt erreicht haben und wachsen möchten. Der Designer gestaltete den Buchstaben C als Puzzleteil aus, um deutlich zu machen, dass die Verbindung von Geld und Chance nichts Automatisches ist, sondern einer fachkundigen, kreativen Planung bedarf, was die Markenidee einer Nischendienstleistung auf dem Finanzmarkt unterstreicht.

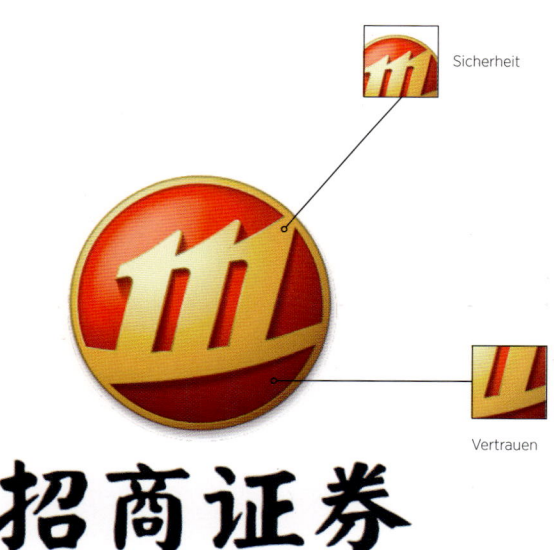

Partnerschaft und Verbundenheit

Finanzielles Wachstum

Kunde	China Merchants Securities
Markeninfo	Die 1991 gegründete Tochtergesellschaft der altehrwürdigen China Merchants Group gehört zu den zehn größten Investment- und Finanzunternehmen Chinas.
Agentur	Interbrand China
Artdirector	Chuan Jiang
Designer	Chuan Jiang und Miao Jie Li
Schriftart	Handgezeichnet
Farben	Rot, Gold und schwarze Piktogramme
Designkonzept	Das alte Logo konnte weder die Sicherheit und Integrität der Marke noch ihre strategischen Stärken Innovation, breites Produktangebot und langfristiges Engagement vermitteln. Beim neuen wurde das kreisförmige C um ein M aus drei Einsen beibehalten – soll führende Stellung suggerieren –, versehen mit einem nach oben gebogenen Unterstrich – soll an ein zuversichtliches Lächeln erinnern. Die drei Einsen und der gemeinsame Unterstrich bilden das chinesische Zeichen für Berg, was das Konzept der Stabilität sowie langfristigen Vermögensakkumulation verstärkt und auch Arbeitsplatzsicherheit für die Angestellten vermittelt. Der 3D-Effekt lässt das neue Logo dynamisch und zeitgemäß wirken, die schimmernde Textur verweist auf chinesische Lackarbeiten – auch Symbole für Reichtum.

Sicherheit

Vertrauen

Große Unternehmen & Konzerne

Schlicht und puristisch

Kunde	Risk Management Planning
Markeninfo	Unternehmen für Risikomanagement und Finanzplanung
Agentur	Clay McIntosh Creative
Designer	Clay McIntosh
Schriftarten	Fenice, Firmenname in Trade Condensed
Farben	Rot (PMS 186), Grau (PMS 428) und Schwarz
Designkonzept	Der rote Kleinbuchstabe r, der in den großen schwarzen Kleinbuchstaben m integriert ist, illustriert anschaulich das Angebot dieses Unternehmens – es isoliert das „Risiko" innerhalb des „Managements". Es kommt nicht oft vor, dass sich die Buchstaben für eine solche Spielerei eignen, doch in diesem Fall hat der Designer einen visuellen Trick genutzt, um etwas zu schaffen, das völlig natürlich und ungezwungen wirkt. Das Logo ist humorvoll, dank der handwerklich perfekten Ausführung, aber völlig angemessen für die Finanzbranche.

Kunde	KMC
Markeninfo	Immobiliengeschäftsbereich von Asyad, einem großen, in Kuwait ansässigen Bauunternehmen. KMC bietet Projektmanagement und andere Beratungsleistungen an.
Agentur	Fitch
Designer	Steve Burden
Schriftarten	Maßgeschneidert, mit Futura
Farben	Orange (PMS 1665) und Indigo (PMS 302)
Designkonzept	Als das Unternehmen neu definiert wurde, beauftragte man Fitch mit der Entwicklung einer neuen Markenidentity. Ausgangspunkt für den Entwurf waren die Buchstaben KMC, die der Designer auf geometrische Formen reduzierte, die mit Anordnung und Raum spielen (das M findet sich um 90° nach rechts gedreht auch im Weißraum am großen K in der Mitte) und ein Gefühl von Bewegung erzeugen. Das Logo ist gut erkennbar und einprägsam und ersetzt die frühere Identity, die viel zu komplex war.

Hohe Wirkung und Anspielung auf Bewegung

Präzision und
Ausgewogenheit

RØEN
ASSOCIATES

Kunde	Røen Associates
Markeninfo	Das Unternehmen wurde 1988 von Roger Røen gegründet und erbringt in Zusammenarbeit mit Architekten Dienstleistungen im Bereich Bauausführung, u. a. Kalkulation, Projektmanagement und Machbarkeitsstudien für Bauprojekte.
Agentur	Mary Hutchison Design
Designer	Mary Chin Hutchison
Schriftart	Trade Gothic LH Bold Extended
Farben	Dunkelblau (PMS 541) und Hellblau (PMS 542)
Designkonzept	Das alte Logo war schlecht gestaltet und besaß nichts, was es wert gewesen wäre, auch in der neuen Identity verwendet zu werden, die zum 20. Geburtstag des Unternehmens in Auftrag gegeben wurde. Die neue, moderne Schriftart wirkt ausgewogen, wurde aber modifiziert, um den Schrägstrich durch das O als visuelles Stilmittel zu nutzen, das für die Ausgewogenheit zwischen Cost Engineering und Design steht. Darüber hinaus erinnert der Schrägstrich an den Schlitz in einem Schraubenkopf, eines Gegenstandes, der am Bau unentbehrlich ist.

R Modern

DEVELOPMENT PARTNER
PILOT PROGRAM

Kunde	Development Partner Pilot Program
Markeninfo	Pilotprogramm, das die Interaktion mit den Geschäftspartnern der Grace Construction Company verbessern soll.
Agentur	Alternative Production/Juno Studio
Designer	Jun Li
Schriftart	Maßgeschneidert
Farben	Grün (Pantone DS 295-1), Blau (Pantone DS 221-5) und Braun (Pantone DS 13-3)
Designkonzept	Das Logo basiert auf den aus Bausteinen gebildeten Buchstaben d und p, die ineinandergreifen, um das Konzept von Partnerschaft zu verdeutlichen. In einem frühen Stadium des Designs experimentierten Designer und Kunde mit den Farben Blau oder Braun wegen der damit assoziierten Werte (Blau: Auftrieb und Leistungsfähigkeit; Braun: Farbe von Baumaterialien). Schließlich entschieden sie sich dafür, die Beziehung zur Muttergesellschaft in den Vordergrund zu stellen, und verwendeten das Grün der Identity von Grace.

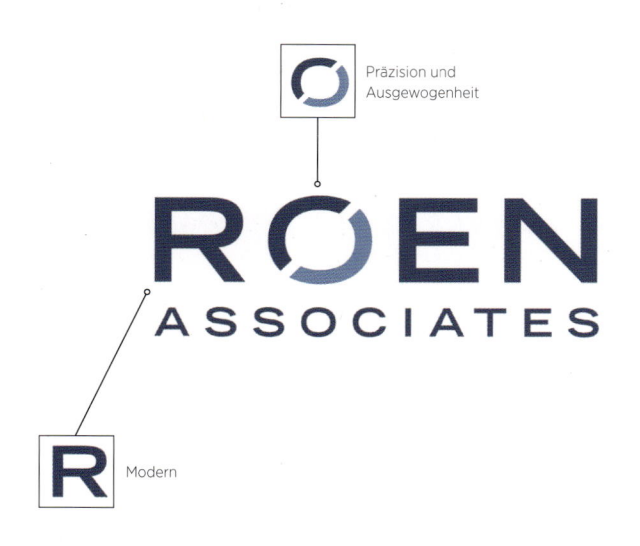

Interaktion und Partnerschaft

Große Unternehmen & Konzerne

Große Unternehmen & Konzerne

BRISTLECONE ADVISORS

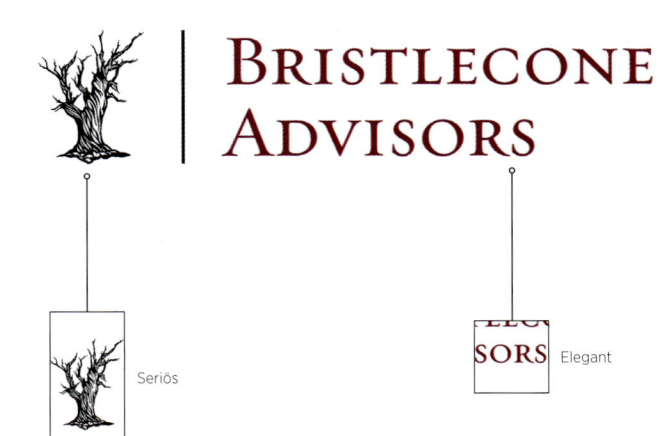

Seriös

Elegant

Kunde	Bristlecone Advisors
Markeninfo	Unternehmen im Westen der USA, das sich auf Finanzplanung spezialisiert hat und seinen Kunden das Image einer vertrauenswürdigen, seriösen Firma mit persönlichem Service vermitteln will.
Agentur	Mary Hutchison Design
Designer	Mary Chin Hutchison
Schriftart	Requiem Text HTF Roman (angepasst, um die Großbuchstaben auszugleichen)
Farben	Schwarz und Burgunderrot (PMS 7421)
Designkonzept	Bei der ersten Besprechung wurde der Designerin gesagt, dass das Unternehmen sein Logo, das die Illustration einer Borstenkiefer (englisch: bristlecone pine) und einen veraltet aussehenden Font enthielt, nicht von Grund auf neu gestalten wolle. Um so viel wie möglich vom bisherigen Logo zu übernehmen und den Kunden des Unternehmens die Markenwerte Sicherheit, Vertrauenswürdigkeit und Dauerhaftigkeit zu vermitteln, wurden Baum und Farben beibehalten, der Baum aber neu gezeichnet. Dadurch wirkt er jetzt moderner. Der Font wurde durch eine elegantere, klassische Schriftart ersetzt.

BUSINESS CONTINUITY MANAGEMENT

Zuverlässig

Beruhigend

Kunde	Business Continuity Management (BCM) (Barclays Global Investors)
Markeninfo	Programm, mit dem Barclays Global Investors seinen Kunden versichern will, dass die Schlüsselgeschäftsbereiche auch im Fall von Katastrophen oder anderer Bedrohung weiterarbeiten können.
Agentur	Andy Gabbert Design
Projektmanager	Ann Hirsch
Designer	Andy Gabbert
Schriftart	Expert Sans Extra Bold
Farbe	Grün (PMS 368)
Designkonzept	„Da es hier um alles Mögliche ging – angefangen beim Krisenmanagement über Naturkatastrophen bis hin zu Terrorwarnungen – hätte eine Visualisierung von BCM eine Katastrophe im wahrsten Sinne des Wortes werden können. Daher habe ich mich auf das Positive konzentriert und beschlossen, die wichtigste Funktion in den Vordergrund zu stellen – ununterbrochener Geschäftsbetrieb", so der Designer. Das Programm wird in Zusammenarbeit mit zahlreichen Serviceteams durchgeführt, etwa Gebäudemanagement und IT. Ein früher Entwurf für das Logo zeigte einen Stecker, der in eine Dose gesteckt wird. Daraus entwickelten sich dann die miteinander verbundenen Ns.

Kunde	Large Left Brain LLC
Markeninfo	IT-Unternehmen, dessen Kunden vor allem aus der Versicherungsbranche kommen.
Agentur	Mary Hutchison Design
Designer	Mary Chin Hutchison
Schriftart	Adobe Garamond
Farben	Blau (PMS 654) und Grün (PMS 384)
Designkonzept	Das Start-up-Unternehmen brauchte ein seriöses Firmenlogo, das sein technisches Know-how und den ganzheitlichen Ansatz für IT-Lösungen vermitteln konnte. Das Symbol für Unendlichkeit steht für das Konzept, Teil eines ständig verfügbaren Systems zu sein, während die beiden Farben und die 3D-Darstellung suggerieren sollen, dass das Unternehmen ein dynamischer Problemlöser ist und seinen Kunden die Zeit verschafft, um sich auf Aktivitäten zu konzentrieren, die von der rechten Gehirnhälfte gesteuert werden.

Dynamische Kontinuität

Kunde	Starr Tincup
Markeninfo	Unternehmen im US-Bundesstaat Texas, das sich auf Marketingdienstleistungen für die „Humankapital"-Branche spezialisiert hat, inklusive Personalberatungsfirmen.
Agentur	Starr Tincup
Designer	Tad Dobbs
Schriftart	Gothic 13 (modifiziert)
Farben	Rot (PMS Rot 032) und Schwarz
Design	Die Marke hatte eine jugendliche, rebellische Persönlichkeit, musste ihrer aus Marketingmanagern und Geschäftsführern von Personalberatungsfirmen bestehenden Zielgruppe aber mehr Professionalität und Erfahrung vermitteln. Der Rahmen um den Schriftzug spielt auf Comic-Kunst an, während das Gesamtdesign von Jeanshemden, Sportlogos und Westernästhetik bestimmt wird, mit denen das Unternehmen voller Stolz auf seinen Standort in Fort Worth im US-Bundesstaat Texas verweist. Der Charakter des Logos kann durch unterschiedliche Farbpaletten und Hintergrundtexturen in verschiedenen Anwendungen verändert werden. Das Logo wirkt zwar immer noch leicht altmodisch, doch erheblich professioneller.

Moderner Western

Frisches Aussehen

Große Unternehmen & Konzerne

PAUL WU & ASSOCIATES
Visueller Witz kann durchaus angebracht sein und eine emotionale Bindung zur Marke herstellen.

Markeninfo Buchhaltungsfirma aus Vancouver, Kanada, zu deren Kunden viele Asiaten gehören. Die Firma wollte mit dem Logo ihre spezialisierten Dienstleistungen, persönliche Betreuung und Sicherheit vermitteln.

Agentur Nancy Wu Design

Designer Nancy Wu

Schriftart Neuzeit S

Farben Schwarz (Silber auf Marketingmaterial) und Rot (PMS 207)

Designkonzept Der konzeptionelle Ansatz bestand darin, ein gutes Logo zu entwickeln, das auch ohne Fremdsprachenkenntnisse verstanden wurde. Kunde und Designer wollten weder Englisch noch Klischees aus der Finanzbranche verwenden und allzu abstrakte Konzepte vermeiden, die nicht zum geradlinigen, ehrlichen Charakter der Firma passten. Die Leute aus dem Team von Paul Wu wollten sich als kluge, erfahrene Denker mit einer starken, von Ehrlichkeit geprägten Arbeitsethik darstellen. Die visuelle Identity musste dieses Konzept auf moderne, zugängliche Art vermitteln.

Das Ergebnis steht für Paul Wus umsichtige, rücksichtsvolle Persönlichkeit als kreativer Buchhalter mit Weitblick. Verstärkt wird dieser Eindruck durch das Lächeln, das zufriedene Kunden auf das Gesicht des Buchhalters zaubern. Paul Wu trägt eine Brille, lächelt oft und gern und ist stolz auf seine Fachkenntnisse, seine Arbeitsethik und seine hohen Berufsstandards. Er und sein Team tun alles, um die Kunden zufriedenzustellen. Daher steht das Logo sowohl für ihn und seine Persönlichkeit als auch für das Arbeitsethos seiner Firma.

Mr. Wu arbeitet mit einer altmodischen Addiermaschine, worauf die gestanzten Ränder der Visitenkarten anspielen. Die typografische Gestaltung der Identity ist problemlos lesbar und ein weiteres visuelles Mittel zur konzeptionellen Einbindung der Addiermaschine.

Auch für das Design der Visitenkarten wurde die Metapher der Addiermaschine verwendet, ergänzt durch gestanzte Ränder oben und unten. Die Telefonnummer wird durch Kommas gegliedert, in den USA zur Dreiergliederung langer Zahlen verwendet.

Die Idee, aus einem Prozentzeichen ein Smiley zu machen, entstand schon sehr früh im Designprozess. Allerdings mussten über 100 Fonts durchsucht werden, um das richtige Prozentzeichen dafür zu finden.

Zuversichtlich und entspannt

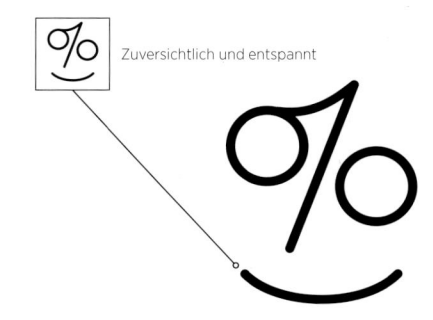

PAUL
WU
+
ASSOCIATES
chartered accountants

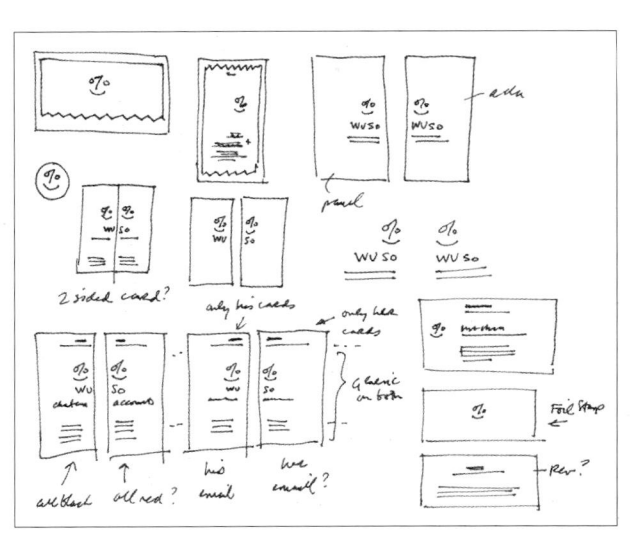

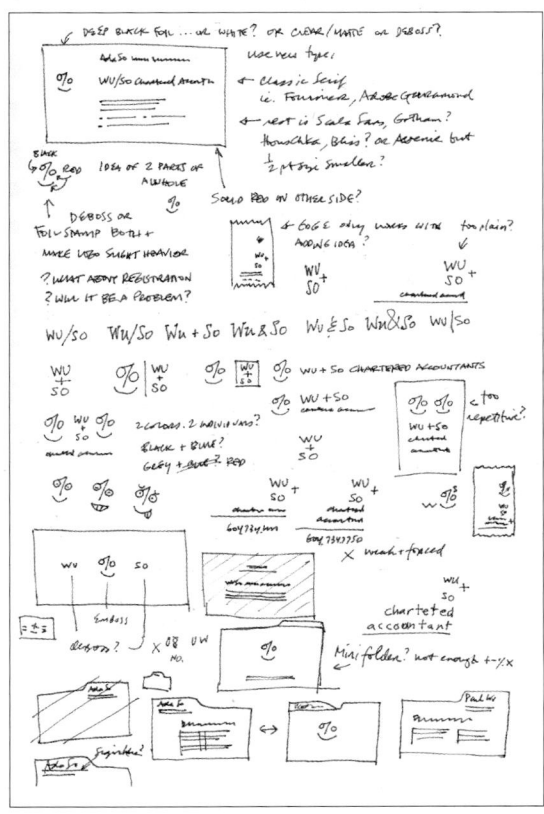

Große Unternehmen & Konzerne: Fallstudie

In der ersten Phase des Designprozesses wurden viele Handskizzen angefertigt, in denen unzählige Ideen zu Papier gebracht wurden, bevor sich die Designerin für den einen Entwurf entschied.

169

AGILITY
Ein Logodesign immer wieder zu überarbeiten, ist unerlässlich, um die nötige visuelle und psychologische Wirkung zu erreichen.

Markeninfo Der Zusammenschluss mehrerer Logistik- und Speditionsunternehmen des Nahen Ostens und Asiens mit 20 000 Mitarbeitern in über 100 Ländern machte eine neue Identity für das Management von Lieferketten, Speditionen, Dienstleistungen für die öffentliche Hand, Messen und Veranstaltungen und Logistik erforderlich.

Agentur Siegel+Gale

Creativedirector Sven Seger

Designdirector Marcus Bartlett

Designer Monica Chai

Schriftart Cronos MM Italic (modifiziert)

Farben Rottöne, Orangetöne und Brauntöne (Mischung Prozessfarben)

Designkonzept Der neue Konzern wollte sich einen Ruf als Anbieter von spezialisiertem, persönlichem Service und individuellen Lösungen machen. Das Unternehmen war zwar weltweit tätig, verfügte aber trotzdem über viel Verständnis lokaler Kulturen. Über 80 Namen wurden in Erwägung gezogen, darunter erfundene Wörter, interne Ideen, Ideen aus der Branche und Begriffe aus dem Englischen, Lateinischen, Griechischen und Arabischen. Zum Glück war der Name Agility bereits im Besitz eines fusionierten Unternehmens. Nach Entscheidung für einen Namen brauchte man ein international verständliches Logo, um ihn mit dem Konzern zu verknüpfen. Das Logo sollte für Wendigkeit stehen, Engagement für Menschen und Kulturen verkörpern und das Konzept individueller Logistiklösungen vermitteln. Der Drache ist in vielen Kulturen bekannt und gilt als Symbol für Stärke, Macht, Weisheit und Herrschaft –, zudem wird er mit Handel in Verbindung gebracht. In einer Branche, die von funktionalen Namen – Trans-, Sped-, Express u. v. m. – und Logos mit Weltkugeln und Lastkraftwagen beherrscht wird, hebt sich diese fantasievolle Identity vom Wettbewerb ab und unterstreicht die Markenwerte Führerschaft, Flexibilität, Geschwindigkeit, Entschlossenheit und kulturelles Erbe.

Abgesehen vom Logo und dessen Varianten gehören zur Identity auch ein Farbsystem, Vorgaben für Bilder/Illustrationen, die Typografie für sämtliche Medien von Drucksachen bis hin zum Internet und ein ergänzendes grafisches Motiv für den Kommunikationsbereich, um eine Überbeanspruchung des Logos zu vermeiden. Bei einer komplexen Identity wie dieser wird jedes einzelne Element zu einer eigenen kleinen Identity.

Die neue Identity mit ihrem einprägsamen Logo wurde auf alle Kontexte angewandt, von Gebäuden über Fahrzeuge bis hin zum Briefpapier.

Wettbewerbsfähigkeit

Optimismus

Wendigkeit

Agility
A New Logistics Leader

Es gibt nur wenige Identitys, bei denen Bildzeichen und Schriftzug in einen Dialog treten, beide Elemente sich gegenseitig verstärken.

Wir begannen mit Rotis Sans Italic. Der Font sah ziemlich neutral aus und ließ dem Bildzeichen den Vortritt. Wir wussten von Anfang an, dass wir eine Kursivschrift brauchen, die das Logo noch dynamischer machen kann.

Rotis Sans Italic (modifiziert)

Die Stärke dieser Identity liegt im Dialog zwischen Bildzeichen und Schriftzug – dazu experimentierten wir mit Schriftarten, die mehr Charakter hatten, z. B. Cronos MM Italic und Shaker.

Cronos MM Italic 574 SB 11 OP

Shaker Italic

Shaker Italic (modifiziert)

Wir vergrößerten den Winkel der kursiven Schrifttype, um Kontinuität auszudrücken.

Nachdem wir uns für Cronos MM Italic entschieden hatten, zeichneten wir jeden Buchstaben noch einmal neu, um Elemente nachzuahmen, die auch beim Drachen des Bildzeichens vorkamen.

Cronos MM Italic 574 SB 11 OP (modifiziert)

Selbst die Punkte auf dem „i" und das „g" wurden modifiziert, je nachdem, in welche Richtung das Bildzeichen zeigt, das auf beiden Seiten der Lastwagen erscheint.

Endgültiges Logo

Wir verwendeten Cronos MM Italic, damit Name, Logo und Claim wie eine Einheit wirken.

Große Unternehmen & Konzerne: Fallstudie

Mit der ersten Version des Logos war der Kunde zwar sehr zufrieden, doch als es darum ging, die Identity für die zahllosen Anwendungen zu bearbeiten, stellte sich heraus, dass noch einige geringfügige Änderungen erforderlich waren.

Zunächst wurden die Gesichtszüge des Drachens optimiert, wobei sich die Designer vor allem auf die Form des Auges konzentrierten, um sicherzustellen, dass es die für die Marke gewünschte Persönlichkeit ausdrückte. Die Originalversion wurde als zu aggressiv empfunden. Aus dem gleichen Grund wurden Form und Winkel des Drachenkörpers leicht verändert. Schließlich wurden die Buchstaben des Namens „Agility" neu gezeichnet, damit der Font individueller wirkte und besser zum Bildzeichen passte. Einige Details der Buchstaben wurden verändert, um gestalterische Elemente des Drachens aufzugreifen. Es wurden sogar geringfügig unterschiedliche Links- und Rechts-Versionen des Logos angefertigt, damit man auf beiden Seiten eines Lastkraftwagen den Eindruck von Dynamik bekommt.

Zusätzlich zu diesen Modifikationen am Design selbst wurden weitere Varianten für die zahlreichen unterschiedlichen Kontexte erarbeitet: Beschilderung von Gebäuden, Fahrzeugbeschriftungen etc. Außerdem wurden Lesbarkeit und Wiedererkennung auf begrenztem Raum, aus der Entfernung und bei Nacht untersucht. Und schließlich einigte man sich auf mehrere Varianten, um sicherzustellen, dass die Marke im Rahmen des vorgegebenen Kontextes stets optimal präsentiert wird.

Nach der Auswahl der Schriftart wurden die Details von Kopf und Körper des Drachen optimiert. Form und Position des weißen Auges widmeten die Designer besondere Aufmerksamkeit, da der Blick des Betrachters automatisch (wenn auch unbewusst) auf das Auge fällt und seine Gestaltung daher entscheidend dafür ist, die Markenpersönlichkeit richtig auszudrücken.

Unsere drei besten Entwürfe und die Empfehlung

Empfohlen

Optimistischer Ausdruck

Das Design des Drachenauges ist eine Kombination aus Beständigkeit, Energie und Glaubwürdigkeit. Die große, gleichmäßig verlaufende Form des Auges steht für Beständigkeit, die spitzen Augenwinkel und der großzügige Schwung vermitteln Energie. Die Lage des Auges im Kopf wirkt völlig natürlich – ein Hinweis auf Glaubwürdigkeit.

Ernster Ausdruck

Dieser Entwurf passt ebenfalls hervorragend zu dem Drachen von Agility, doch eine leicht nach oben verlaufende Wölbung am oberen Rand des Auges lässt es zu passiv und behäbig aussehen. Der ernste Ausdruck gefiel uns, aber wir waren der Meinung, dass er nicht zum Drachen passte, da dieser mit dem Konzept Wendigkeit kombiniert wurde.

Freundlicher Ausdruck

Das Auge wirkt warm, natürlich und zugänglich. Das Konzept von Hoffnung und Freundschaft ist dem Unternehmen wichtig, doch ihr Ausdruck im Auge des Drachens schafft Distanz und Reserviertheit, eine Ästhetik, die für das Logo durchaus geeignet ist, das Konzept von Wendigkeit aber nicht so gut vermittelt wie die anderen Entwürfe.

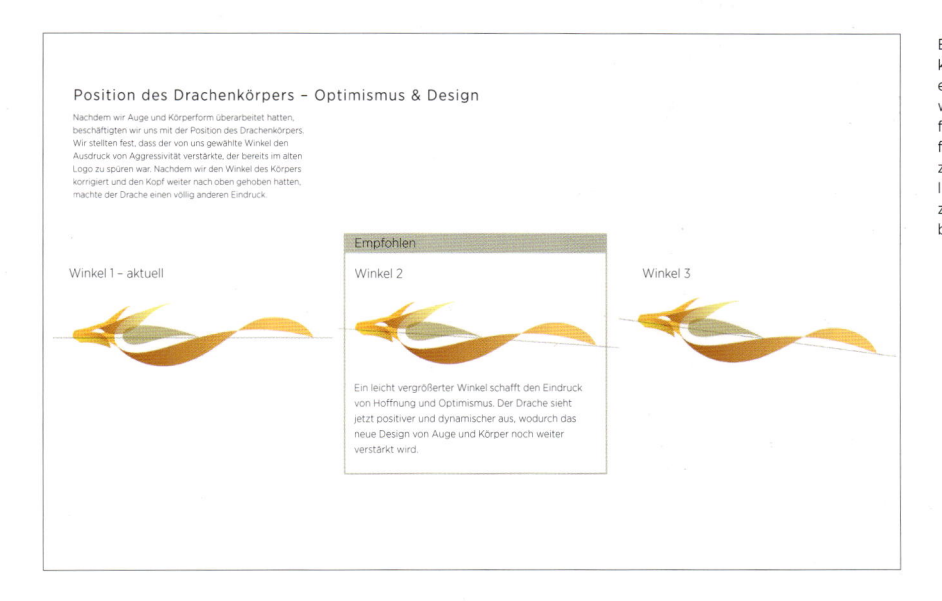

Position des Drachenkörpers – Optimismus & Design

Nachdem wir Auge und Körperform überarbeitet hatten, beschäftigten wir uns mit der Position des Drachenkörpers. Wir stellten fest, dass der von uns gewählte Winkel den Ausdruck von Aggressivität verstärkte, der bereits im alten Logo zu spüren war. Nachdem wir den Winkel des Körpers korrigiert und den Kopf weiter nach oben gehoben hatten, machte der Drache einen völlig anderen Eindruck.

Winkel 1 – aktuell

Empfohlen
Winkel 2

Winkel 3

Ein leicht vergrößerter Winkel schafft den Eindruck von Hoffnung und Optimismus. Der Drache sieht jetzt positiver und dynamischer aus, wodurch das neue Design von Auge und Körper noch weiter verstärkt wird.

Breite und Winkel des Drachenkörpers wurden optimiert, damit er möglichst dynamisch und wendig aussah. Zu dünn oder zu fett würde ein geiziges bzw. ein faules Unternehmen suggerieren; zu flach oder zu steil in der Luft liegend ein allzu aggressives bzw. zu sehr auf den eigenen Vorteil bedachtes Unternehmen.

Überblick & Vergleich der Optionen

Option 1

Option 2

Option 3

Option 4

Option 4B

Option 5

Danach wurde das bearbeitete Bildzeichen mit den verschiedenen Fontoptionen kombiniert, um die beste Lösung zu finden.

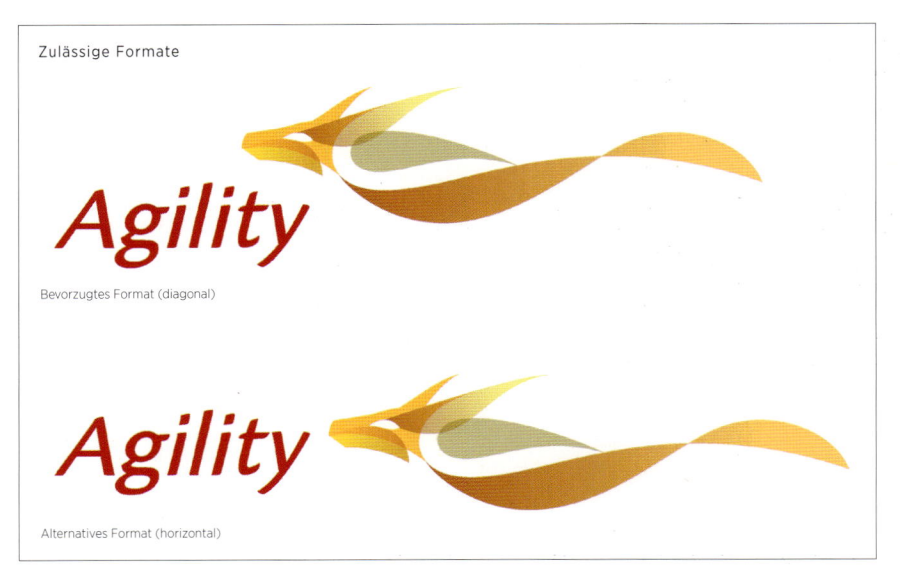

Zulässige Formate

Bevorzugtes Format (diagonal)

Alternatives Format (horizontal)

Das endgültige Logo wurde in zwei Varianten erstellt, bei denen Bild- und Wortzeichen jeweils leicht unterschiedlich angeordnet sind; die untere Variante wird in Kontexten wie Beschilderung von Gebäuden verwendet (wo vertikale Flächen nur begrenzt zur Verfügung stehen), um den Namen so gut sichtbar wie möglich zu machen.

CHARTIS

Eine völlig neue Identity, in Rekordzeit entwickelt – nicht für ein Start-up-Unternehmen, sondern für einen weltweit tätigen Konzern.

Markeninfo Der Versicherungskonzern AIG hatte zwar nichts mit den Problemen des Geschäftsbereichs für Finanzdienstleistungen zu tun, litt aber trotzdem unter einem angeschlagenen Image. Es war klar, dass eine neue Marke gebraucht wurde. Chartis ist die neue Identity für 34 000 Mitarbeiter in 160 Ländern mit über 40 Millionen Kunden.

Agentur Lippincott

Artdirectors Connie Birdsall und Alex de Jánosi

Designer Daniel Johnston und James Yamada

Weitere Fabian Diaz und Dolores Philips (visuelles Leitsystem), Suzanne Hogan, Sarah Bellamy und Allen Gove (Strategie), Jeremy Darty und Brendan deVallance (Produktion)

Schriftart Bliss (neu gezeichnet)

Farben Blau (PMS 2945) und Gelb (Toyo CF 10165)

Designkonzept Manchmal ist es besser, eine alte Marke aufzugeben und noch einmal ganz von vorn anzufangen. Nachdem klar war, dass die Marke AIG zur Belastung geworden war, brauchte das Unternehmen eine neue, um die Aufmerksamkeit der Kunden zurückzugewinnen und eine unbelastete Basis für zukünftiges Wachstum zu schaffen.

Lippincott entwickelte eine völlig neue Markenidentity. Von den Problemen der jüngsten Vergangenheit einmal abgesehen, enthält die Firmengeschichte zahlreiche Beispiele dafür, wie das Unternehmen mit Herausforderungen umgegangen ist, darüber hinaus ist es „global" und bemüht sich, seine internationale Geschäftstätigkeit auf lokale Gegebenheiten abzustimmen. Das vermittelt auch die neue Identity. Chartis denkt nach wie vor innovativ und unternehmerisch, was durch eine Marke verkörpert wird, die auch die Firmenkultur des Unternehmens widerspiegelt und als eine Art gemeinsamer Standpunkt für Kunden und Mitarbeiter dient.

Das neue Logo wirkt zwar sehr schlicht, doch die Buchstaben wurden sorgfältig von Hand bearbeitet: Die angepasste Laufweite der Buchstaben steht für einen neuen Anfang, während subtile Details wie das abgeschrägte Ende des Querstrichs auf dem T Optimismus beim Blick in die Zukunft vermitteln. Das Bildzeichen, ein schräg gestellter Kompass in Form eines C, verkörpert den Pioniergeist des Unternehmens und ist ein Symbol für die Bereitschaft der Marke, sich mit neuen Produkten auf neue Märkte zu wagen.

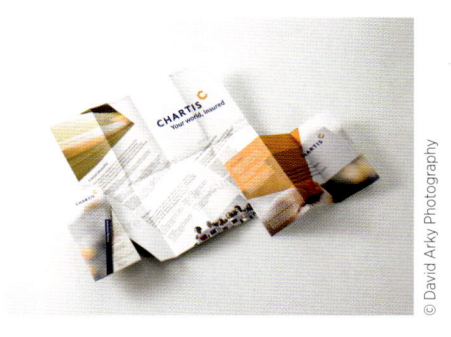

Die neue Identity musste so schnell wie möglich an zahlreichen Standorten rund um den Globus eingeführt werden. Da es unmöglich war, alle denkbaren Kontexte im Voraus festzulegen, musste die Identity schlicht und flexibel sein, damit sie ohne Probleme umgesetzt werden konnte und keine zusätzlichen Kosten entstanden.

Seriös

Etabliert und solide

CHARTIS

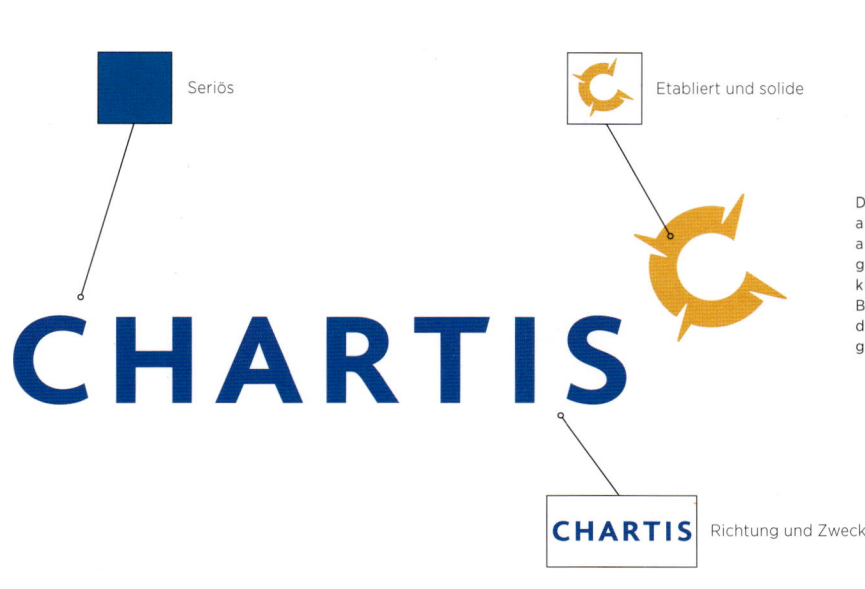

Der Kompass als Bildzeichen spielt auf die Anfänge des Unternehmens an – es wurde 1919 in Shanghai gegründet. In Kombination mit einer klassischen, schlichten Schrift in Blau kommuniziert das Logo auf den ersten Blick Zuverlässigkeit und globale Expertise.

CHARTIS Richtung und Zweck

© David Arky Photography

Die Identity kann im Laufe der Zeit erweitert und kreativ eingesetzt werden, wenn weitere Kontexte entwickelt werden.

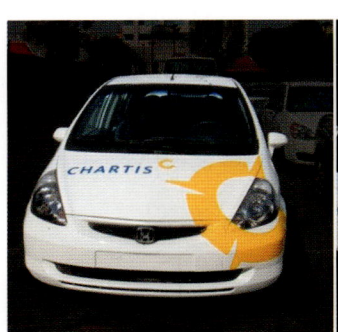

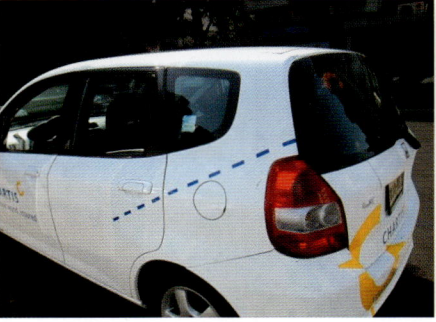

Große Unternehmen & Konzerne: Fallstudie

175

GEMEINNÜTZIGE ORGANISATIONEN & ÖFFENTLICHE HAND

Die öffentliche Hand und gemeinnützige Organisationen sind wohl die Gruppe in diesem Buch, deren Logos die größte Bandbreite und Vielfalt an Designansätzen aufweisen. Es mag daran liegen, dass solche Organisationen gezwungen sind, ihren Aufgabenbereich und ihre Vision genau zu formulieren, um finanzielle Mittel und Unterstützung zu erhalten. Dabei handelt es sich im Grunde genommen um Markenstatements oder Designbriefings. Wenn diese Vorgaben von Anfang an klar definiert sind, hat es der Designer einfacher, seine Aufgabe zur Zufriedenheit aller zu erfüllen.

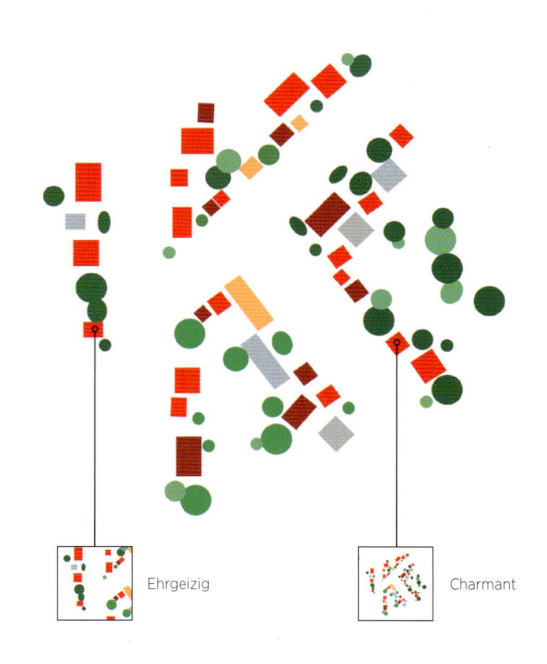

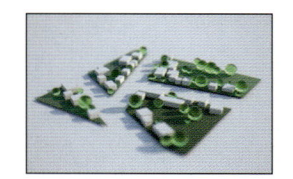

Ehrgeizig

Charmant

Kunde	Kutina
Markeninfo	Die kleine Stadt in Kroatien hat 15 000 Einwohner und versucht, als Ersatz für ihre alte petrochemische Industrie Unternehmen mit umweltverträglichen Technologien anzulocken.
Agentur	Studio International
Designer	Boris Ljubicic
Schriftart	[keine]
Farben	Grün, Grau und Rot
Designkonzept	Kutina liegt an einer von Ost nach West verlaufenden Straße am Fuß eines bewaldeten Berges, der von einer grünen Landschaft umgeben ist. Mit der neuen Identity wollte sich die Stadt als idealer Standort für High-Tech-Unternehmen mit sauberen Technologien positionieren. Der Anfangsbuchstabe K wird zu einer stilisierten Vision der inmitten von viel Grün liegenden Stadt. In der kroatischen Sprache bedeutet das Wort „kut" (die Wurzel des Städtenamens) Ecke, was die Illustration der sich kreuzenden Kleinstadtstraßen in den vielen Winkeln des Buchstabens K weiter verstärkt.

Die verschiedenen Versionen des Logos (3D-Modell, Flächenplan, positiv und negativ) sind austauschbar und werden je nach Medium verwendet. Sie stehen für die Komplexität einer städtischen Kommune und verkörpern eine dynamische Zukunftsvision: gut organisiert, aber flexibel, voll erschlossen, aber auf eine umweltverträgliche Entwicklung hoffend.

Humanistisch

Kunde	Innenministerium der Tschechischen Republik
Markeninfo	Fast zwei Jahrzehnte nach dem Ende des Kommunismus versucht das ehemalige „Ministerium der Angst", sich als offene, moderne Regierungsorganisation neu zu erfinden.
Agentur	Lavmi
Designer	Babeta Ondrová
Schriftart	Maßgeschneidert
Farbe	Hellblau (PMS 2995)
Designkonzept	Das Innenministerium (Ministerstvo Vnitra) der kommunistischen Regierung war dafür bekannt, dass es seine eigenen Bürger ausspionierte und demonstrierende Studenten niederprügeln ließ. Nach den Wahlen 2006 beschlossen Spitzenpolitiker, das Ministerium zu öffnen, weil sie hofften, dadurch seinen schlechten Ruf loswerden zu können. Um zu vermitteln, dass das Ministerium jetzt dem Bürger diente, brauchte man ein zeitgemäßes Image. Die Designer verschachtelten die Initialen M und V zu einer einzigen Form. Der Weißraum des Dreiecks spielt auf das Öffnen von Türen an, und mit ein wenig Fantasie kam man die Punkte für Menschen oder digitale Daten halten. Das leuchtende Hellblau verstärkt den Eindruck, dass man sich von einer dunklen Vergangenheit abwendet.

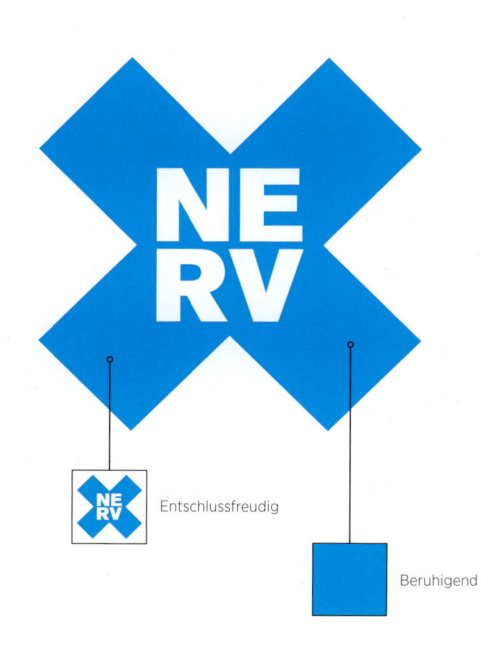

MINISTERSTVO VNITRA ČESKÉ REPUBLIKY

Futuristisch

Kunde	NERV (Nationaler Wirtschaftsrat der Regierung Tschechiens)
Markeninfo	Als Reaktion auf die weltweite Finanzkrise 2008/2009 setzte die tschechische Regierung einen öffentlichen Ausschuss ein, der sie in Wirtschaftsfragen beraten soll.
Agentur	Lavmi
Designer	Babeta Ondrová
Schriftart	Maßgeschneidert
Farbe	Cyan (Prozessfarbe)
Designkonzept	Der Wirtschaftsrat soll Möglichkeiten finden, dass die weltweite Rezession möglichst wenig negative Folgen für die Wirtschaft des Landes und den Alltag der tschechischen Bürger hat. Bei der Suche nach Symbolen für das Konzept von Schutz und Verteidigung entschieden sich die Designer für ein X. „Eintritt verboten" heißt das und sieht aus wie eine gedrehte-Version des Roten Kreuzes, meint also die Anstrengungen, die Wirtschaft des Landes zu retten. Der Rat hat 10 Mitglieder, damit kommt als römische Ziffer 10 noch eine positive Bedeutung dazu.

Entschlussfreudig

Beruhigend

Gemeinnützige Organisationen & Öffentliche Hand

Gemeinnützige Organisationen & Öffentliche Hand

ybi Freundlich

ybi | The Prince's Youth Business International

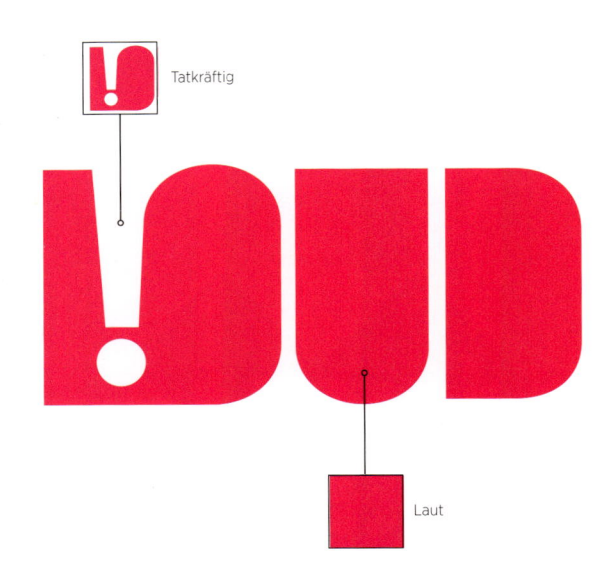

Youth Inter— Seriös

! Tatkräftig

LOUD

Laut

Kunde	The Prince's Youth Business International (YBI)
Markeninfo	Vom Prince of Wales unterstützte gemeinnützige Organisation, die finanzielle Hilfen und Mentoring für junge Unternehmer aus sozial schwachen Schichten anbietet.
Agentur	The House
Artdirector	Steven Fuller
Designer	Sam Dyer
Schriftart	Monitor
Farben	Blau (PMS 295) und Orange (PMS 144)
Designkonzept	Das Logo musste die Synergie zwischen YBI und anderen internationalen Organisationen vermitteln und zudem unterschiedliche Zielgruppen ansprechen: junge Teilnehmer am Programm in den 20ern und die Mitarbeiter der Organisation, die in der Regel älter sind. Die typografische Gestaltung des Logos mit einer serifenlosen Schrift und Kleinbuchstaben lässt die Marke jugendlich und zugänglich wirken. Die Formen der Buchstaben y und b ähneln einander, was auf die bereits erwähnte Synergie verweist, während das Farbschema den Eindruck vermittelt, dass dynamische Energie und Spaß genauso zur Organisation gehören wie Seriosität.

Kunde	LOUD Foundation
Markeninfo	Stiftung im kanadischen Vancouver, die mit schwulen, lesbischen, bisexuellen und transsexuellen Gruppen zusammenarbeitet.
Agentur	Seven25. Design & Typography
Designer	Isabelle Swiderski
Schriftart	Maßgeschneidert
Farbe	Magenta (Prozessfarbe)
Designkonzept	Dieses Logodesign kommt einer visuellen Onomatopöie schon sehr nah: Form und Farbe verkörpern die Bedeutung des Wortes „loud". Das Logo musste sowohl junge Leute, die sich um Stipendien bewerben, als auch potenzielle Spender und Sponsoren in der entsprechenden Community ansprechen. Nachdem die Organisation durch einen neuen Namen (LOUD: Leadership, Opportunity, Unity, Diversity) verjüngt worden war, bestand die Herausforderung für den Designer darin, eine Markenpersönlichkeit zu definieren, die den Werten der Organisation entsprach. Als Inspiration für die visuelle Lösung dienten Mode für Jugendliche und Sportdesign, was der Marke eine starke Stimme und eine einprägsame Identity verleiht, die zur Stiftung passt. Mithilfe des neuen Logos ließen sich viele Sponsoren überzeugen, die Stiftung wieder zu unterstützen.

Kunde	Vancouver Foundation
Markeninfo	Stiftung, die langfristige finanzielle Unterstützung leistet.
Agentur	Seven25. Design & Typography
Designer	Isabelle Swiderski
Schriftart	Maßgeschneidert, basierend auf Avenir
Farben	Grau (PMS 432) und Blau (PMS 312)
Designkonzept	Die alte Identity dieser Organisation sah traditioneller und mehr nach „altem Geld" aus. Als die Stiftung beschloss, stärker in die Öffentlichkeit zu gehen, um mehr Spendengelder zu bekommen, und nicht mehr wie bisher vor allem „hinter den Kulissen" tätig sein wollte, brauchte sie ein neues Logo, das diese neue Rolle vermitteln konnte. Die Designerin entwickelte ein visuelles Wortspiel mit den zwei mittleren Buchstaben des Stadtnamens, um das abstrakte Konzept der langfristigen Vorteile großzügiger Spenden und Unterstützung zu verdeutlichen. Der neue Look passt zum zukunftsweisenden Ansatz der Stiftung und lässt sie zugänglicher wirken.

Langfristig

Zugänglich

vancouver foundation

Kunde	Forever Manchester
Markeninfo	Von der Community Foundation for Greater Manchester getragene gemeinnützige Organisation, die Projekte im Stadtgebiet finanziert, um Manchester sicherer zu machen und die Lebensqualität seiner Bewohner zu steigern.
Agenturen	Imagine-cga und Fido PR
Designer	David Caunce
Mitarbeiter	Laura Sullivan, Nancy Collantine und Kate Pearson
Schriftart	Avant Garde Gothic Bold
Farben	Rot (PMS 485) und Schwarz
Designkonzept	Das Designteam wollte das Konzept verdeutlichen, das bereits am Namen der Organisation erkennbar ist: Geben ist ein Akt der Nächstenliebe, und die positiven Folgen werden für immer bemerkbar sein. Das Logo drückt auch die Verdoppelung der Spenden durch ein Regierungsprogramm aus, sowie das Konzept, dass die, die geben, auch selbst Vorteile davon haben, wie etwa Einladungen, Gutscheine und andere Privilegien. Das leuchtend rote Bildzeichen kann auch als doppeltes M interpretiert werden und ist so einprägsam, dass es mit oder ohne Schriftzug verwendet werden kann.

Einprägsam und mit hohem Wiedererkennungswert

forever manchester

Gemeinnützige Organisationen & Öffentliche Hand

Gemeinnützige Organisationen & Öffentliche Hand

Entschlussfreudig

PROJECT COMPASS

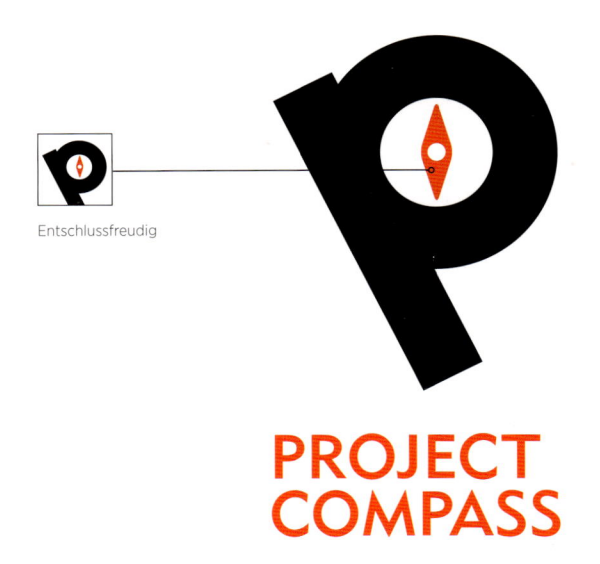

Kunde	Project Compass
Markeninfo	Gemeinnützige Organisation mit Sitz in London, die ehemalige Soldaten unterstützt, z. B. durch Berufsausbildungen oder Mietzuschüsse.
Agentur	Fivefootsix
Schriftart	Geometric
Farben	Rot (PMS 485) und Schwarz
Designkonzept	Die Organisation unterstützt ehemalige Soldaten dabei, im zivilen Leben und Arbeiten zurechtzukommen. Der Kompass wird von ehemaligen Soldaten auf den ersten Blick als unerlässliches Mittel zum Überleben erkannt, daher spricht das Bildzeichen des Logos die Zielgruppe in einer visuellen Sprache an, die dieser vertraut ist. Das extrafette P wirkt massiv und beruhigend und vermittelt den Eindruck von Zuverlässigkeit, während die schräge Stellung auf die mitunter problematische Natur des Lebens hinweist.

Hoffnungsvoll

Warm und facettenreich

Phoenix House
Rising Above Addiction

Kunde	Phoenix House
Markeninfo	Suchtbehandlungszentrum in New York City, USA.
Agentur	Siegel+Gale
Creative-director	Doug Sellers
Designer	Lana Roulhac
Schriftart	Rotis Serif
Farben	Mehrfarbig und Schwarztöne
Designkonzept	Das alte Logo dieser gemeinnützigen Organisation, die drogen- und alkoholabhängigen Menschen beim Entzug hilft, sah überholt und langweilig aus. Es gelang damit nicht mehr, die menschlichen Schicksale und Dramen zu reflektieren, die sich in den Räumen des Phoenix House abspielen. Das konnte weder Mitarbeiter noch Klientel motivieren. Ein neues Logo sollte die einfachen, aber starken Hoffnungen und Sehnsüchte der Bewohner ausdrücken. Der Entwurf von Siegel+Gale vermittelt das Gefühl von Stolz und Freude, das sich einstellt, wenn man sich seiner Sucht stellt und ihr entkommt. Die bunten Federn verstärken den Namen und sind Ausdruck für die Vielfalt jener New Yorker, die von der Einrichtung profitieren.

Fröhlich

Kunde	Home for the Games
Markeninfo	Die Organisation vermittelt private Wohnmöglichkeiten für Besucher der Olympischen Winterspiele 2010 und lässt die Erlöse gemeinnützigen Organisationen gegen Obdachlosigkeit zukommen.
Agentur	Seven25. Design & Typography
Artdirector	Isabelle Swiderski
Designer	Setareh Shamdani
Schriftart	Maßgeschneidert
Farben	Gelb, Magenta, Grün und Blau sowie ihre überlappenden Farbtöne
Designkonzept	Das Logo ist fröhlich und ansprechend und steht damit für die Energie der Organisation und den Geist der Olympischen Spiele. Sport im Allgemeinen und die Olympischen Spiele im Besonderen haben eine eigene visuelle Sprache, und die Designer nutzten diese, um alle Beteiligten anzusprechen und das Konzept der Verbundenheit der Welt auf einen wohltätigen Zweck zu übertragen. Die geometrischen, sich überlappenden Buchstaben spielen auf die olympischen Ringe an, ohne gegen das Olympiaschutzgesetzt zu verstoßen, die angedeutete Herzform im Buchstaben M von Home unterstreicht den guten Zweck.

Energiegeladen

Kunde	Julian House (Cecil Weir)
Markeninfo	Gemeinnützige Organisation in Großbritannien, die obdachlose Männer und Frauen in Bath und umliegenden Counties unterstützt.
Agentur	The House
Artdirector	Steve Fuller
Designer	Sam Dyer
Schriftart	DIN 17 SB Regular
Farben	Blautöne (PMS 2955, PMS 7467)
Designkonzept	Die früheren Logos für diese gemeinnützige Organisation hatten das Problem, dass es ihnen nicht gelang, die gesamte Bandbreite der von Julian House angebotenen Leistungen darzustellen. Diese reichen von individueller Beratung bis hin zu Übernachtungsmöglichkeiten. Nach der Überarbeitung wirkt die Marke moderner und seriöser, und mithilfe der ineinander verschachtelten Häuser/Pfeile gelingt es, ein breiteres Angebot an Serviceleistungen zu vermitteln und klarzumachen, dass die Organisation progressiv und gut geführt ist.

Progressiv

Gemeinnützige Organisationen & Öffentliche Hand

Gemeinnützige Organisationen & Öffentliche Hand

Chabad u✡m
Jewish Student Central

Dynamisch und durchsetzungsfähig

Kunde	Chabad an der University of Miami
Markeninfo	Teil einer internationalen Organisation des orthodoxen Judentums.
Designer	Marc Rabinowitz
Schriftart	Neue Helvetica LT Black
Farben	Orange (PMS 151), Grün (PMS 375) und Schwarz 80 %
Designkonzept	Chabad arbeitet dezentralisiert, die Ortsgruppen können bei Bedarf eigene Identitys entwickeln. Der Rabbi der Studentengruppe an der University of Miami erwähnte im Gespräch mit dem Designer, dass Chabad jüdische Kultur in das Herz der Universität bringen will. Dieses Konzept führte dann zu der grafischen Gestaltung mit einem zwischen zwei Buchstaben eingefügten Stern. Das schlichte Logo ist so flexibel, dass es in vielen Anwendungen eingesetzt werden kann.

Bethel Assembly of God

Freundlich und einladend

Kunde	Bethel Assembly of God
Markeninfo	Kirche in West Virginia, USA, die bisher noch kein Logo besessen hatte, aber eine visuelle Identity brauchte, um Mitglieder der Kirchengemeinde und Anwohner anzusprechen.
Agentur	Church Logo Gallery
Designer	Michael Kern
Schriftart	Labtop Secundo Regular
Farben	Orange (PMS 138), Rot (PMS 1807) und Grau (PMS 439)
Designkonzept	In der Bibel ist die Flamme eines der Symbole für den Heiligen Geist. Der Anfangsbuchstabe B ähnelt in der Kleinschreibung der Form einer Flamme, aber auch einem Gläubigen, der die Arme zur Lobpreisung erhoben hat. Das Konzept bestand darin, dass sich eine Person ändern kann, wenn sie an Gott glaubt. Die warmen Farben wirken freundlich und einladend, und das Logo ist einfach lesbar und einprägsam. Von Konzept her ist es so aussagekräftig, dass es der Designer auf seiner Website zum Kauf anbietet – es kann also von jeder Glaubensgemeinschaft erworben werden. Regionale Kirchen brauchen so etwas nicht unbedingt, doch für eine größere Kirche hat ein eigenes, exklusives Logo viele Vorteile.

Freude und Eingliederung

Kunde	Explore Children's Ministry
Markeninfo	Kirchenprogramm, das Kinder zwischen 5 und 11 Jahren über den christlichen Glauben informiert.
Agentur	Church Logo Gallery
Artdirector	Michael Kern
Designer	Zach DeYoung
Schriftart	Trade Gothic Extended
Farben	Rotorange, Braun und Blau
Designkonzept	Die Identity für dieses Programm wurde humorvoll und locker gestaltet und wirkt verspielt und unternehmungslustig. „Kinder werden an dem Programm teilnehmen, weil das Logo interessant aussieht", so Michael Kern. „Die warmen Farben machen gute Laune, und der blaue Kreis um das Kreuz spielt auf die Geheimnisse des Glaubens an, die nur darauf warten, entdeckt zu werden."

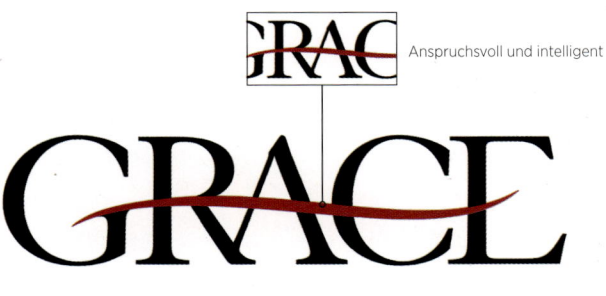

Anspruchsvoll und intelligent

Kunde	Grace Community Church
Markeninfo	Neue Kirche mit Sitz in South Austin im US-Bundesstaat Texas, die versucht, Menschen zu erreichen, die noch keiner Kirchengemeinde angehören – in einer Region, in der bereits zahlreiche Kirchen miteinander konkurrieren.
Agentur	Virginia Green Design
Designer	Virginia Green
Schriftart	Granjon
Farben	Rot (PMS 1795) und Schwarz
Designkonzept	Das Logo musste zeitgemäß aussehen und eine Zielgruppe ansprechen, die medienerprobt ist und konventionelle Marketingbotschaften ignoriert. Die Herausforderung bestand darin, ein Logo zu entwickeln, das eine starke Heilsbotschaft vermitteln konnte, allerdings ohne überbeanspruchte Symbole wie ein Kreuz oder eine Bibel. Das Wort „Grace" wurde wegen seiner besonderen Bedeutung für Christen gewählt, und weil die einzelnen Buchstaben Raum zur grafischen Gestaltung boten. Das rote Zierelement steht für das Blut Christi und den Zustand der Vollkommenheit, den ein Christ im Stand der Gnade erlangt.

Gemeinnützige Organisationen & Öffentliche Hand

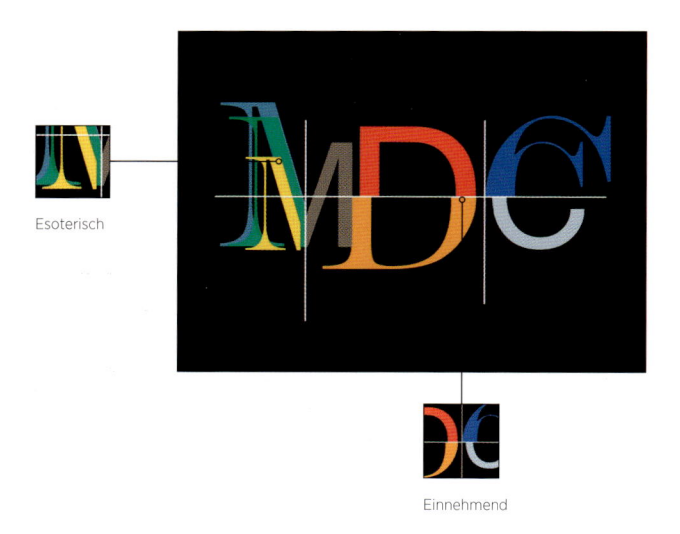

Gemeinnützige Organisationen & Öffentliche Hand

Dynamisch

Verbunden

Kunde	Red AIEP
Markeninfo	Forschungsnetzwerk an der Universidad de Alcalá (UAH), das sich mit der Erforschung und der Erhaltung von niedergeschriebenen Erinnerungen beschäftigt.
Agentur	CGB
Designer	Carol García del Busto
Schriftart	Maßgeschneidert
Farben	Rottöne in verschiedenen Schattierungen von hell bis dunkel
Designkonzept	Die Designerin wollte die Interaktion in einer großen, aus Forschern, Autoren, Sammlern, Lehrern, Bibliothekaren und Archivaren bestehenden Gruppe darstellen, die an zahlreichen eng miteinander zusammenhängenden Projekten arbeiten. Das Logo weckt Assoziationen zu den Seiten eines Buches oder einem Bündel Briefe, was auf den geschriebenen Aspekt der Forschungsarbeit anspielt. Die vier Richtungen stehen für die Vielfalt der Forschungsprojekte, während die Farben den Namen verstärken. Das Logo ist aussagekräftig und einprägsam.

Esoterisch

Einnehmend

Kunde	Museum Documentation Center
Markeninfo	Öffentliche Einrichtung, die die Dokumentenressourcen zu Kroatiens Museumskollektionen sammelt, organisiert und zugänglich macht.
Agentur	Studio International
Designer	Boris Ljubicic
Schriftarten	DeVine und Helvetica (Swiss 721)
Farben	Mehrfarbig
Designkonzept	Die Initialen der Organisation, MDC, sind in der englischen und kroatischen Version des Namens gleich. Der Designer machte die Buchstaben zum Herzstück der Identity und benutzte zwei unterschiedliche Schriften, um die große Zeitspanne zu verdeutlichen, aus denen die Dokumente stammen, von frühen romanischen Relikten bis hin zu Medien und Technologien des 20. Jahrhunderts. Die Schrift wird durch dünne Linien in zwei Hälften geteilt, sodass eine Art Schachbrettmuster entsteht, eine Anspielung auf die rotweißen Quadrate des kroatischen Staatswappens. Die beiden Hälften der Buchstaben sind in unterschiedlichen Fonts gesetzt. Um sicherzugehen, dass das komplexe Logo in den verschiedenen Medienkontexten gut „lesbar" war, fertigten die Designer mehrere Versionen mit unterschiedlichen Farbkontrasten und Schriftgraden an.

Kunde	Center for Cognitive Computing
Markeninfo	Forschungsgruppe für kognitives Computing
Agentur	MINE
Artdirector/Designer	Christopher Simmons
Schriftart	[keine]
Farbe	Cyan (Prozessfarbe)
Designkonzept	Die Designer wollten die üblichen Klischees vermeiden, die mit einigen Grenzwissenschaften in Verbindung gebracht werden, beispielsweise Roboter oder Symbole für künstliche Intelligenz. Das Logo besteht aus der Wiederholung vieler Cs, und das spirographenähnliche Muster soll zusammen mit den unscharfen Rändern Bewegung an der Grenze sowie eine aktive Marke suggerieren.

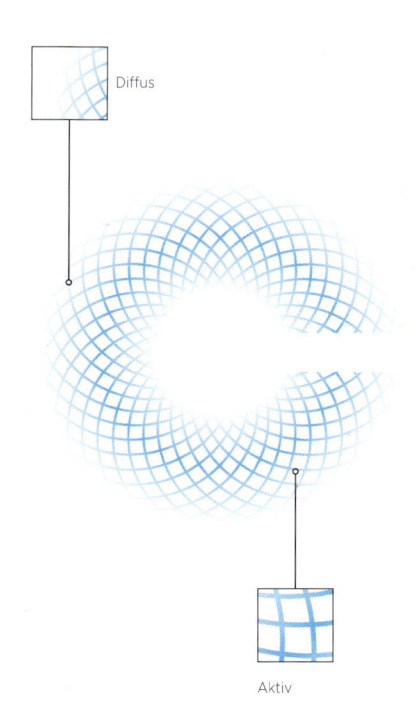

Diffus

Aktiv

Kunde	Family Art Affair
Markeninfo	Veranstaltung für Familien im Columbus Museum in Georgia, USA
Designer	Andy Gabbert
Schriftart	Berthold Akzidenz Grotesk Extra Bold Condensed und Light Condensed
Farben	Grün (MS 556), Gelb (PMS 722), Rot (PMS 1805) und Schwarz
Designkonzept	Das Logo musste Kinder und deren Eltern ansprechen. Daher entwickelte der Designer ein Logokonzept, das nicht allzu kindlich wirkt. Die Palette besteht nicht aus Grundfarben – anstelle der naheliegenden Farben Blau, Gelb und Rot wurden Grün, Sand und ein dunkles Rot verwendet –, und die Schriftarten sind „erwachsener", als man dies bei einem solchen Thema erwarten würde. Der Kontrast zwischen extrafett und extraleicht, der Farbwechsel und die leicht überlappenden Initialen sorgen für Abwechslung und vermitteln das Konzept, dass es dem Familienleben nur guttun kann, wenn alle gemeinsam ein Kunstwerk schaffen.

Fröhlich und familienorientiert

Gemeinnützige Organisationen & Öffentliche Hand

Gelehrt

siece

Literarisch

Kunde	Siece, Universidad de Alcalá
Markeninfo	Der Fachbereich an der Universidad de Alcalá, der geschriebene Kulturgeschichte erforscht.
Agentur	CGB
Designer	Carol García del Busto
Schriftart	Maßgeschneidert
Farben	Schwarz und Rot
Designkonzept	Das Ziel bestand darin, der Zielgruppe aus Akademikern, Forschern und Studenten der Geisteswissenschaften das Interesse des Fachbereichs an geschriebener Geschichte zu vermitteln. Bei der Gestaltung des Logos ging es in erster Linie darum, das geschriebene Wort nicht als Kalligrafie, sondern in Form von Typografie darzustellen. Die Farben waren ein Schlüsselelement der Gestaltung, da Rot und Schwarz traditionell zum Schreiben benutzt wurden. Als Inspiration für das Logo dienten altmodische Schreibutensilien – Federkiele, Tintenfässchen etc. –, aber auch gegossene Drucktypen. Die beiden Elemente wurden miteinander kombiniert und ergaben ein Logo, das sehr zeitgemäß wirkt.

CENTER FOR TEACHING EXCELLENCE
Haas School of Business | University of California, Berkeley

CENTER Gelehrt

Kunde	Center for Teaching Excellence (CTE) at the University of California, Berkeley, Haas School of Business
Markeninfo	CTE arbeitet mit dem Fachbereich an der Universität zusammen und bietet Workshops und andere Ressourcen zur Lehrerausbildung an.
Designer	Andy Gabbert
Projektmanager	Erica Mohar
Schriftart	Filosofia
Farbe	Metallic-Bronze (PMS 8021 oder PMS 451) und Khaki (PMS 5803)
Designkonzept	Das Bausteinsymbol stellt die Aktivitäten des CTE als Grundlage für erstklassigen Unterricht dar, während die Goldtöne das Konzept von Auszeichnung und Erfolg verkörpern. Die gesperrte, serifenbetonte Schrift wirkt konservativ und ist typisch für die akademische Umgebung.

Erinnerung daran, dass gut für die Kinder gesorgt wird.

Kunde	Westboro Nursery School
Markeninfo	Vorschule im kanadischen Ottawa, für deren Kinderbetreuung die Werte Qualität, Professionalität, Sicherheit und Fürsorge gelten.
Agentur	idApostle
Designer	Steve Zelle
Schriftart	Century Schoolbook
Farben	Rotorange (PMS 1655) und Schwarz
Designkonzept	Der Designer wollte keine Illustrationen mit spielenden Kindern verwenden, um die komplexen Werte der Vorschule zu vermitteln. Das Herz im Buchstaben W verstärkt das Konzept Liebe. Durch die leichte Schattierung beim mittleren Strich des W entsteht der Eindruck, dass das W aus einer einzigen, ununterbrochenen Linie besteht, die sich mit sich selbst kreuzt und dann hinter bzw. vor sich verläuft, was ein Symbol dafür sein soll, dass Erziehung ein Teil der Reise unseres Lebens ist.

Westboro Nursery School

Frisch und professionell

Modern und traditionell

Kunde	St. George's Academy
Markeninfo	Weiterführende Schule im englischen Leicestershire
Agentur	Planet
Artdirectors	Phil Bradwick und Christopher Higgins
Designer	Bobbie Haslett und Phil Bradwick
Schriftart	ITC Avant Garde
Farben	Purple (PMS 268) und Beige (PMS 9080)
Designkonzept	Die Schule wollte einen Bezug zur eigenen Region herstellen, gleichzeitig aber auch ein modernes, professionelles Bild von sich vermitteln. Die Stadt, in der die Schule ansässig ist, entstand um eine mittelalterliche Kirche herum, die heute noch das Zentrum des gesellschaftlichen Lebens ist. Daher ließ sich das Designteam von Planet von ihren großen Bleiglasfenstern inspirieren. Den Hl. Georg und den Drachen hatte die Schule bereits in früheren Identitys verwendet. Das Symbol wurde allerdings moderner gestaltet. Das alte Logo war in Grundfarben gehalten und hatte viele Elemente, die miteinander kollidierten. Die Designer vereinfachten und aktualisierten die wichtigen Elemente und verwendeten eine stimmigere Farbpalette aus gedämpften Violett- und Grautönen.

ST GEORGE'S
ACADEMY

Gemeinnützige Organisationen & Öffentliche Hand

Gemeinnützige Organisationen & Öffentliche Hand

Lebensfreude

Optimismus

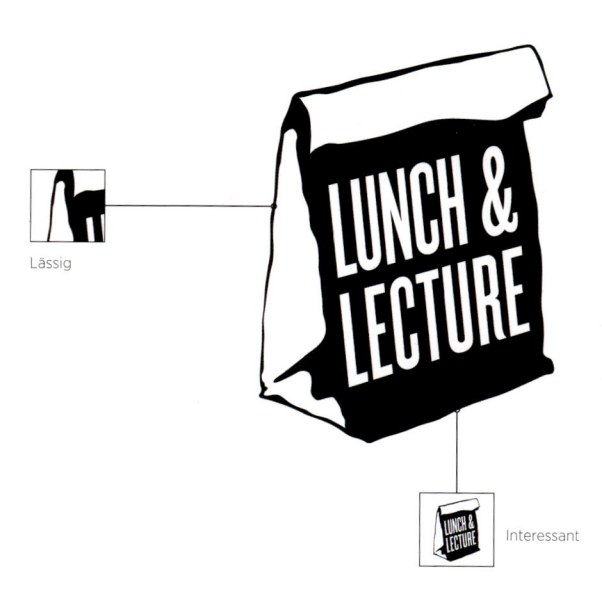

Kunde	TurnAround
Markeninfo	Gemeinnützige Organisation, die öffentliche Schulen in New York City berät und bei der Verbesserung von Unterrichtsergebnissen, Sicherheit und sozialem Umfeld unterstützt.
Agentur	Siegel+Gale
Creative-director	Doug Sellers
Designer	Lana Roulhac und Jong Woo Si
Schriftart	VAG Rounded (modifiziert)
Farben	Grau, Grün, Dunkelblau und Violett
Designkonzept	Siegel+Gale entwickelte die Markenstory von TurnAround, um die Sichtbarkeit der Organisation zu erhöhen, deren Ziel es ist, die am meisten benachteiligten Schulen New Yorks zu unterstützen und damit das Leben ihrer Schüler zu verändern. Die neue Identity steht für die Hartnäckigkeit und den Optimismus der Organisation und vermittelt dies durch freundliche, heitere Buchstaben und eine Farbpalette aus dunklen, kontrastierenden Farben. Diese stehen für die Energie, die man braucht, um das Beste aus einer schwierigen Situation zu machen. Wer einen zweiten Blick auf das Logo wirft, wird mit der Assoziation des fröhlich hüpfendenden Kindes im grünen u und n belohnt.

Lässig

Interessant

Kunde	Lunch & Lecture
Markeninfo	Programm, das Besucher zur Mittagszeit zu Vorträgen in ein Kunstmuseum locken will.
Designer	Andy Gabbert
Schriftart	Grotesque Extra Condensed
Farben	Schwarz und Weiß
Designkonzept	Die meisten Besucher dieser Vorträge, zu denen man sein Mittagessen mitbringen soll, sind Berufstätige, die in der Nähe des Columbus Museum arbeiten und in der Mittagspause nach Inspiration und Anregung suchen. Die Papiertüte ist ein allgemein bekanntes Symbol für zwangloses Essen. Da sie hier jedoch in dramatischem Schwarz-Weiß dargestellt wird, baut sich eine Erwartungshaltung auf, die aus dem Logo eine Art Einladung macht.

Kunde	Pilotprojekt
Markeninfo	Galerie in Wien, die als Verbindungsglied zwischen Kreativen und der Industrie konzipiert wurde und die einen offenen Wissens- und Ideentransfer fördern will.
Designer	Alexander Egger
Schriftart	Helvetica
Farbe	Schwarz
Designkonzept	Die zwei Ps werden jeweils aus einer Linie und einem Kreis gebildet – zwei der einfachsten Mittel zur Definition von Raum und Dimension. Die visuelle Sprache der Identity ist extrem minimalistisch und folgt der Philosophie, dass der Raum eine Struktur im Hintergrund ist, die weder Farbe noch dekorative Elemente braucht. Der schlichte Stil nimmt Bezug auf die historischen Designrichtungen Bauhaus und Konstruktivismus, bei denen Design eher ein soziopolitisches Werkzeug und kein ästhetisches System war. Das Logo mit den in Kleinbuchstaben gesetzten Wörtern „pilot" und „projekt" wird an unterschiedlichen Rastern ausgerichtet, um bei den Layouts, in denen es verwendet wird, für Abwechslung zu sorgen und die Zusammenhänge deutlich zu machen, auf denen die Programme der Galerie basieren.

Formal und strukturiert

Kunde	International Private Schools Integrated Systems (IPSIS)
Markeninfo	Schulverband, der sich auf den einzelnen Schüler konzentriert, gleichzeitig aber auch den Zusammenhalt unter den Schülern und den Gemeinschaftssinn fördert.
Agentur	PenguinCube
Designer	Designteam PenguinCube
Schriftart	Wunderlich (modifiziert)
Farben	Blautöne (von PMS 2735)
Designkonzept	Das Logo musste auf internationalem Niveau funktionieren und sich zu einem einfach anzuwendenden System mit Varianten für Untergruppen innerhalb von IPSIS ausbauen lassen. Die Designer kamen auf die Idee, eine Art Siegel zu gestalten, das für Zuversicht und Vertrauen steht und wie ein historisches Wachssiegel aussieht. Das Logo spricht sowohl Kinder als auch Erwachsene an und ist so aussagekräftig, dass es selbst dann noch zu erkennen ist, wenn in den verschiedenen Bereichen des Schulverbands ein anderer Name verwendet wird.

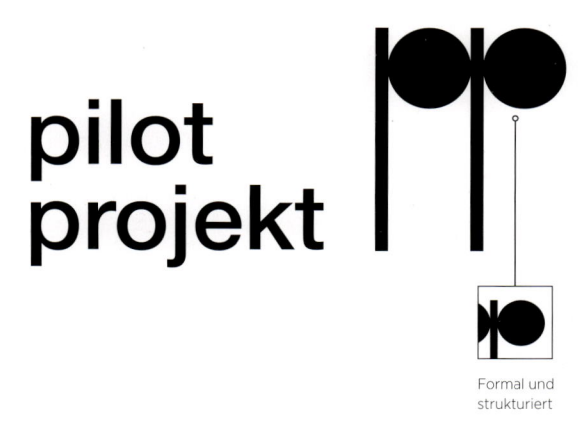

Zuversicht und Vertrauenswürdigkeit

Gemeinnützige Organisationen & Öffentliche Hand

TENTH CHURCH

An die Markenidentity einer Glaubensgemeinschaft werden völlig andere Anforderungen gestellt als an die eines Unternehmens.

Markeninfo Große, rasch wachsende Kirchengemeinde im urbanen Umfeld von Vancouver, Kanada

Agentur Nancy Wu Design

Designer Nancy Wu

Schriftarten Gotham Bold (mit geringen Modifikationen) und Locator Medium

Farben Schwarz, ergänzt durch eine zweite Farbe für Untermarken (Orange, Blau oder Grün)

Designkonzept Der typische Kirchenstil kam nicht in Frage, sondern gewünscht war ein Look, der den modernen, urbanen Ansatz der Kirchengemeinde und ein authentisches Image kommunizieren konnte. „Die schlichte Wortmarke enthält ein Bildzeichen mit den Themen Gottesdienst, Begrüßung, Veränderung, Kontakt und das Kreuz", so die Designerin Nancy Wu.

Weiters wurde ein flexibles Identitysystem gebraucht, um zwei unterschiedliche Standorte und einen alternativen Abendgottesdienst identifizieren zu können. Der ursprüngliche Standort in der Kirche in der Tenth Avenue war inzwischen zu klein geworden, der Name verweist jedoch immer noch darauf. Außerdem musste die neue Identity sowohl die Mitglieder der Kirchengemeinde als auch das allgemeine Umfeld ansprechen. Das Logo musste in verschiedenen Kontexten funktionieren, auf großen Plakaten wie in kleinen Anzeigen, und genauso als Stickmotiv auf Kleidung.

Der Kommunikationsbedarf einer Kirche kann so komplex wie der eines Unternehmens sein, daher musste das Logo genauso sorgfältig entwickelt werden, angefangen bei der Definition des Konzepts in einem Designbriefing bis hin zur Ausarbeitung der Details im endgültigen Entwurf.

Der Designerin zufolge war das alte Logo „kaum zu lesen, schwierig zu reproduzieren, ein durchgängiges Konzept fehlte, und es war zu abstrakt bzw. zu feminin". Um dies zu beheben, schrieb das Briefing vor, dass die neue Marke ein aussagekräftiges, modernes, maskulines Image haben sollte, das zur demographischen Zusammensetzung der Kirchengemeinde passte. Bei der typografischen Gestaltung wurde Wert auf Eignung, Lesbarkeit und Stil gelegt – sie ist modern, aber nicht so modern, dass sie innerhalb kurzer Zeit schon wieder veraltet wirkt.

Die Kirche brauchte eine klare, einheitliche Identity für ihre Kommunikation, außerdem Artikel, die Mitglieder der Kirchengemeinde tragen konnten, um ihre Zugehörigkeit zur Kirche zu zeigen. Dafür war eine grafisch schlichte, aber aussagekräftige und moderne Lösung am besten geeignet.

TEN┼HCHURCH

TEN┼H — Dynamisch und unkompliziert

┼ — Vertrauenswürdig und zugänglich

TEN┼HCHURCH
3RD SERVICE

TEN┼HCHURCH
KITSILANO

TEN┼HCHURCH
MT PLEASANT

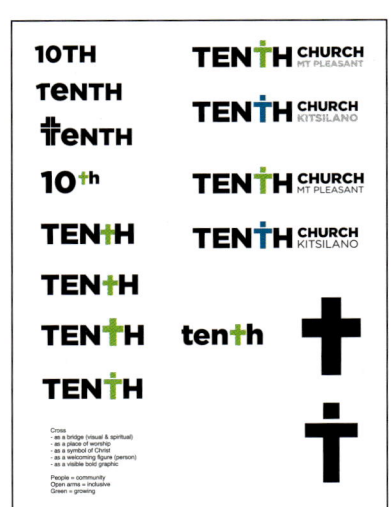

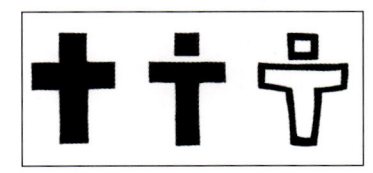

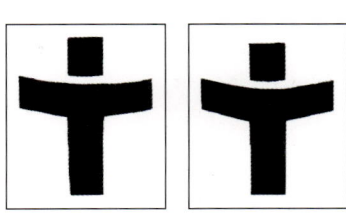

Das endgültige Logo sieht zwar schlicht und unauffällig aus, doch in der Entwicklung und Ausarbeitung steckt jede Menge Designarbeit. Das Konzept, aus dem Buchstaben T ein Kreuz/eine Christusfigur zu machen, konnte in mehrere Varianten umgesetzt werden, und die Auswahl des richtigen Entwurfs erforderte ein systematisches Ausprobieren der verschiedenen Möglichkeiten. Der endgültige Entwurf integriert ein einprägsames Bildzeichen in das gut lesbare Wort „Tenth". Nachdem klar war, wie das Logo aussehen würde, fand man auch eine elegante Möglichkeit, um den Namen mit einer anderen Farbe zu erweitern und die Untermarken der Kirche zu integrieren.

Gemeinnützige Organisationen & Öffentliche Hand: Fallstudie

CITY OF MELBOURNE

Ein innovatives, dynamisches Designkonzept, das für den Charakter einer großen, facettenreichen Stadt steht.

Markeninfo	Multikulturelle Stadt in Australien, die Einwohnern und Besuchern Kultur, Bildung und Shopping von Weltrang bietet.
Agentur	Landor Associates
Creative-director	Jason Little
Designer	Jason Little, Sam Pemberton, Ivana Martinovic, Jefton Sungkar und Malin Holmstrom
Andere	Cable Daniel-Dreyfus, James Cockerille und Katie Crosby (Strategie), Amanda Lawson (Kundenberaterin), Joao Peres, Jason Little und Chenying Hao (Fotografen)
Schriftarten	Maßgeschneidert, basierend auf der Arete (für die vollständige Identity Mercury und Gotham)
Farben	Volles Spektrum
Designkonzept	Fünfzehn Jahre zuvor hatte die Stadtverwaltung das letzte Mal eine grafische Identity in Auftrag gegeben, und seitdem hatten sich verschiedene Logos für die einzelnen städtischen Dienste und Verwaltungsstellen angesammelt, die nur mit Mühe und hohen Kosten zu verwalten waren und der Öffentlichkeit ein verwirrendes Bild der Stadt vermittelten. Die Stadtverwaltung wusste, dass sie eine bessere, langfristige Lösung brauchte, und beauftragte Landor Associates mit der Entwicklung einer einheitlichen Markenstrategie und eines neuen Identitysystems.

Die Herausforderung bestand darin, das besondere Flair von Melbourne und das Engagement der Menschen deutlich zu machen – ein Image zu vermitteln, das Programme, städtische Dienste, Veranstaltungen, Touristenziele und politische Instanzen unter ein Dach bekam.

Nach einer Recherche, zu der auch Umfragen zur öffentlichen Meinung und Gespräche mit Geschäftsleuten, städtischen Angestellten und Vertretern der Kommune gehörten, entwickelten die Designer von Landor Associates ein komplexes Brandingprogramm. Im Mittelpunkt steht ein breites M, das so facettenreich ist wie die Stadt selbst und die Vielfalt und persönliche Energie ihrer Bewohner vermitteln kann. Als Logo ist es sofort am Umriss zu erkennen. Als Mittel zur Kommunikation der Marke kann es problemlos neu definiert, interpretiert und recycled werden. Melbournes neue Identity ist das, was Landor Associates als nachhaltig und „zukunftssicher" bezeichnet.

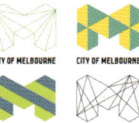

Das Konzept ist so flexibel, dass das Designteam zahllose Varianten des Logos entwickeln konnte, die als einheitliche, aber unverwechselbare Untermarkenidentitys für Organisationen und Programme verwendet werden.

Dynamisch und multikulturell

CITY OF MELBOURNE

Von großen Außenplakaten über Webseiten bis hin zu kleinformatigen Drucksachen – die Identity ist auf den ersten Blick erkennbar und kann die aufregende Atmosphäre einer modernen, multikulturellen Stadt vermitteln.

Das Konzept umfasst auch sekundäre grafische Motive, die aus den für das Logo verwendeten Mustern entwickelt wurden.

Gemeinnützige Organisationen & Öffentliche Hand: Fallstudie

UMWELT

Mit zunehmendem Umweltbewusstsein und dem Durchbruch grüner Marken auf den Märkten weltweit hat sich auch umweltbezogenes Branding etabliert. Logos aus dieser Gruppe scheuen alte visuelle Klischees und experimentieren mit den gleichen Designinnovationen wie andere Branchen. Bestimmte Konventionen (z. B. grüne Blätter) halten sich nach wie vor, ansonsten können Logos für Umweltorganisationen, Reiseziele und Programme genauso dynamisch und überraschend sein wie andere Identitys.

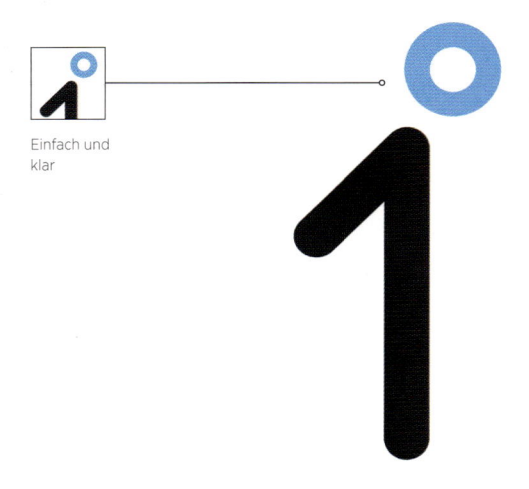

Einfach und klar

Kunde	One Degree
Markeninfo	2007 eingeführtes firmeninternes Programm, das die Mitarbeiter von News Corporation motivieren soll, dem Unternehmen dabei zu helfen, innerhalb von drei Jahren klimaneutral zu werden.
Agentur	Landor Associates
Creativedirector	Jason Little
Designer	Jason Little, Mike Rigby, Angela McCarthy, Steve Clarke und Tim Warren
Schriftart	VAG Rounded
Farben	Cyan P (Prozessfarbe) und Schwarz
Designkonzept	2007 gab Rupert Murdoch bekannt, dass News Corporation versuchen wolle, seinen CO_2-Ausstoß bis 2010 auf Null zu reduzieren. Da das Unternehmen in der Unterhaltungsindustrie bereits als Vorreiter in Sachen Umweltschutz galt, sollte es nicht so aussehen, als würde es einfach auf den Umweltzug aufspringen. Das Strategie- und Designteam von Landor Associates entwickelte einen einfachen Namen und ein schlichtes Logo für die Marke, die den Mitarbeitern das Gefühl gibt, dass jeder Einzelne etwas für die Umwelt tun kann. Das Logo, bei dem die Zahl 1 und das Gradsymbol für die Mitarbeiter stehen, die jeden Tag etwas zu dem gemeinsamen Ziel beitragen, lässt sich problemlos wiederholen und steht für Zusammenarbeit.
	Das firmeninterne Programm war ein voller Erfolg. Der Umweltbeauftragte des Unternehmens gab bekannt, dass One Degree innerhalb der Medienindustrie als führendes Beispiel für Mitarbeiterkommunikation zu umweltbewusstem Handeln gilt. 95 % der Mitarbeiter von News Corporation nehmen am Programm teil und arbeiten mit, damit das Unternehmen seine Ziele erreichen kann.

Umwelt

Zweckmäßigkeit

Umweltschutz

Fülle an Information

Kunde Northwest Hub

Markeninfo Unabhängiger Internetnachrichtendienst, der auf seiner Website Analysen und Informationen zu Umweltschutz, Landnutzung und Immobilien an der Pazifikküste der USA veröffentlicht. Ziel der Website ist es, die Bereiche Architektur, Bauingenieurwesen, Raumplanung, Landnutzung, Umweltgesetze, Immobilien, Logistik und Stadtplanung miteinander zu verknüpfen.

Agentur Riverbed Design

Designer Corbet Curfman

Schriftarten Frutiger Bold und Extra Black

Farben Grüntöne (PMS 7495, PMS 7492 und PMS 7477)

Designkonzept Die Website verfolgt einen innovativen Ansatz bei der Auswahl von Themen und der Berichterstattung. Die Identity sollte der Zielgruppe die Thematik der Website vermitteln können, gleichzeitig aber vermeiden, sie nur einer bestimmten Gruppe zuzuordnen. Eine rein typografische Lösung wäre zwar am einfachsten gewesen, aber ein Bildzeichen macht das Logo einfacher „lesbar", vor allem im Kontext einer Website, die zahlreiche andere Elemente enthält. Die Kombination von Skyline und Bergkette ist ein guter Kompromiss. Das Logo kann auf mehreren Ebenen kommunizieren und erfasst alle Themenbereiche von Northwest Hub, gleichzeitig werden Klischees wie das allgegenwärtige grüne Blatt vermieden. Da die einzelnen Elemente von einem deutlich abgegrenzten Rechteck umgeben sind, kann das Logo auch in niedrigeren Auflösungen verwendet werden, z. B. als Avatar in sozialen Medien und mobilen Anwendungen.

Umwelt

Verspielt

Einnehmend, regt die
Fantasie an

Kunde	Design Stories/Uppvunnet
Markeninfo	Schwedische Ausstellung für Möbel- und Produktdesign mit recycelten Materialien
Designer	Emilia Lundgren und Karolina Wahlberg Westenhoff
Schriftart	Fotos von Buchstaben aus Müll – Magazine, Pappbecher und weggeworfene Verpackungen –, der auf der Straße aufgelesen wurde.
Farben	Mehrfarbig
Designkonzept	Das schwedische Wort „uppvunnet" bedeutet „upcycelt". Das drückt auch das Logo aus, da dafür verschiedene Teile anderer Grafikdesignentwürfe wiederverwendet wurden. Es wurde für Plakate, Einladungen und Websites genutzt. Da von vornherein klar war, dass es nicht in kleinen Formaten verwendet werden sollte, fielen viele Einschränkungen weg, die für das Design traditioneller Logos gelten. „Jede grafische Lösung, die die Müllmenge verringert und uns dazu zwingt, anstelle eines Computers unsere Hände zu benutzen, ist wichtig für die Umwelt und für unsere Zukunft", sagt Emilia Lundgren.

Wiederholung
spielt auf Wiederverwendung an

Kunde	Re:cycle
Markeninfo	Ausstellung über die Umweltverträglichkeit von Verpackungsdesign im designforum Wien
Agentur	Satellites Mistaken for Stars
Designer	Alexander Egger
Schriftart	Maßgeschneidert
Farben	Grün (PMS 376) und Schwarz
Designkonzept	Das Logo diente auch als Titel der Ausstellung und verwendet in der mittleren Zeile den vollen Namen, der eine zyklische Wiederverwendung symbolisiert, ohne das Klischee mit den Pfeilen strapazieren zu müssen. Die Schrift wurde so bearbeitet, dass sie wie schabloniert wirkt und einen provisorischen Charakter erhält. Die Anordnung der Wörter spielt auf die laufende Diskussion über Nachhaltigkeit an. Um für die Ausstellung zu werben, wurde das Logo als Basis für ein Muster verwendet, das eine Massenproduktion suggerieren soll. Papierbahnen, die mit diesem Muster bedruckt wurden, wurden um ein 3D-Modell des Logos und um Verkehrsschilder und Parkbänke in der Nähe des Ausstellungsortes gewickelt und anschließend für die Verwendung auf Plakaten und Einladungen fotografiert.

Spaß

Kunde	Go Green
Markeninfo	Die Sacred Heart Cathedral Preparatory School in Kalifornien wollte ihre Schüler dazu motivieren, sparsamer mit Papier umzugehen und mehr Umweltbewusstsein zu entwickeln.
Agentur	MINE
Designer	Christopher Simmons und Tim Belonax
Schriftart	MetroScript (modifiziert)
Farben	Grüntöne (PMS 343, PMS 367 und PMS 35)
Designkonzept	Da Go Green im Grunde genommen ein Claim und nicht der Name eines Produkts oder einer Dienstleistung ist, musste der typografische Stil Enthusiasmus ausstrahlen. Es bot sich an, das Logo visuell mit dem irischen Erbe der Schule zu verknüpfen und auf die Ähnlichkeit zwischen den traditionellen Recyclingpfeilen und den grünen Blättern populärer irischer Ikonografie zu verweisen. Das Ergebnis ist ein einprägsames Logo, das auf Recycling verweist, aber originell genug ist, um Klischees zu vermeiden.

Dynamik

Kunde	Garbage Critic
Markeninfo	Unternehmen, das andere Unternehmen und Regierungsbehörden bei der Abfallreduzierung berät.
Agentur	Seven25. Design & Typography
Designer	Isabelle Swiderski
Schriftart	Helvetica Light
Farben	Grün und Schwarz
Designkonzept	Die größte Herausforderung bestand darin, auf ansprechende Art zu vermitteln, was das Unternehmen macht. „Müll ist einfach nicht sexy", so Designerin Isabelle Swiderski. Nachdem sie auf die Idee gekommen war, ein Labyrinth als Symbol für das Logo zu verwenden, entwickelte sie eine Lösung, die „schlicht, präzise und ein kleines bisschen clever" ist – mit diesen Eigenschaften beschreibt sich auch das Beratungsunternehmen.

Clever

Frisch

Umwelt

Umwelt

Zeitgemäß

Clever

Kunde	WildCRU (Wildlife Conservation Research Unit)
Markeninfo	WildCRU wurde 1986 gegründet und ist die erste Forschungsstelle für Artenschutz an einer Universität; sie soll an der Oxford University die Lücke zwischen akademischer Theorie und praktischer Problemlösung schließen.
Agentur	Inaria
Creativedirector	Andrew Thomas
Designer	Andrew Thomas und Naomi Mace
Schriftart	Avenir (modifiziert)
Farben	Sienna (PS 1675) und Braun (PMS 7505)
Designkonzept	Inaria erhielt den Auftrag, das alte Logo (Schriftkreis um eine Holzschnittillustration mit einem Fuchs, der auf eine Feldmaus springt) durch ein zeitgemäßes zu ersetzen. Die Lösung bestand darin, Symbole für die Arbeit der Organisation mit der Form eines Fuchskopfes zu kombinieren, da der rote Fuchs aus dem alten Logo hohen Wiedererkennungswert besaß. Die serifenlose Schrift wirkt klar und frisch und ist damit „zeitgemäß". Zwei unterschiedliche Farben für den Namen der Forschungsstelle aus einem Wort und einem Akronym erhöhen die Lesbarkeit.

Harmonisch

Kunde	San Francisco Parks Trust
Markeninfo	Neuer, umweltfreundlicher Reitstall am Golden Gate Park
Agentur	MINE
Artdirectors	Christopher Simmons und Kate Earhart
Designer	Kate Earhart
Schriftart	[keine]
Farben	Hellgrün (PMS 390) und Braunschwarz (PMS Schwarz 7)
Designkonzept	Diese Designlösung erfüllt sämtliche klassischen Kriterien für ein Logo: Sie ist kompakt, aussagekräftig, schlicht, unverwechselbar und hat einen hohen Wiedererkennungswert. Pferdekopf und Blatt sind gekonnt in einen Kreis integriert, sodass ein schlichtes Logo entsteht, das das Thema vermittelt und problemlos in fast jedem Kontext verwendet werden kann. Es hat ausgewogene Proportionen und verwendet eine moderne, dezente Palette natürlicher Farben, die die Darstellung von parkähnlicher Umgebung und Harmonie mit der Natur noch verstärken.

Umwelt

Kunde	Hong Kong Wetland Park
Markeninfo	Geschütztes Feuchtland mit Besucherzentrum, zu dem auch Galerien, Auditorium, Ladengeschäft, Spielplatz und Informationszentrum gehören.
Agentur	Executive Strategy Ltd.
Artdirectors	Ng Lung-wai und Ben Poon Ho-sing
Designer	Jasmine Ho
Schriftart	Helvetica
Farben	Spektrum aus 20 Farbtönen, von Grün bis Rot
Designkonzept	Das visuelle System des geschützten Feuchtlandes muss die Vielfalt verdeutlichen und erklären, warum es unverändert bleiben muss. Jede Tier- und Pflanzenart des Feuchtgebiets ist sehr anpassungsfähig, aber erst die Interaktion der Spezies in diesem Lebensbereich macht es zu etwas Besonderem. Dies vermitteln die 20 Stempel, die die Tier- und Pflanzenarten darstellen: filigran – Empfindlichkeit des Feuchtlandes, einheitlich und stimmig – gegenseitige Abhängigkeit. Die Logostempel können von den Besuchern gesammelt werden und werden auch für Souvenirs und Drucksachen verwendet.

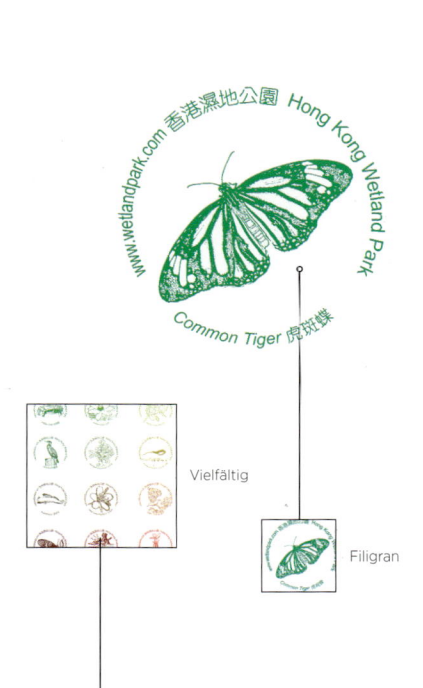

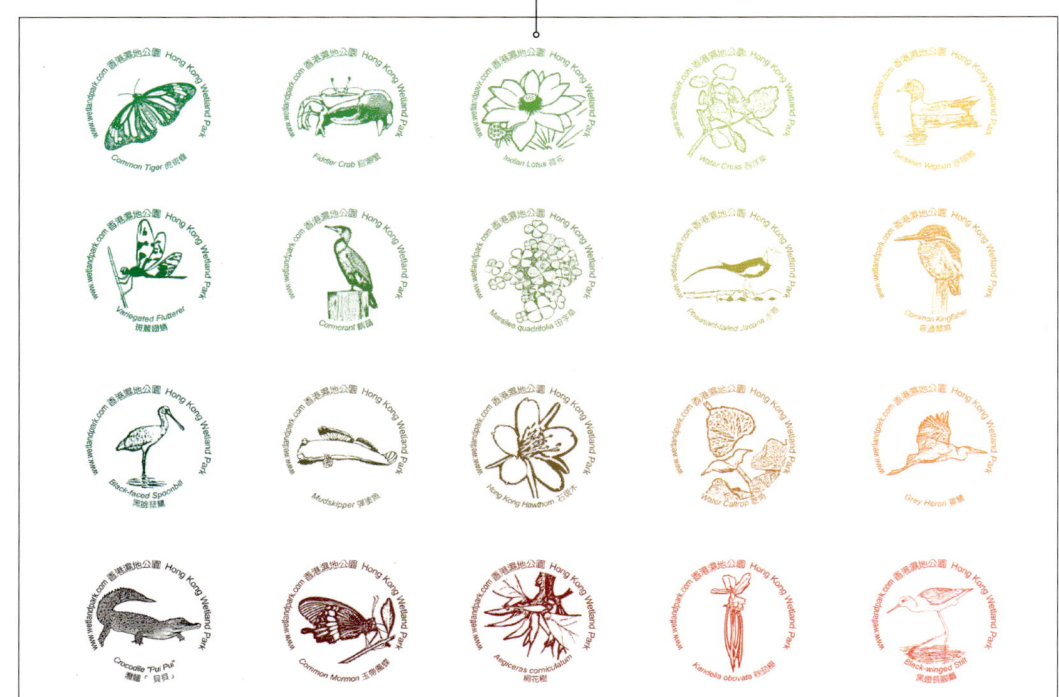

Vielfältig

Filigran

199

NORTH SHORE SPIRIT TRAIL
Das Brandmarken der Natur kann diese für den Menschen zugänglicher machen und mehr Verständnis für sie wecken.

Markeninfo Ein nachhaltiger Mehrzweckweg an der kanadischen Küste, der sich westlich von North Vancouver über 35 km nach Norden ziehen wird und von Fußgängern, Radfahrern, Skateboardern und Radfahrern genutzt werden kann.

Agentur Seven25. Design & Typography

Creative-director Isabelle Swiderski

Designer Nancy Wu

Schriftart Gotham

Farben Rot (PMS 7420) und Grau (PMS Cool Grey 11)

Designkonzept Das neue Logo sollte nicht nur für die verschiedenen Kommunen stehen, die den Weg anlegen, sondern auch eine Hommage an die Squamish Nation sein, einen dort ansässigen Indianerstamm, der bei der Entwicklung des Weges mitgewirkt hat. Zielgruppe des Logos sind sowohl Einheimische als auch Besucher, die den Weg als Freizeitmöglichkeit nutzen, und Menschen, die über diesen Weg zu ihrer Arbeitsstätte gelangen. Es musste also so flexibel sein, dass es für zahlreiche Anwendungen geeignet war, u. a. sollte es in Holz geschnitzt oder im Sandstrahlverfahren auf Felsgestein angebracht werden können. Die Designer wollten die für Touristenpublikationen typischen Indianerklischees vermeiden, suchten aber trotzdem nach Anregungen in der Indianerkunst und fanden eine geschlechtsneutrale Figur namens Stelmelxo (Slo Moh), was in der Sprache der Squamish „Mensch der Erde" bedeutet.

Die schlichte, von Hand gezeichnete Figur kombiniert die menschliche Gestalt, den Weg und den Buchstaben S, was für die schlichte Schönheit der freien Natur und einen gesunden Lebensstil steht.

Erfolgreiche Logodesigner sind dafür bekannt, dass sie selbst sehr gute Vorentwürfe verwerfen, wenn es darum geht, ein Konzept zu realisieren, das die strategischen Ziele der Marke erfüllt – in diesem Fall bestand das Ziel darin, mehr Leute zur Benutzung des Weges zu motivieren.

Das Logo musste von der Form her so einfach sein, dass es problemlos auf den natürlichen Materialien der Wegweiser (z. B. Holz und Stein) angebracht werden konnte und selbst aus einiger Entfernung noch zu erkennen war. Die androgyne Form wirkt zwar wie eine Kinderzeichnung, ist aber das Produkt langwieriger Experimente: Wie haben die Striche auszusehen, um den gewünschten Eindruck von Energie, Optimismus und Ausdauer hervorzurufen?

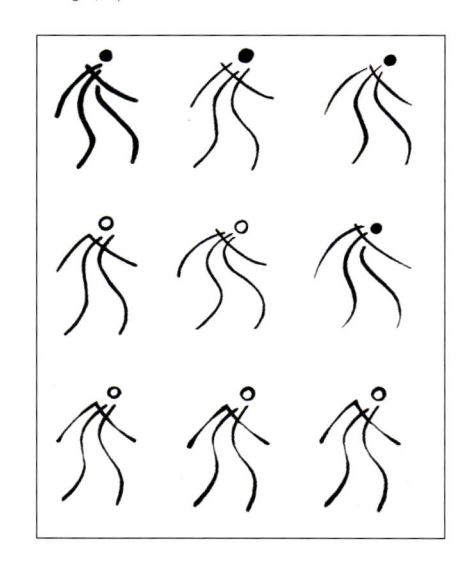

Ursprünglich

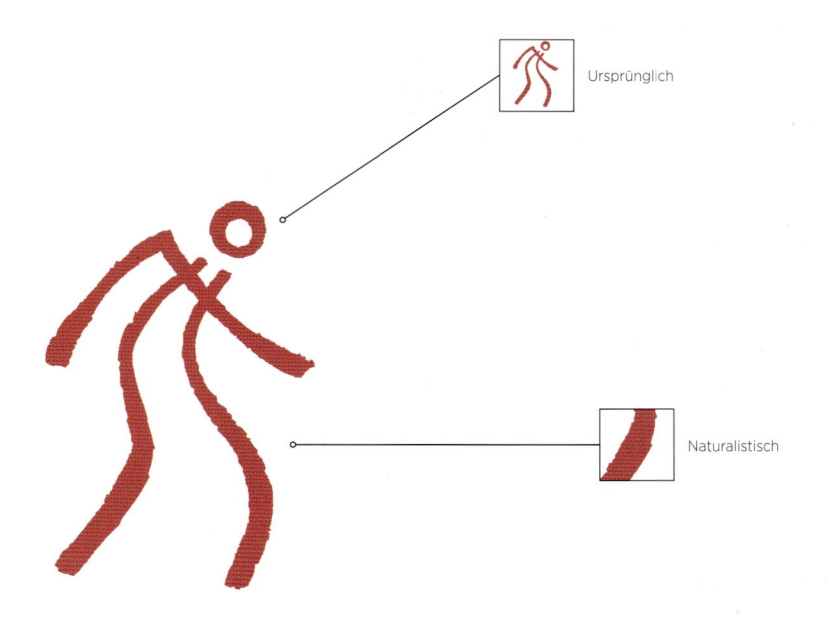

Naturalistisch

SPIRIT
TRAIL

Unter den verworfenen Entwürfen waren auch solche mit guten visuellen Ideen auf der Basis von Blättern, Fischen und Wegen. Hier kann man gut erkennen, wie die visuellen Experimente zum endgültigen Logo führten, das Anspielungen auf alle drei Komponenten enthält, aber wegen der eindeutig als Mensch zu erkennenden Figur ungleich emotionaler auf uns wirkt.

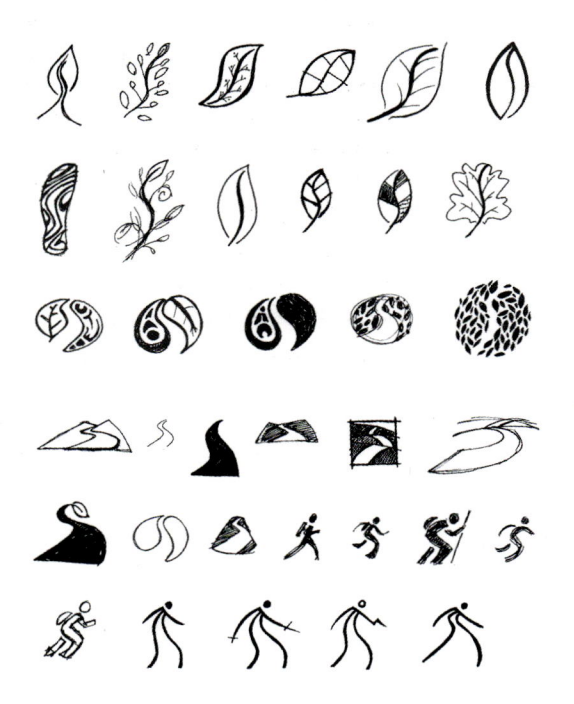

Umwelt: Fallstudie

FOKUS AUF ...

Als Gruppe gesehen demonstrieren die Beispiele der Seiten zuvor mehrere Trends des Logodesigns. Zunächst einmal wird deutlich, dass Logodesign in Ländern, die arabische, kyrillische, chinesische oder andere Alphabete benutzen, ein boomendes Geschäft ist. Für einen Designer bieten sich hier ungeahnte Möglichkeiten: Er kann mehrere Alphabete in ein Logo integrieren oder ein Logo entwickeln, das sich vorwärts und rückwärts genauso gut „lesen" lässt. Es bedeutet aber auch, dass multikulturelle Empfindlichkeiten so wichtig sind wie noch nie – Farben und Formen müssen auch dann stimmen, wenn sie von einem anders sozialisierten Augenpaar gesehen werden.

Gewisse Stiltrends der 1990er, wie der „Schichtenlook" oder der „konstruierte" Look, wobei Logos mit Grafiksoftware erstellt wurden und wie Pilze aus dem Boden schossen, scheinen aus der Mode gekommen zu sein. Dafür ist eine schlichtere Ikonografie zurückgekehrt, die sich, was Stil und Konzept angeht, mehr auf die Kommunikation einer Markenidee konzentriert als auf die bloße Zurschaustellung von Computerkenntnissen.

Einige Grundregeln des Logodesigns scheinen zwar nicht verworfen, aber zumindest dauerhaft geändert worden zu sein. Technologische Fortschritte und wechselnde kulturelle Vorlieben machen Konzepte, die früher undenkbar waren, zu etwas Alltäglichem. Ein Briefkopf mit 22 Farben? Kein Problem. Sieben Farbverläufe auf der Plane eines Lkw? Ein Mausklick genügt. Eine Schrift, die furchtbar schwer zu lesen ist? Das hat der Kunde so gewollt.

Trotzdem hat sich die DNA des Logodesigns im Grunde genommen nicht verändert. Es gibt immer noch Regeln, und für gewöhnlich schränken sie einen Designer nicht ein, sondern helfen ihm dabei, kreativ zu sein. Wenn man diese Regeln berücksichtigt, hat man es einfacher, den Designprozess erfolgreich auszuführen. Außerdem ist es dann wahrscheinlicher, dass der endgültige Entwurf alle Beteiligten zufrieden stellt.

203

... DIE FORM

Die meisten Logos haben eine der Grundformen wie Kreis, Dreieck, Quadrat, Rechteck, Kreuz, Stern, Wappen. Das ist allerdings keine so starke Reduzierung der Form, wie es auf den ersten Blick scheint. Unser Gehirn neigt dazu, alles was wir sehen, zu vereinfachen und in vertraute Kategorien einzuordnen. Nur so können wir unsere Umgebung verstehen. Diesen Mechanismus können sich Designer zunutze machen. Logos, die problemlos einer Formkategorie zugeordnet werden können, sind einprägsamer und werden schneller mit positiven Markenwerten assoziiert.

Erfahrene Designer wissen, dass diese Tendenz zur Kategorisierung bedeutet, dass jede Logoform eine Art Spitznamen vom Betrachter bekommt (auch unbewusst). Daher kann es der Marke nützen, wenn man der Zielgruppe ein Logodesign vorsetzt, das zu einer bekannten Kategorie und einem positiven Spitznamen tendiert. Logos, die krampfhaft versuchen, originell auszusehen, laufen Gefahr, einen ironischen oder abschätzigen Spitznamen zu erhalten. Im schlimmsten Fall kann dass die Konzepte und Werte der Marke ad absurdum führen. Berühmtberüchtigte Beispiele für solche Logos sind der „Fleischklops" der NASA, der „Kaffeefleck" von Lucent und das „Hakenkreuz" der Olympischen Spiele 2012 in London.

Ein Logo entsteht durch die Verknüpfung eines Bildzeichens mit einem Markennamen.

Organisch

Integrierend

Kunde	KAUST (King Abdullah University of Science and Technology, Saudi Arabia)
Markeninfo	International renommierte Forschungsuniversität mit Graduiertenprogramm, die ein neues Zeitalter wissenschaftlicher Pionierleistungen einleiten möchte.
Agentur	Siegel+Gale
Creativedirector	Justin Peters
Schriftart	Maßgeschneidert
Farben	Rot, Blau, Grün und Orangegelb
Designkonzept	Da der Islam die bildliche Darstellung von Menschen verbietet, ist fast die gesamte islamische Kunst ornamental. Daher sind abstrakte Logodesigns für diesen Kulturraum ideal. Anstatt auf etwas spezifisch Wissenschaftliches oder Technisches anzuspielen, gestalteten die Designer vier unregelmäßige Farbpunkte, die durch überlappende, konzentrische und auch unregelmäßige Kreise miteinander verbunden sind. Die vielen symbolischen Bedeutungen dieses Logos sind auf den ersten Blick erkennbar.

KAUST
King Abdullah University of
Science and Technology

Kunde	Iskandar Malaysia
Markeninfo	Region im Süden Malaysias, die sich innerhalb der nächsten Jahre zu einer nachhaltigen, umweltfreundlichen Metropole entwickeln möchte.
Agentur	Interbrand
Designer	Karen Leong
Schriftart	Maßgeschneidert
Farben	Wechselnde Palette selten verwendeter Farben, u. a. Orange, Aubergine, Türkis und Lime-Green
Design	Das Designbriefing für diese Entwicklungszone schrieb vor, dass die Kombination der Faktoren, die die Region so attraktiv zum Arbeiten, Investieren und Leben macht, hervorgehoben werden sollte. Die Dreiecke symbolisieren Ganzheit, Ausgewogenheit und Stabilität. Die darauf basierende visuelle Markenidentität ist modular und kann für ein flexibles Kommunikationssystem verwendet werden, das sich an unterschiedliche Zielgruppen anpassen lässt.

ISKANDAR
MALAYSIA

Dynamisch

Fokus auf ... die Form

Fokus auf … die Form

Allgemeingültig oder kulturspezifisch?

Haben Formen eine Bedeutung an sich? Ja und nein. Die Bedeutung, die wir Formen zuschreiben (bewusst oder unbewusst), ist in mancher Hinsicht allgemeingültig und damit „international", hängt aber auch von unserer eigenen Kultur ab. In fast allen Kulturen steht ein Kreis für die Fortdauer des Lebens, ein Stern für die Suche nach Macht oder für die Ewigkeit, ein Wappen für Stärke und Autorität. Die Bedeutung anderer Symbole dagegen kann kulturabhängig sein. Das bekannteste (und vielleicht extremste) Beispiel für eine kulturell definierte Bedeutung ist das Hakenkreuz (die Swastika). In Asien, im Mittelmeerraum der Antike und in Mesoamerika steht es für das ewige Leben und Fortune für tausend Jahre, im westlichen Kulturraum wird es vor allem mit dem Nationalsozialismus und dem Holocaust assoziiert.

Muss ein Logo eine feste Form haben? Muss es überhaupt eine Form haben? Was ist, wenn ein Logo ständig seine Form ändert und sich daher einer Kategorisierung widersetzt? Der österreichisch-italienische Designer Alexander Egger z. B. dekonstruiert die übliche Vorstellung eines Logos und seines Zwecks. Die Identity für die Marketingagentur redhot sieht vor, dass jeder Mitarbeiter das Logo selbst von Hand vervollständigt. Die Präsentation der Identity unterstützt das Markenkonzept, nach dem redhot eine kleine Firma ist, die individuelle Lösungen erarbeitet.

Das Hakenkreuz und der sechszackige Stern (Hexagramm) haben in Asien eine andere Bedeutung als in Europa oder Nordamerika. Die beiden Symbole auf dem Foto befinden sich auf einem mehrere Jahrhunderte alten Mandala aus Indien und stehen für Leben und Hoffnung.

Kunde	redhot
Markeninfo	Österreichische Marketing- und PR-Firma
Designer	Alexander Egger
Schriftart	Akkurat
Farbe	Rot (PMS 213)
Designkonzept	Jedes Mal, wenn ein Mitarbeiter von redhot eine Visitenkarte überreicht oder einen Brief verschickt, muss er das Logo von Hand vervollständigen. Die Initiale r und der Unterstrich definieren den Raum für diese Ergänzung und stellen eine Verbindung zwischen allen Mitarbeitern der Agentur her, was sicherstellt, dass sie alle Teil eines Teams sind. Dennoch sieht das Logo nie exakt gleich aus, sondern wird individuell geprägt.

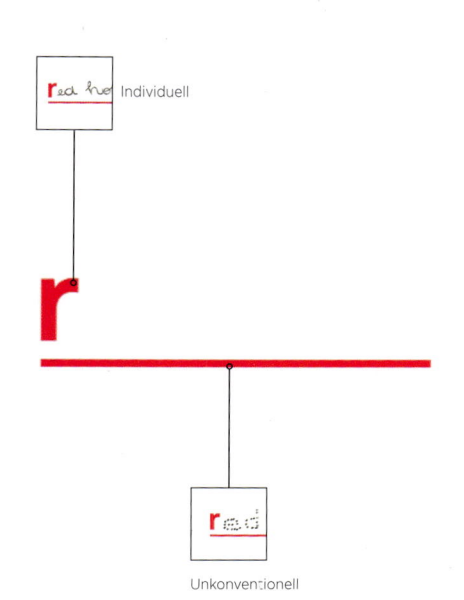

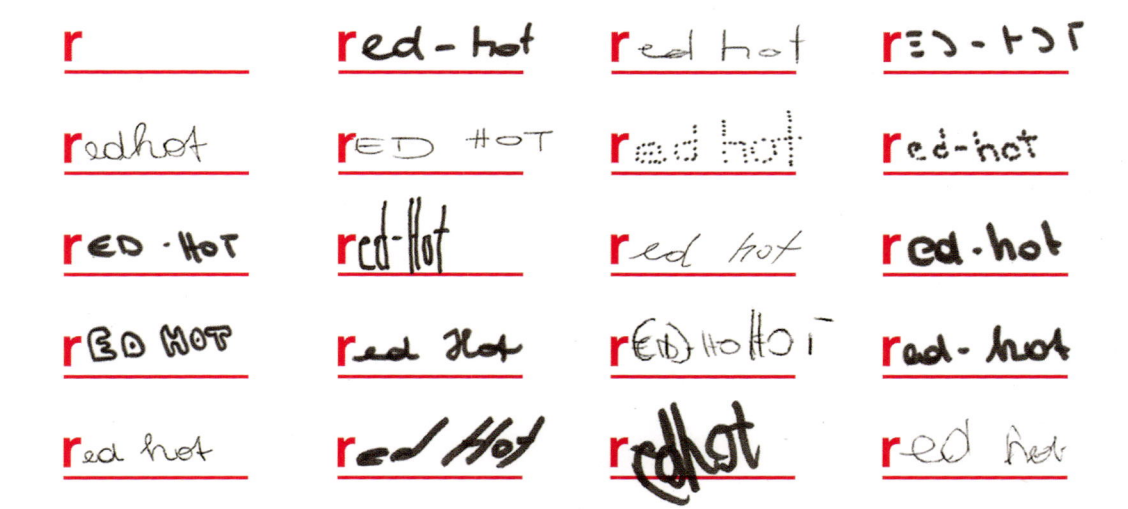

Individuell

Unkonventionell

Fokus auf ... die Form

Fokus auf … die Form

Die einfachste Grundform ist eine Line. Da sie so schlicht ist, kann sie nicht viel bedeuten und muss erst zu einer komplexeren Form werden, bevor daraus ein Logo wird. Die folgenden acht Grundformen haben allgemeingültige Bedeutung, einige davon können zudem kulturspezifische Bedeutungen tragen. Es gibt natürlich noch mehr Formen als die hier genannten. Menschen- und Tierformen sind im Logodesign sehr beliebt, genau wie Formen aus der Botanik, etwa Blätter. Doch viele dieser Formen werden so abstrahiert oder stilisiert, dass sie dann wie Kreise, Quadrate oder Dreiecke aussehen. Einige Logoformen lassen sich kaum einer bestimmten Kategorie zuordnen. Für unser Gehirn ist es einfacher, sich an etwas Bekanntes zu erinnern, aber fremde Formen sind dafür interessanter und daher auch einprägsamer.

Kreis

Runde oder angenähert runde Formen wirken besonders organisch. Mit Tiefe wirken sie ball- oder kugelförmig. Kreis und Kugel erinnern uns an Sonne und Mond, an Eier und Wassertropfen, und werden daher oft als Symbol für den Lebenszyklus verwendet. Abstrakter gesehen steht ein Kreis für den Wechsel der Jahreszeiten, die Weltgemeinschaft oder „Sphärenmusik". Bögen und Halbmonde – Teile eines Kreises – symbolisieren den Himmel oder fliegende Objekte und stehen für Sicherheit, Schutz, Vertrauen und Glauben. Eine liegende Acht ist ein Symbol für die Unendlichkeit.

Quadrat

In der Natur kommen Quadrate nur selten vor, sind aber die einfachste von Menschen gezeichnete Grundform. Quadrat und das räumliche Pendant Würfel stehen für Ordnung, Vernunft und Kontrolle über die Naturelemente. Das Rechteck, ein gestrecktes Quadrat, bildet die Grundlage fast aller zusammengesetzten Formen: Der von den alten Griechen entwickelte Goldene Schnitt gilt als Inbegriff von Ästhetik und Harmonie und findet sich in Kunst, Architektur und Grafikdesign der westlichen Hemisphäre immer wieder. Auch viele Schriften orientieren sich an Goldenen Rechtecken.

Dreieck

Egal, ob gleichseitig, rechtwinklig oder schiefwinklig, das Dreieck wird häufig verwendet, um konstruktive Spannung zu erzeugen. Die Natur zieht Paare und Kreise vor, daher versucht unser Gehirn unbewusst immer, eine dreieckige Form auf etwas Einfacheres zurückzuführen. Dreiecke und Pyramiden ziehen die Aufmerksamkeit auf sich und stehen für Autorität, Konflikt und Sexualität. In Form von Pfeilen dienen Dreiecke auch als Richtungsangaben.

Kreuz

Das Kreuz – zwei sich schneidende Linien – gehört zu den am häufigsten verwendeten Symbolen. In der Antike stand ein Kreuz für eine Straßenkreuzung, die vier Richtungen eines Kompasses und die Abstraktion des menschlichen Körpers. In vielen Kulturen symbolisiert ein Hakenkreuz – für sich allein oder in Kombination mit einer Zickzacklinie kombiniert – den Fortbestand des Lebens und Glück. In westlichen Kulturen ist ein aufrechtes Kreuz das Symbol für den christlichen Glauben.

Fokus auf ... die Form

Stern

Fünf, sechs, sieben, acht ..., egal wie viele Zacken sie haben, Sterne stehen für Romantik und Inspiration und werden gern für Logos und Markenzeichen verwendet. Sterne sind ein Symbol für Ewigkeit, Hoffnung, Energie, Glaube, Freiheit und die Suche nach dem Leben. Die häufige Verwendung dieser Form und ihre zum Teil voneinander abweichenden oder sogar gegensätzlichen Bedeutungen machen Sterne zum vielleicht widersprüchlichsten aller Symbole.

Raute, Pentagon und Hexagon

Manche Rautenformen sind Quadrate oder Parallelogramme, die um 45° gedreht wurden, andere wiederum unregelmäßige Pentagone, die aussehen wie geschliffene Edelsteine. Die symbolische Bedeutung von Rauten ist in der Regel eher kulturspezifisch, doch sie stehen oft für Kultiviertheit, Qualität oder Luxus. Da sich Hexagone zu einem Wabenmuster zusammensetzen lassen, können sie zur Darstellung von Netzwerken oder sozialen Strukturen verwendet werden.

Spirale

Der Schnitt einer Nautilusmuschel ist wegen seiner ausgewogenen Proportionen und mathematischen Gesetzmäßigkeit eine beliebte Illustration, doch es gibt noch andere Arten von Spiralen. Ihre Form fasziniert uns. Spiralen oder Schneckenlinien können vieles bedeuten: die Unendlichkeit, das Geheimnis des Lebens, die natürliche Ordnung des Universums oder die erhabene Schönheit der Natur.

Wappen

Das Wappen ist die Grundform, die am „künstlichsten" auf uns wirkt. Wappen oder Schilde kommen in vielen Varianten vor und stammen aus der Heraldik. Sie sind häufig eine Mischung aus Quadraten, Dreiecken und Kreisen und stehen für Sicherheit, Schutz, Stärke und Autorität. Interessanterweise werden sie häufiger mit Frieden als mit Konflikten assoziiert. Das menschliche Gesicht hat im Grunde genommen eine Wappenform.

... DIE FARBE

Obwohl die Verfahren zur Reproduktion von Farben heute so weit fortgeschritten sind, dass fast alle Farbtöne oder Verläufe auf fast alle Arten von Oberflächen gedruckt werden können und LCD- und Plasmabildschirme über eine unglaublich hohe Sättigung und Helligkeit verfügen, werden viele Logos immer noch in schlichtem Schwarz-Weiß entworfen.

Manchmal gibt es dafür einen guten Grund – in einigen Kontexten wie beim Telefax oder in Lowtechdigitalanzeigen gibt es immer noch technische Einschränkungen für Farbe –, aber meist wird ein Logo aus ästhetischen Gründen in Schwarz-Weiß gestaltet. Zahlreiche Beispiele in diesem Buch zeigen, dass ein einfarbiges Logo, das aufgrund des starken Hell-Dunkel-Kontrasts schlicht und modern wirkt, manchmal die beste Lösung darstellt.

In weitaus mehr Fällen ist eine Schwarz-Weiß-Version nur der Ausgangspunkt für eine Reihe farbiger Anwendungen und Varianten. Viele erfahrene Designer beginnen die Entwicklung eines Logos damit, dass sie ihre Ideen mit Bleistift skizzieren und versuchen, die optimale Form und Anordnung des Logos zu finden, ohne sich von Textur, Farbe, Räumlichkeit oder Typografie ablenken zu lassen. Und viele Designer sind nach wie vor der Meinung: Wenn ein Logo nicht in Schwarz-Weiß funktioniert, funktioniert es auch nicht in Farbe. Andererseits gibt es zahlreiche Logos in diesem Buch, die nur deshalb funktionieren, weil sie farbig sind. Würde man sie einfarbig drucken, ginge ein entscheidendes Element ihrer gelungenen Gestaltung verloren. Allerdings gibt es auch viele Designer, für die der Designprozess nicht mit der Form, sondern mit der Farbe beginnt – bei ihren Logos zählt dann eben nicht die Form, sondern die Farbkomposition.

Designer wählen Farben aufgrund ihrer Bedeutung und der damit verbundenen Assoziationen aus, um damit eine Geschichte zu erzählen und eine Erfahrung zu schaffen. Es versteht sich von selbst, dass es kein allgemeingültiges Konzept gibt, um alle Designaspekte in allen Kontexten umsetzen zu können. Ein Designer muss wissen, welche Rolle Farbe spielt, damit gewährleistet ist, dass ein Logo seinen Zweck erfüllt und ein Markenkonzept visuell ausdrücken kann.

Fokus auf ... die Farbe

Wordmark Refinement

Farbdefinition

Hier geht es um die Festlegung der Farbanteile für die einzelnen Elemente des Drachens, damit Helligkeit, Tonwert, Konsistenz und Sättigung stimmen und eine optimale Druckqualität erzielt werden kann.

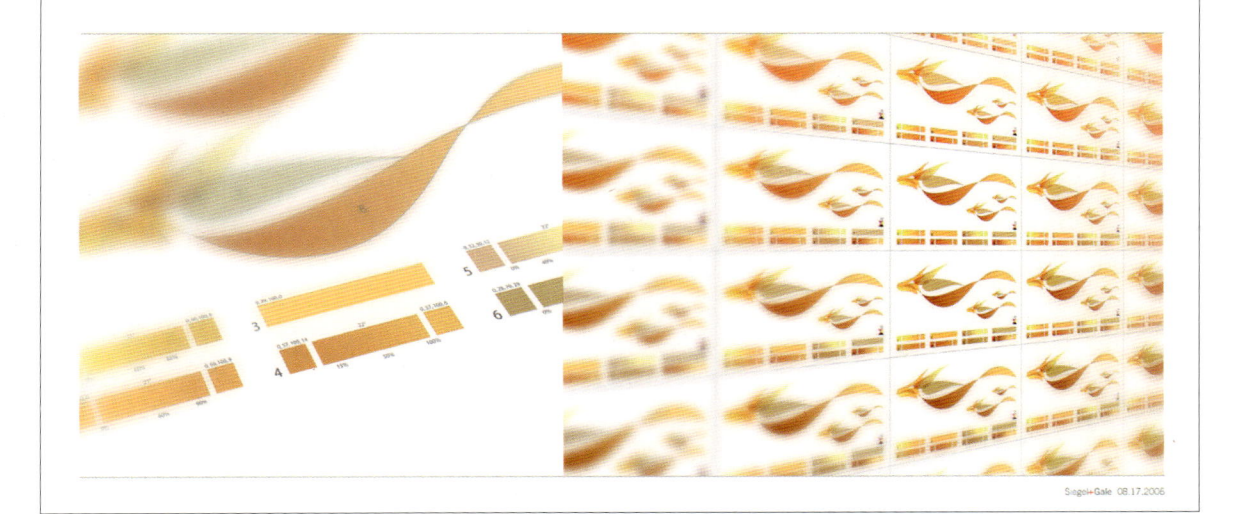

Um für die Wiedererkennung der Marke zu sorgen, müssen für alle Kontexte, in denen das Logo reproduziert werden soll (Print, Video, Kunststoff oder Leuchtwerbung), genaue Farbspezifikationen erarbeitet werden. Eine genaue Übereinstimmung über alle Medien hinweg wird in vielen Fällen unmöglich sein. Daher muss die bestmögliche Annäherung ausgewählt werden, mit der sich der richtige Gesamteindruck erzielen lässt. (Siehe Fallstudie Agility, S. 170–173.)

Fokus auf ... die Farbe

In der abendländischen Kunst setzten Maler von der Renaissance bis zum Expressionismus Farbe ein, um Stimmungen zu erzeugen, den Eindruck von Tiefe oder Volumen hervorzurufen und um sich kreativ zu äußern. Die Kenntnis dieser Verfahren wird jedem Designer bei der Gestaltung erfolgreicher Logos helfen.

Farben können als warm (Rot-, Orange-, Gelbtöne) oder kalt (Blau-, Grün-, Violetttöne) kategorisiert werden. Schwarz und Weiß sind neutrale Modifikatoren, die eigentlich nicht als Farben gelten. In der Renaissance wurde erstmals untersucht, wie man die Wahrnehmung der Farben nutzen kann, um einem Bild Tiefe zu verleihen. Warme Farben scheinen aus der Bildebene hervorzutreten, während kühle Farben in den Hintergrund treten. Objekte, die uns, räumlich gesehen, näher sind, sehen so aus, als hätten sie kräftigere, gesättigtere Farben. Objekte, die weiter entfernt sind, wirken blasser und gedämpfter in der Farbe. Bei der Gestaltung eines Logos mit mehreren Farben, Farbverläufen oder Farbwechseln sollte man diese Regeln berücksichtigen, um die gewünschte Wirkung zu erzielen.

Leider kann nicht jede Farbe, die in der Natur vorkommt, auf Papier und Kunststoff oder auf einem Bildschirm reproduziert werden, und die Farbtöne einer farbgebenden Methode – Designer nennen das „Farbräume" – müssen nicht notwendigerweise auch in allen anderen verfügbar sein. Zum Glück gibt es mehrere Systeme, die Designer bei der Farbnachstellung unterstützen; das Pantone Matching System® (PMS) ist das bekannteste. Für Pantone-Farben gibt es Spezifikationen für Schmuck- und Prozessfarben sowie für Industriefarbstoffe und Computervideos, mit denen sich die meisten Logofarben so genau wie physikalisch möglich in allen Medien darstellen lassen.

Eine visuelle Markenidentity nutzt Farbe, um für Wiedererkennung zu sorgen, eine Geschichte zu erzählen, einen bestimmten Eindruck zu erzeugen und den Betrachter dazu zu bringen, an einer Veranstaltung teilzunehmen oder ein Produkt zu kaufen.

Genau wie Formen haben auch Farben sowohl eine allgemeingültige als auch eine kulturspezifische Bedeutung. Außerdem wurde festgestellt, dass Farben eine physiologische Wirkung haben: Blautöne beruhigen, Rottöne erhöhen den Blutdruck etc. Bestimmte Farben können mit bestimmten persönlichen Erfahrungen in Verbindung gebracht werden, und einige Kulturen schreiben Farben mystische Fähigkeiten zu. Die Zusammenstellung von zwei oder mehr Farben in einer bestimmten Kombination bildet häufig die Grundlage für eine visuelle Farbensprache, eine Farbpalette, die in eine Markenidentity integriert werden kann, um neue Inhalte zu schaffen und die Marke im Kopf der Kunden zu „verankern".

Kunde	Legal Aid Society
Markeninfo	Eine der größten Rechtsberatungen in New York; sie vertritt jedes Jahr Tausende Mandanten vor Zivil-, Straf- und Jugendgerichten.
Agentur	Siegel+Gale
Creativedirector	Doug Sellers
Seniordesigner	Jong Woo Si
Strategiedirector	Jenifer Brooks
Schriftart	Today Sans
Farben	Mehrfarbig
Designkonzept	Eine neue Identity sollte den Mitarbeitern der Legal Aid Society ein positiveres Image in den Medien verschaffen. Um zu vermitteln, wie die Organisation ihren Mandanten hilft und welchen Dienst sie der Gesellschaft erweist, gestalteten die Designer eine Art Teppich aus bunten Formen, die für die Vielfalt und die komplexen Anliegen der Mandanten stehen. Das modulare System des Logos kann problemlos für das Layout von Drucksachen, Printwerbung und Websitedesign verwendet werden.

Vielfalt

Komplexität

Durchsetzungsfähig

Kunde	GLAAD (The Gay and Lesbian Alliance Against Defamation)
Markeninfo	Gruppe für Presse und Lobbyarbeit, die für eine gerechte Darstellung ihrer Mitglieder in den Medien kämpft.
Agentur	Lippincott
Artdirector	Connie Birdsall
Designer	Jenifer Lehker, Brendán Murphy und Matt Calkins
Schriftart	Futura Extra Bold
Farben	Blau, Orange, Grün und Magenta (Prozessfarben)
Designkonzept	GLAAD brauchte ein schlichtes, einprägsames Logo, mit dem es sich als Medienorganisation der Schwulen-, Lesben- und Transidentenbewegung darstellen konnte. Das Ergebnis drückt aus, dass sich die Organisation als Stimme der Bewegung versteht, und spielt auf einen bekannten Kommunikationsverstärker an, das Megafon. Das Logo suggeriert Bewegung, Wachstum und Dynamik, die sich wie die Wellenkräusel in einem Teich ausbreiten. Die vier Versionen des Logos stehen für die Vielfalt, die Energie und das Engagement der Bewegung und sind so flexibel, dass sie für eine große Bandbreite an Themen verwendet werden können.

Anpassungsfähig

Fokus auf ... die Farbe

Fokus auf ... die Farbe

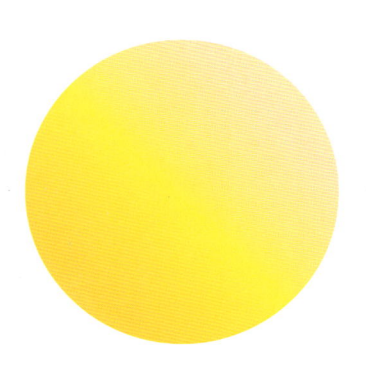

Rot

Rot ist die Farbe mit der kürzesten Wellenlänge und für Auge und Gehirn am anstrengendsten. Rot ist die Farbe von Blut, frischem Obst und der aufgehenden Sonne: Es steht für Macht, Leidenschaft und Lebenslust. Rot schreit nach Aufmerksamkeit. Ein rotes Logo suggeriert Selbstvertrauen und dominiert seine Umgebung. Rot steht für Dringlichkeit und wird daher sowohl vom Roten Kreuz als auch vom Roten Halbmond benutzt. In China ist Rot die Farbe des Glücks und des Wohlstands und kann Erfolg anziehen. Im Osten wird Rot häufig von Bräuten getragen, dagegen ist es in Südafrika eine Trauerfarbe. In Russland führten die Bolschewiki eine rote Fahne, seitdem wird Rot mit dem Kommunismus assoziiert. Varianten von Rot sind Magenta und Rosa. Sie werden ebenfalls mit Liebe, Leidenschaft und Intimität assoziiert.

Orange

Orange ist eine warme, sonnige Farbe – in der Mitte zwischen Rot und Gelb – und vereint daher viele Assoziationen dieser beiden in sich. Es ist fröhlich, aber auch beruhigend. Orange ist die Farbe vieler Blumen und Lebensmittel. Ihre Symbolik ist kulturspezifischer als die von Rot. In den USA wird Orange mit Halloween in Verbindung gebracht, in islamisch geprägten Kulturen färben Männer ihren Bart orange als Zeichen dafür, dass sie die Hadsch vollzogen haben, in Irland und der Ukraine kann Orange politische Bedeutung haben. Daher hat Orange als Logofarbe einen gewissen Unsicherheitsfaktor, wenn das Logo weltweit verwendet wird. Varianten von Orange sind z. B. Bernstein, Beige und Braun (siehe rechts), die jeweils eine eigene Symbolik haben.

Gelb

Gelb ist eine warme Farbe und ein Eyecatcher. In der Natur kommt sie (zusammen mit Schwarz) als Warnzeichen vor. Kulturell gesehen ist diese Farbe vielschichtiger in ihrer Bedeutung als Rot oder Orange. Es überrascht vielleicht, aber Untersuchungen haben ergeben, dass Gelb eine beruhigende Farbe ist. In den Werken Shakespeares (und für viele Menschen aus dem westlichen Kulturkreis) ist Gelb die Farbe der Feigheit, während es in Japan mit Mut assoziiert wird. Da Gelb der Farbe von Gold ähnelt, ist es traditionell die Farbe indischer Händler. Für Designer kann Gelb ein Problem sein, da es vor einem weißen Hintergrund manchmal nur schwer zu erkennen ist: Eine gelbe Linie muss an eine dunklere Farbe angrenzen, wenn sie wirken soll.

Grün

Grün ist die Farbe, die in der Natur am häufigsten vorkommt. Es wirkt beruhigend und wird häufig eingesetzt, um Harmonie, Ausgewogenheit, Ruhe, Stabilität und natürlich die Natur selbst zu symbolisieren. Grün ist der Favorit, wenn es um Bioprodukte geht. In islamisch geprägten Kulturen wird Grün als eine reine Farbe angesehen und symbolisiert daher den Islam. Da US-Banknoten traditionell grün sind, ist Grün für viele in diesem Kulturkreis „die Farbe des Geldes". Varianten von Grün – Avocado, Olive, Limone, Chartreuse etc. – haben jeweils eigene Assoziationen, von denen einige ziemlich schnell in und aus der Mode kommen. Diese Töne sollten mit Bedacht verwendet werden.

Fokus auf ... die Farbe

Blau

Dunkelblau dürfte die beliebteste Logofarbe sein und hat die längsten Wellenlängen. Blau ist die Farbe, die am beruhigendsten wirkt. Zu viel Blau kann allerdings deprimierend wirken und „den Blues" verursachen, obwohl Hellblau in einigen Kulturen als fröhliche Farbe gilt. In vielen Teilen der Welt steht Blau für Autorität, Würde und Stolz. Sie wird von vielen mit Intelligenz in Verbindung gebracht und wegen ihrer Assoziationen zu Stabilität und Konservatismus als „Firmenfarbe" gesehen (der Spitzname von IBM ist Big Blue). Helleren Versionen von Blau wie Cyan und Türkis werden mitunter symbolisch für Zauberei verwendet.

Violett

Violett war früher eine seltene Farbe und wurde bei der Herstellung wertvoller Stoffe verwendet. Im Laufe der Zeit wurde Violett daher mit Reichtum und Macht assoziiert, eine Bedeutung, die auch heute noch gilt. Violett – eine Mischung aus Blau und Rot – ist eine leidenschaftliche Farbe, in der Sinnlichkeit und starke Gefühle mitschwingen. Viele violette Pflanzen wirken sehr fragil, etwa Veilchen, Iris und andere Blumen. Zartlila und hellere Varianten von Violett stehen für Schwäche und Gebrechlichkeit, daher werden sie nur selten für Logodesigns verwendet, es sei denn, man kombiniert sie mit kräftigeren Farben.

Braun

Braun ist die Beimischung aller Farben. Die auf dem Farbrad sich jeweils gegenüberliegenden Farben (Violett/Gelb, Blau/Orange, Grün/Rot) ergeben Braun, wenn man sie mischt. Die „Schlammfarbe" eignet sich überraschend gut für Logos, da sie wärmer ist als Schwarz, aber zu allen Farben passt. Abgesehen von den naheliegenden Assoziationen zu Erde kann damit ein Gefühl von Authentizität vermittelt werden. Braun ist die Farbe von Kaffee und Schokolade und steht für Reichtum, Luxus und Genuss. Darüber hinaus wird es auch häufig und gerne für Themen mit Bezug auf Afrika verwendet.

Schwarz, Weiß und Grau

Wie bereits erwähnt, sind Schwarz und Weiß eigentlich keine Farben, sondern Farbtöne, die andere Farben verändern. In der Praxis sind sie jedoch in fast jedem Logo als Farbe zu finden, entweder als grafisches Element oder als Negativraum. Grau ist ein hervorragender Begleiter für andere Farben, insbesondere die leuchtenden. Da Grau neutral ist, hat es nur wenig eigene Bedeutungen. Daher kann es eine unterstützende Rolle spielen und der anderen Farbe erlauben, die Hauptrolle zu spielen und den Ruhm einzufahren. In Kombination mit anderen Farben können Grautöne warm oder kühl wirken, sodass sie sich hervorragend als Ergänzung einer Farbpalette eignen.

... DIE SCHRIFT

Schrift wird auch die „Stimme" des Textes genannt. Typografie ist die Kunst, Schriftarten oder Schriftschnitte so auszuwählen, dass sie den Zweck und die Aussage des Textes oder der Wörter verstärken und dadurch den Inhalt/die Botschaft mithilfe der Empfindungen verstärken, die durch die Form der einzelnen Buchstaben und den Gesamteindruck der Wörter beim Leser ausgelöst werden.

Jede Schriftart vermittelt dem Leser etwas Anderes. Klassische Antiquaschriften wirken kultiviert, einfache, moderne Schriften sind nüchtern und direkt, kalligraphische Buchstaben wirken romantisch und verspielt, während Computerschriften meist einen unkonventionellen oder technischen Eindruck hinterlassen.

Die Schriften des lateinischen Alphabets tragen eine Menge historischer und kultureller Bezüge mit sich herum, der ihre Persönlichkeit beeinflusst. Serifen (die kleinen Füßchen am Ende der Buchstabenstriche) stammen aus der römischen Antike. Frakturschriften wurden im Mittelalter auf der Basis der Handschrift von Gelehrten entwickelt. Der Modernismus des 20. Jahrhunderts versuchte, Serifen entweder ganz zu vermeiden oder sie maßlos zu übersteigern, und entwickelte darüber hinaus unzählige Fancyschriften zur Verwendung in großen Schriftgraden. Die Computerrevolution der 1980er und 1990er führte dann zu einer weiteren Explosion experimenteller Schriften, die alle eine eigene, sehr ausgeprägte Persönlichkeit besaßen, manchmal aber auch an die Grenzen der Unleserlichkeit gingen.

Für andere Schriftsysteme wie das Kyrillische und das Arabische scheint es weniger stilistische Optionen zu geben, was sich jedoch ändern lässt. Für neue lateinische Fonts ist das arabische Äquivalent zwar nicht immer in digitaler Form verfügbar, doch für ein Logoprojekt kann ein Schriftendesigner in der Regel mit vertretbarem Zeitaufwand etwas Vergleichbares entwickeln. Chinesische Zeichen bieten aufgrund ihrer Komplexität weniger Möglichkeiten, mit den Formen zu spielen, doch seit den 1990ern ist die Zahl verfügbarer Schriften enorm angestiegen.

Wie die Logodesigns auf den vorhergehenden Seiten deutlich machen, stehen einem Logodesigner unzählige typografische Möglichkeiten zur Verfügung. Um die passende Schriftart für ein Logo auszuwählen, muss sich ein Designer mit einer großen Bandbreite von Schriften auskennen, ihren Charakter und ihre Wirkung beurteilen können und in der Lage sein, die Vorgaben des Designbriefings typografisch umzusetzen.

Häufig experimentieren Designer mit einem bereits vorhandenen Font – eine populäre Standardschrift oder etwas „Exotischeres" von einem unabhängigen Schriftendesigner – und modifizieren dann einige der Buchstaben, damit sich der Schriftzug leichter integrieren lässt, lesbarer wird oder besser zum gewünschten Charakter der Marke passt.

Solche Änderungen scheinen zwar eine einfache Sache zu sein, aber genau genommen braucht man dazu solide handwerkliche Fähigkeiten und viel Gefühl für die Feinheiten von Buchstaben, deren Integrität und Tradition. Mit etwas Anleitung und Übung können sich jedoch die meisten erfahrenen Designer an solche Änderungen wagen.

Nicht nur die Buchstaben selbst, auch die Abstände zwischen ihnen lassen sich verändern. Computer sind bekannt dafür, dass sie den Zeichenstand nur selten so optimal darstellen, dass das Auge Freude daran hat. Man braucht viel Übung, um die Probleme zu erkennen und zu wissen, wie sie sich beheben lassen.

Wenn sich der richtige typografische Look nicht unter den zahlreichen „fertigen" Computerfonts findet, kann man auch eine analoge Schriftart digitalisieren oder einen Designer mit der Entwicklung eines Fonts für ein Logoprojekt beauftragen.

Das Wichtigste ist jedoch, Buchstaben als das zu sehen, was sie sind: komplexe, sorgfältig erarbeitete Symbole, die nicht nur einen Laut oder eine Idee vermitteln, sondern einen Charakter, der von Geschichte und Kultur bestimmt ist.

Die faszinierende Geschichte der gedruckten Schrift beginnt mit dem Nachahmen handgeschriebener Buchstaben und ist inzwischen beim Design moderner Schriftarten angelangt, die auf geometrischen Konstruktionen, theoretischen Ansätzen zur Lesbarkeit oder schlicht persönlichen Vorlieben basieren. Lateinische, kyrillische und griechische Schriften, mit denen früher die europäischen Sprachen gesetzt wurden, kann man im Wesentlichen in vier grobe Kategorien einteilen: Klassische Serifenschriften, moderne serifenlose Schriften, Schreibschriften und grafisch konstruierte Schriften. Andere Alphabete (u. a. Arabisch, Hebräisch, Gudscharati und Thai) und Schriftsysteme (wie chinesisch, japanisch und koreanisch) zeigen eine vergleichbare Vielfalt an Stilen, angefangen bei solchen, die auf Pinsel- oder Federstrichen basieren, bis hin zu solchen mit einem modernen, mechanisch hergestellten Look.

Serifenschriften

Serifen sind die kleinen Füßchen und Häkchen an den Enden der Buchstabenstriche. Diese Schriftarten basieren auf den in Stein gehauenen Inschriften des antiken Rom und wurden erst später, im Mittelalter, durch Kleinbuchstaben ergänzt. Sie vermitteln klassische Eleganz, Kultiviertheit und Gelehrsamkeit und eignen sich hervorragend zum Lesen von Text. Da aber viele Computerschriften mit Serifen nicht für die Verwendung in größeren Schriftgraden geschnitten wurden, sind sie für Logodesigns zumeist nicht ideal. Serifenschriften können als Basis für einen individuellen Schriftzug verwendet werden, wenn der Typograf den Zeichenabstand manuell anpasst, Haar- und Grundstriche optimiert, Serifen auslässt, wenn sie sich berühren, und andere Elemente verändert oder verschwinden lässt, damit das Wort als Ganzes so stimmig und ansprechend wie möglich aussieht.

Serifenlose Schriften

Diese Fonts entstanden im Zuge des Modernismus im frühen 20. Jahrhundert und wirken in der Regel nüchterner und moderner als Serifenschriften. Sie machen einen zeitgemäßen, internationalen Eindruck, wirken manchmal allerdings etwas steril, wenn man sie mit Serifenschriften vergleicht. In großen Schriftgraden hält man serifenlose Schriften in der Regel für lesbarer als Serifenschriften. Aber das kann durchaus auch kulturell bedingt sein kann und muss nicht zwangsläufig etwas mit der Qualität der Schrift zu tun haben.

Schreibschriften

Egal, ob elegante Kalligrafie oder schnell hingeworfene Kritzelei, Schreibschriften reproduzieren Handschriften – oder tun zumindest so. Der Eindruck einer Handschrift entsteht durch die Ligaturen, die die einzelnen Buchstaben miteinander verbinden. Schreibschriften wirken sehr individuell und vermitteln Schnelligkeit und Zweckmäßigkeit. Sie können sehr gut aussehen, sollten für Logos aber nur mit Bedacht verwendet werden, da die Lesbarkeit von Schreibschriftarten kulturell abhängig sein kann.

Grafisch konstruierte Schriften

Dekorative Displayschriften – egal, ob handgezeichnet oder mechanisch konstruiert – sind seit dem Industriezeitalter sehr beliebt bei Grafikdesignern. Schriften, die nur aus geometrischen Formen oder Zierelementen bestehen, beugen sich nicht der strengen Disziplin klassischer Schriften, sondern stellen die kreative Idee in den Vordergrund. Obwohl deshalb Zugeständnisse an die Lesbarkeit gemacht werden müssen, eignen sich solche Schriften mit ihrem individuellen Charakter gut für einprägsame Logos, deren stilistische Stärken mehr Gewicht haben als andere Überlegungen.

ABCDEFGHIJKLMN
opqrstuvwxyz 123456 7

Serifenschrift: 50 p Adobe Garamond Regular

ABCDEFGHIJKLMN
opqrstuvwxyz 12345

Serifenlose Schrift: 50 p Berthold Akzidenz Grotesk Regular

ABCDEFGHIJKLMN
opqrstuvwxyz 1234567890

Schreibschrift: 50 p Metroscript

ABCDEFGHIJKLMN
opqrstuvwxyz 123

Grafisch konstruierte Schrift: 50 p Eviltype Light

Fokus auf ... die Schrift

... ALTERNATIVE FORMATE

Wie wir bereits gesehen haben, bestehen die meisten Logos aus einem Bildzeichen und einem Schriftzug/Namen (unter Umständen mit einer Erweiterung, Übersetzung oder Untermarke), die so angeordnet sind, dass die Kombination optisch ansprechend wirkt. Manchmal werden die beide Elemente so ineinander verschachtelt, dass es im Grunde genommen nur eine einzig mögliche, naheliegende Lösung dafür gibt, doch weitaus öfter gibt es mehrere Möglichkeiten. Designer tun gut daran, mehr als nur eine davon zu berücksichtigen, wenn es darum geht, wie man ein Logo am besten in unterschiedlichen Kontexten präsentiert.

Diese Layouts werden manchmal als „Lock-ups" bezeichnet, ein altmodischer Ausdruck aus der Drucktechnik (die fertigen Druckformen wurden früher „geschlossen", d. h., in einen Schließrahmen eingesetzt), der sich darauf bezieht, dass die endgültige Anordnung der verschiedenen Elemente nicht mehr angerührt werden sollte, vor allem nicht von Leuten, die nichts mit dem Design zu tun haben. Für ein und dasselbe Logo kann es durchaus mehrere Layouts für unterschiedliche Kontexte geben, bei denen aber eine gewisse Logik und Konsistenz beachtet werden muss und zudem gilt, dass sie den Kunden nicht verwirren dürfen.

Der Kontext, in dem ein Logo erscheint hat Einfluss darauf, wie Bildzeichen und Schriftzug am besten angeordnet werden. Als Briefkopf funktioniert in der Regel ein kompaktes Logo in einem rechteckigen Format sehr gut. Über einer Tür, auf einem Werbebanner, in einem Stadion oder auf einer Website bringt ein horizontaler Streifen die Größe der Schrift am besten zur Geltung. Einige Beschilderungssituationen erfordern unter Umständen eine sehr hohe, schmale Anordnung. Festzulegen, in welchen Kontexten ein Logo verwendet werden wird, ist ein wichtiger Teil des Logodesignprozesses.

Zielgruppen in verschiedenen Ländern sind auch unterschiedlich empfänglich für visuelles Branding. Menschen, die in mediengesättigten Märkten leben, haben sich daran gewöhnt, Markenidentitys schnell aufzunehmen, und werden ein Logo, bei dem das Bildzeichen dominiert oder sogar allein steht, schnell erkennen. In Regionen, in denen Branding noch nicht so verbreitet ist, kann es notwendig sein, den Namen/den Schriftzug zu betonen und das Bildzeichen als sekundäres Element des Logos zu behandeln. Die auf der nächsten Seite gezeigten Beschilderungsoptionen für die Marke Agility sind ein gutes Beispiel dafür.

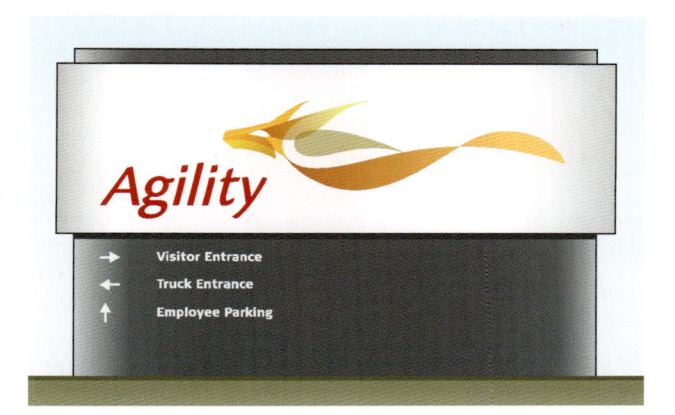

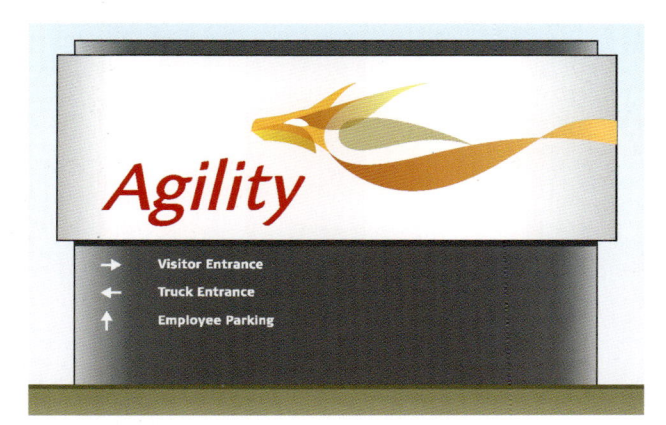

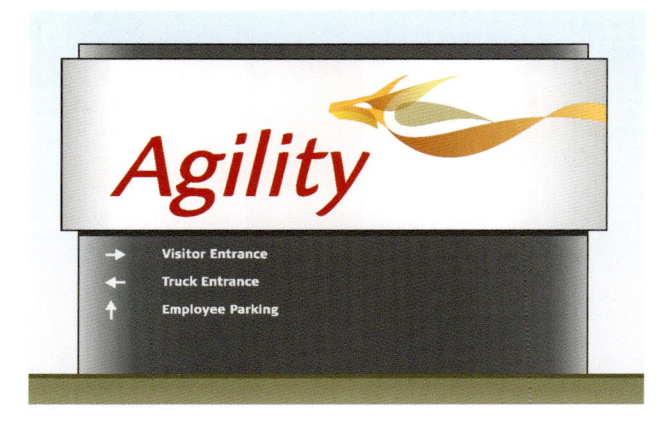

Die drei Optionen für die Verwendung des Logos von Agility auf Gebäudebeschilderung unterscheiden sich leicht in den Proportionen von Name und Bildzeichen. Welches Logo für den jeweiligen Markt verwendet wird, hängt vom Markenmanager vor Ort ab, der entscheidet, wie prominent der Name im Vergleich zum Bildzeichen erscheinen soll. (Siehe die Fallstudie zu Agility auf S. 170–173.)

Fokus auf ... alternative Formate

... DIE ENTWICKLUNG EINER KOMPLETTEN IDENTITY

Seit über einem Jahrhundert, seit der deutsche Konzern AEG das erste Firmenlogo der Welt entwickelte, erklären Designer ihren Kunden, dass ein Logo nicht isoliert funktionieren kann. Es muss Teil eines kompletten visuellen Identitysystems sein, das aus folgenden Elementen bestehen kann:

- Typografie für Plakate, Broschüren und Briefpapier
- einer Palette ergänzender Farben
- unterstützenden Motiven und Markierungen
- Produktdesign und -verpackung
- Stilvorgaben für Fotos oder Illustrationen
- Layouts für Werbeanzeigen
- Interfacedesign für Websites und mobile Anwendungen
- Beschilderung und Leitsystemen
- Ausstattung von Ladengeschäften und Messeständen
- Folienpräsentationen
- Beschriftung von Fahrzeugflotten
- Uniformen
- ... und sogar auditorischen und olfaktorischen Elementen

Zu einer visuellen Identity gehört also alles, was die Markenidentity in allen möglichen Kontexten betrifft. Das Logo allein kann all diese Aufgaben gar nicht erfüllen, es würde die Marke nur unzureichend repräsentieren oder überbeansprucht werden, was dann eher Abnutzung und Geringschätzung denn positive Verstärkung zur Folge hat.

Die unterstützenden Elemente einer Markenidentity sind dann am effektivsten, wenn sie das Logo ergänzen, entweder durch einen direkten visuellen Hinweis oder weil sie in einem ähnlichen Stil gestaltet sind. Wenn sich die Zielgruppe im Laufe der Zeit daran gewöhnt hat, die sekundären Aspekte der Identity mit der Marke selbst in Verbindung zu bringen, ist es möglich, das Logo sparsamer einzusetzen und so davor zu bewahren, langweilig zu werden.

In der Regel ist es unmöglich, alle Elemente einer komplexen Identity auf einmal zu entwickeln. Die Anforderungen an eine Marke ändern sich ständig, und die Kontexte, in denen die Marke dem Kunden präsentiert wird – die „Touchpoints" in der Fachsprache der Brandingbranche –, sind nicht von Anfang an in ihrer Gesamtheit bekannt. Beim Aufbau einer Marke sollte ein Designer genügend Gelegenheit dazu bekommen, notwendige Überarbeitungen und Ergänzungen durchzuführen. Mittelgroßen und großen Kunden ist meist am besten gedient, wenn sie eine langfristige Zusammenarbeit mit dem Designer oder der Brandingagentur ihrer Marke anstreben.

Gedruckte Markenmanuals, die sämtliche Elemente einer Markenidentity ordentlich auflisten, sind zwar eine gute Möglichkeit, um die Arbeit des Designers zu präsentieren, sie setzen aber in der Regel schon nach kurzer Zeit Staub an. Praktischer und effektiver sind Onlinereferenzen, die schnell und kostengünstig aktualisiert werden können.

Lange Tradition

Kunde	Fraser Yachts
Markeninfo	Weltweit tätiger Anbieter von Luxusjachten und damit zusammenhängenden Dienstleistungen
Agentur	Inaria
Kreative	Andrew Thomas, Debora Berardi und Andy Bain
Designer	Andy Bain und Pablo Basla
Schriftart	Gill Sans (modifiziert)
Farben	Dunkelblau (PMS 296), Kirschrot (PMS Rubinrot), Silber (PMS 877) und Grau (PMS Cool Grey 11)

Innovativ

Designkonzept Da die Designer, die das Logo und die Markenidentity entwickelt haben, nicht immer diejenigen sein werden, die auch das Marketingmaterial für die Marke gestalten, werden im Markenmanual die Richtlinien für die Verwendung des Logos und sämtlicher sekundärer Elemente der Identity formuliert, z. B. Typografie, Farben, Stilvorgaben für Fotos, Wellenmuster und Balken als unterstützende Grafik, Anzeigenlayouts und die Gestaltung von Broschüren und PowerPoint-Präsentationen. Diese unterstützenden Elemente übertragen den Look der Marke in Bereiche, in denen das Logo nicht allein stehen kann. Als Ergänzung zum Logo kommunizieren sie die Markenwerte (erstrebenswert, sachkundig, innovativ) und die Markenpersönlichkeit (stylish, zuverlässig, kreativ denkend). Wenn diese Elemente so gezielt und einheitlich eingesetzt werden wie das Logo selbst, hat die visuelle Präsentation der Marke die größtmögliche Wirkung über alle Touchpoints der Marke hinweg.

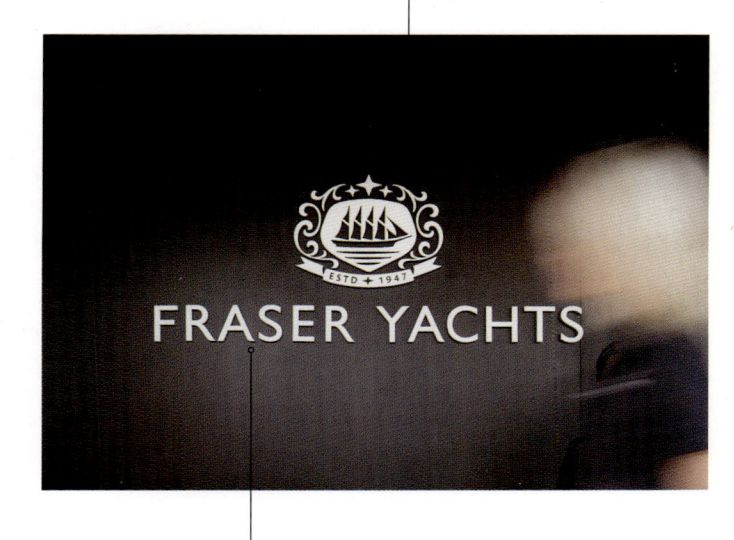

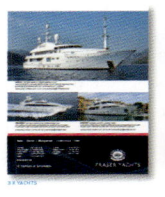

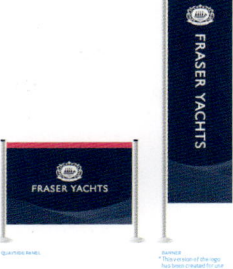

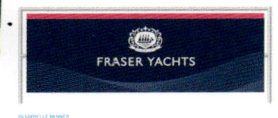

Fokus auf ... die Entwicklung einer kompletten Identity

... FIGUREN & MOTIVE

Manchmal braucht ein Logo einen Freund. Es kann vorkommen, dass die Markenpersönlichkeit zugänglicher wirken soll, oder die Marke ein freundlicheres Gesicht zeigen soll. Das Logo zu ändern, ist vielleicht schwierig und kostenintensiv – und unnötig. Manchmal ist es besser, der Marke eine Sympathiefigur zur Seite zu stellen.

Eine neue Figur kann das Interesse an der Marke wiederbeleben und sie für den Kunden auffrischen. Das kann eine animierte Version des Logos sein oder ein völlig neuer Charakter. Nicht alle Sympathiefiguren folgen dem Kindchenschema, aber sie sprechen das Unterbewusstsein an und wirken vertraut, lustig und verspielt.

Sympathiefiguren sehen in der Regel wie Comicfiguren aus und bewegen sich mit ihrem Aussehen auf einem schmalen Grat zwischen ansprechend und lächerlich. In vielen Fällen „lebt" eine Sympathiefigur nicht lange, da sie lediglich zur Unterstützung einer Werbekampagne oder einer saisonalen Verkaufsförderung eingesetzt wird.

Eine erfolgreiche Sympathiefigur kann allerdings auch eine dominante Rolle bei der Repräsentation der Marke spielen und sozusagen zum Serienstar werden. Ronald McDonald, der Clown, der jahrzehntelang die Fast-Food-Marke McDonald's in TV-Spots verkörperte, ist auch der Namensgeber der McDonald's Kinderhilfe, die Wohnmöglichkeiten für die Eltern krebskranker Kinder einrichtet.

Verspielt

Freundlich

Kunde	Flash Dab Games & Entertainment
Markeninfo	Agentur, die digitale Gesellschaftsspiele entwickelt.
Agentur	InsaneFacilities
Designer	Jarek Berecki
Schriftart	Maßgeschneidert, basierend auf Bello Pro
Farbe	Schwarz
Designkonzept	Die Agentur verfolgt einen individuellen, informellen Ansatz, der typisch ist für viele junge Firmen aus der Spielebranche. Um diese Atmosphäre einzufangen, ließ sich der polnische Designer von Animationsfilmen und exotischen Tieren inspirieren. Das Ergebnis ist ein freundliches Maskottchen, das einlädt, sich mit den Produkten des Unternehmens zu beschäftigen.

Die Unterstützung des Logos durch ein sekundäres Element oder ein grafisches Motiv hat viele Vorteile. Das zusätzliche Motiv kann die Marke auch dort präsentieren, wo das Logo für sich allein nicht oder nur unzureichend funktionieren würde. Balken, Zierelemente und Wellen sind typische Elemente vieler Markenidentitys. Doch ein ergänzendes Motiv kann noch viel mehr sein, abhängig von Persönlichkeit und Charakter der Marke, etwa eine dekorative organische oder florale Form, ein technisches oder mechanisches Gerät oder eine menschliche Hand oder ein Gesicht.

Innovation

Ausgelassenheit

Kunde	Godrej
Markeninfo	Indischer Konzern, der von Haarfärbemitteln bis hin zu Kühlschränken alles Mögliche verkauft. Zu den 400 Millionen Kunden gehörten Bauern und Yuppies, Hausfrauen und Softwarespezialisten.
Agentur	Interbrand
Designer	Andy Howell und Edward Bolton
Schriftart	Handgezeichnetes Script
Farben	Karminrot, Grün und Blau
Designkonzept	Die seit über einem Jahrhundert bestehende Marke Godrej deckt eine extrem große Bandbreite an Produkten ab. Daher basieren ihre Werte auf grundlegenden Eigenschaften, die über einzelne Sektoren oder Kategorien hinausgehen: Vertrauen, Integrität und Bescheidenheit. Um Ehrgeiz und Innovation zu vermitteln, die wesentlich für den Erfolg des Unternehmens sind, wird das Logo – eine eher unauffällige Unterschrift – durch ein Repertoire an auffälligen Formen und Figuren ergänzt, die international eingesetzt werden können, gleichzeitig aber einen sehr indischen Look and Feel vermitteln.

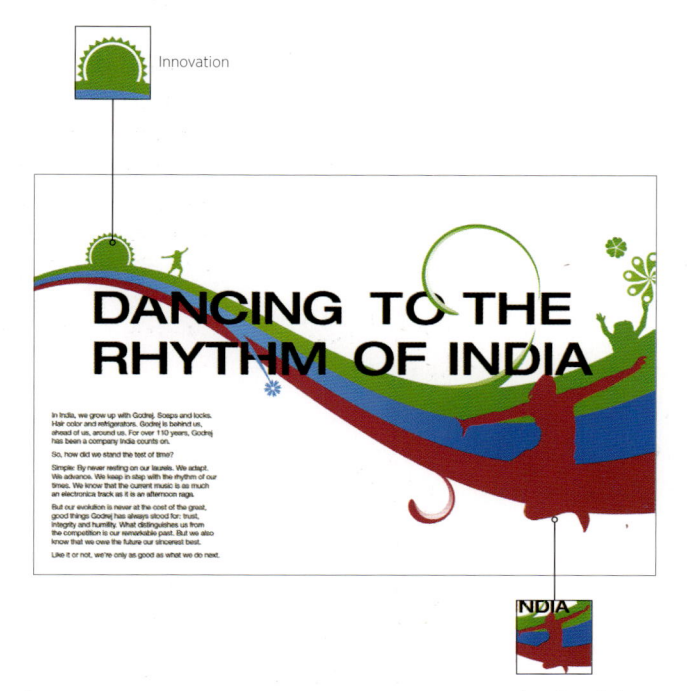

Fokus auf ... Figuren & Motive

... MIXED MEDIA & 3D

Dank neuer technischer Verfahren zur Reproduktion von Bildern und einfachen Generierung von 3D-Objekten auf einem Computer oder dem Bildschirm eines mobilen Geräts sind Logos im 3D-Look seit den 1990ern immer beliebter geworden. Ob der 3D-Look nur eine vorübergehende Modeerscheinung ist, muss sich erst noch zeigen, doch zur Zeit findet er sich überall, von Autoemblemen bis hin zu Logos für gemeinnützige Organisationen.

Abgesehen davon, dass der „Button"-Stil zur Zeit sehr beliebt ist, können Designer auch beeindruckende Bilder eines Logos erstellen, indem sie es entweder virtuell in 3D rendern oder als Modell nachbauen. Solche Objekte können dann aus verschiedenen Perspektiven fotografiert und mithilfe von Spezialeffekten für Licht und Bildschärfe so bearbeitet werden, dass sie eine abstrakte, aber visuell überaus faszinierende Illustration für eine Markenidentity ergeben.

Ein Logo aus einzelnen Elementen zu bauen, ist nur der Anfang. Leuchtwerbung ist ein beliebtes Medium für Logos, da sie selbst bei Tag eine hohe Sichtbarkeit garantiert. Leuchtwerbung hat jedoch Grenzen: Formen müssen sich auf geschwungene Linien und spitze Winkel beschränken, und die Farbpalette ist begrenzt, da dunkle Farben wie Marineblau und Braun technisch nicht möglich sind.

Animierte Logos wurden früher nur für die letzten Sekunden von TV-Spots verwendet, doch mit dem Aufkommen des Internets wird es immer beliebter, Bewegung in ein Logo zu bringen. Egal, ob es nur um ein schlichtes Aufblitzen oder um eine längere Sequenz geht, Animationen haben immer noch den Reiz des Neuen.

Kunde	Honest Advice, Honest Aid, Honest Assessment
Markeninfo	Die drei Schwestergesellschaften bieten unterschiedliche Dienstleistungen an, verwenden aber die gleichen Initialen. Honest Aid wurde auf Sansibar gegründet und ist ein in den USA eingetragenes gemeinnütziges Unternehmen. Es analysiert die Bedürfnisse von Kommunen. Honest Advice bietet Beratungsleistungen über das Internet an. Honest Assessment ist ein gewinnorientiertes Beratungsunternehmen für die Verbesserung von Projekten nichtstaatlicher Organisationen.
Agentur	Raidy Printing Group
Artdirector	Marie Joe Raidy
Designer	Eric Pochez und Ziad Richmany
Schriftart	Futura
Farben	Blau, Rot und Grün (Mischung von Prozessfarben)
Designkonzept	Alle drei Unternehmen bieten ihre Dienstleistungen benutzerfreundlich im Internet an, wobei animierte digitale Avatare mit den Kunden interagieren. Die Logos im „Button"-Stil fordern zur Interaktion auf und suggerieren Vertrauenswürdigkeit. Das Konzept – ein Logo und eine ergänzende Farbe – kann bei Bedarf ohne große Kosten auf weitere Dienstleistungen ausgedehnt werden.

Spaß

Interaktiv

Honest Advice

Honest Aid

Honest Assessment

Kunde	Institut Gradjevinarstva Hrvatske (IGH)
Markeninfo	Das kroatische Bauinstitut erbringt Dienstleistungen für den Bau von Straßen, Brücken, Gebäuden etc. im Hoch- und Tiefbau.
Agentur	Studio International
Designer	Boris Ljubicic
Schriftart	Futura Md BT
Farben	Rot (PMS 485), Blau (PMS 287) und Grau (PMS Cool Grey 9)
Designkonzept	Das Logodesign repräsentiert sowohl das Leistungsangebot des Instituts als auch dessen nationale Wurzeln, indem es auch den visuellen Code des kroatischen Staatswappens in das Logo integriert. Damit noch deutlicher wird, in welchem Bereich das Institut arbeitet, wurden die Buchstaben aus unterschiedlichen Materialien (Bausteinen, Glasprismen und Metallröhren) gebaut und fotografiert. So entstand eine Fotoserie, die Intelligenz und Neugierde der Marke verkörpert und gleichzeitig abstrakt genug ist, um in ganz unterschiedlichen Kontexten (Plakaten, Broschüren oder Berichten), in denen das Logo allein nicht genügend visuelles Interesses geweckt hätte, zu funktionieren.

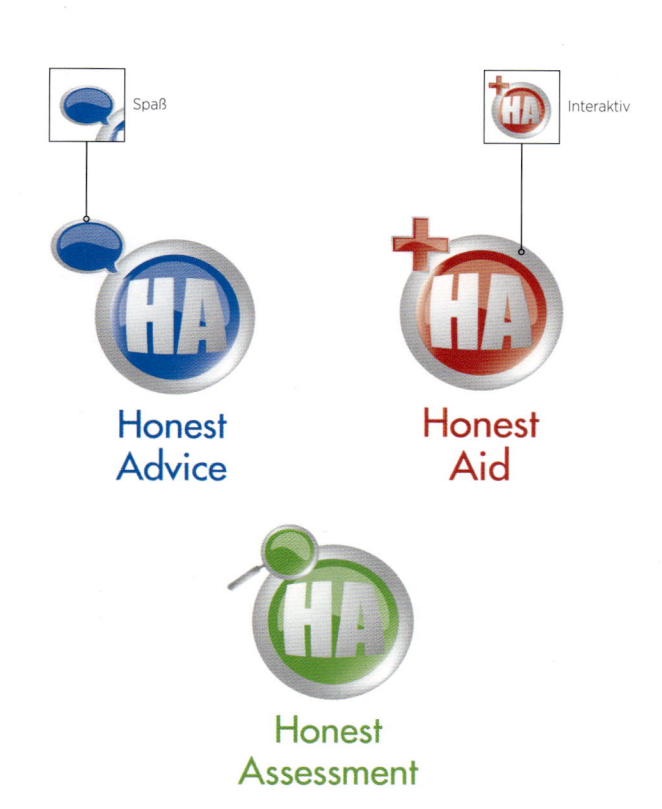

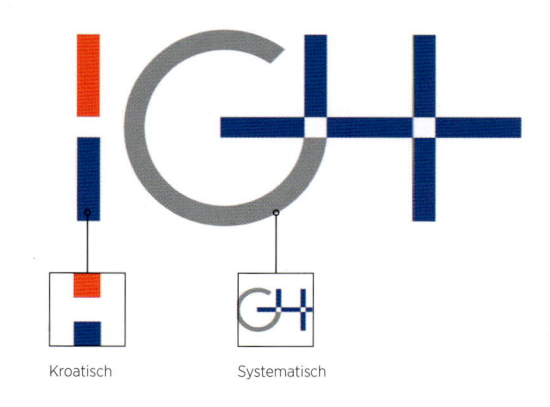

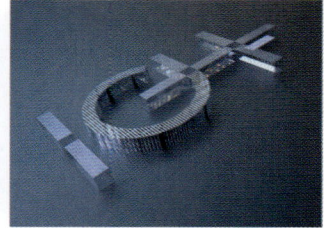

Kroatisch

Systematisch

Fokus auf ... Mixed Media & 3D

Leuchtwerbung wird mit Nachtleben in Verbindung gebracht, eine Assoziation, die hervorragend zu bestimmten Markentypen passt.

Kunde	Troika Dialog
Markeninfo	Älteste und größte Bank für Privatanleger in Russland
Agentur	Interbrand
Artdirector	Christoph Marti
Designer	Iris Burkard, Michaela Burger, Alexander Kohl, Dimitar Tsvetkov und Marco Zimmerli
Schriftart	Daxline
Farben	Silber (PMS 877), Rot (PMS 185), Grün (PMS 354) und Blau (Prozessfarbe)
Designkonzept	Bei dieser animierten Version eines Logos wird die vom Namen der Marke und den dreieckigen Strukturen suggerierte gegenseitige Abhängigkeit optimal dargestellt. Das breite Leistungsangebot der Bank wird durch dynamische Formen verkörpert. Der Videoclip kann für Präsentationen, auf Websites und in Videos und DVDs verwendet werden.

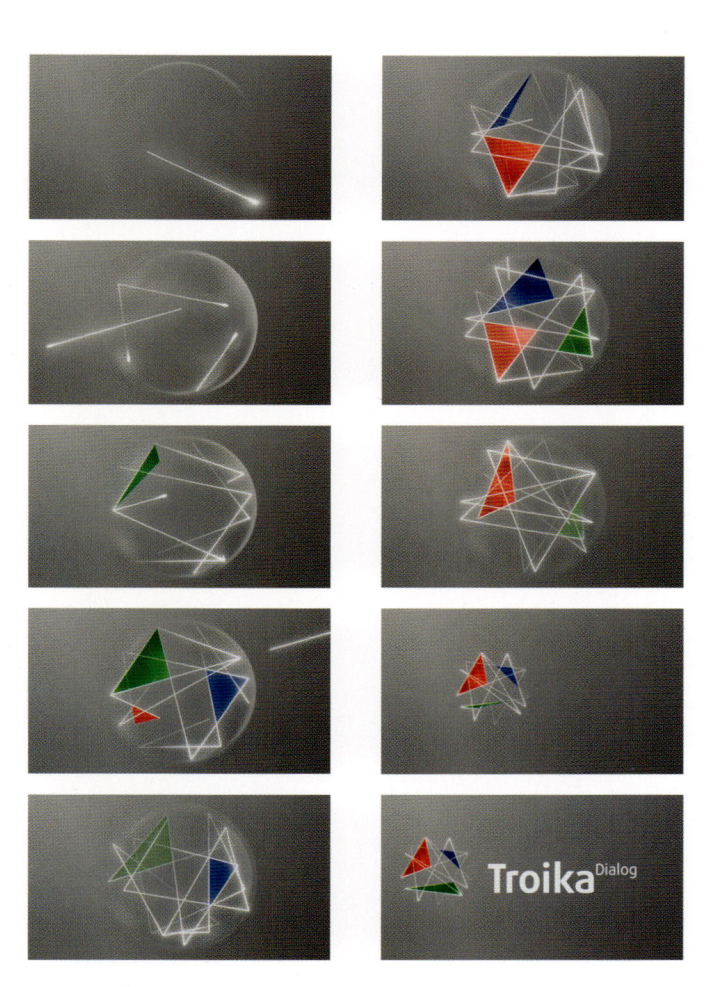

Fokus auf … Mixed Media & 3D

... CLAIMS

Häufig geben sich Unternehmen nicht damit zufrieden, nur das zu kommunizieren, was sie mit Bildzeichen und Schriftzug ausdrücken können. Sie ergänzen ihr Logo mit einigen Worten, die die Markenwerte verstärken, das Produkt kategorisieren, die Webadresse nennen oder eine Aussage zu dem machen, wofür das Unternehmen steht. Dies ist vor allem in der Werbung und in der Verpackungsbranche üblich, doch ein kurzer verbaler Zusatz kann ein Logo in fast jedem Kontext begleiten.

Diese zusätzliche Formulierung hat viele Bezeichnungen: Claim, Slogan, Motto, Tagline, Strapline, Endline, Signoff ... egal, wie man sie nennt, es gibt einiges, was man beachten sollte, damit sie das Logo auch wirklich verstärkt, statt von ihm abzulenken.

Einige Designer versuchen, den Claim direkt in das Logodesign zu integrieren, was aber in den meisten Fällen zu einer visuellen Überfrachtung führt und in kleinen Schriftgraden einfach nicht funktioniert. Stattdessen sollte man sich beim Logo auf den Schriftzug und/oder das Bildzeichen beschränken und ein oder mehrere Formate erarbeiten, bei denen der Claim in einigem Abstand zum Logo hinzugefügt wird. Diese „Lock-ups" von Logo und Claim werden dann in das Manual für die Markenidentity aufgenommen.

Luxuriös

Kunde	Coogan & Morrow
Markeninfo	„Stunning flowers for sensational events" steht für das Produktangebot des englischen Floristikgeschäfts.
Agentur	Jan Barker & David Caunce
Artdirector	Jan Barker
Designer	David Caunce
Schriftarten	Mrs Eaves, Palatino (&-Zeichen) und Goudy Sans (Claim)
Farben	Schwarz und Rosa (Prozessfarben)
Designkonzept	Natürliche Blütenformen dienten als Inspiration für das Logo. Es besteht aus Zierelementen, einer einfachen Typografie und einem Claim. Der Claim erklärt, was das Unternehmen tut und vermittelt gleichzeitig die Markenposition, da er ein Versprechen abgibt und Interesse beim Kunden weckt. Da das Logo nur für einen eingeschränkten Kontextbereich – Website, Briefpapier, Karten, Broschüren und Beschilderung – verwendet wird, brauchten sich die Designer keine Gedanken darüber zu machen, ob es auch in kleinen Schriftgraden, in geringer Auflösung oder mit anderen Medien wie Leuchtwerbung funktioniert.

COOGAN & MORROW
stunning flowers for sensational events

stunning flowers for sensational events   Klassisch

Fokus auf ... Claims

... DAS ÜBERARBEITEN EINES LOGOS

Selbst die besten Logos der Welt altern. Sie werden Opfer der Vernachlässigung oder schlicht der Entropie. Warum? Weil sich unser Verstand und die Art, in der wir etwas sehen, ständig weiterentwickeln. Unser Geschmack und unsere Erwartungen ändern sich, da wir von der schnelllebigen Welt um uns herum unablässig stimuliert und informiert werden. Selbst ohne eine Markenkrise bewegt sich ein Logo, das sich nicht verändert, rückwärts in der Zeit bzw. in bleibt Relation dazu stehen und wirkt daher irgendwann „müde" und veraltet.

Es gibt keine Zauberformel, mit der man feststellen kann, wie schnell das passieren wird. Den Zeitpunkt für die Überarbeitung eines Logos müssen daher erfahrene Designer und Markenmanager bestimmen, die ein geschultes Auge für aktuelle Looks haben und die Persönlichkeit einer Marke genau kennen.

Etwas Altes kann im Handumdrehen wieder zu etwas Neuem werden. Nur selten muss man ein Logo ausrangieren und noch einmal ganz von vorn anzufangen. Häufig bedarf es nur ein paar subtiler Änderungen – die vielleicht sogar nur auf den zweiten Blick auffallen –, damit ein Logo aktuell bleibt.

Zeitgemäß

Wiederzuerkennen (Wiedererkennungswert der Marke)

Kunde	Chevron
Markeninfo	Nach der Fusion von Chevron und Texaco strebte die Unternehmensleitung ein zeitgemäßeres Image an, das den Wiedererkennungswert der Marke zwar nutzte, den Schwerpunkt aber auf die Weiterentwicklung legte.
Agentur	Lippincott
Artdirectors	Alex de Jánosi und Connie Birdsall
Designer	Alex de Jánosi, Adam Stringer, Lisa Lind, Keven Hammond und Jenifer Lehker
Strategie	Kim Rendleman
Schriftart	Myriad (neu gezeichnet)
Farben	Blau (PMS 2935), Rot (PMS 186), Dunkelrot (PMS 202) und Cyan (Prozessfarbe)
Designkonzept	Die Designer versahen das Logo mit Schattierungen und Tiefe, sodass es eher den Erwartungen der Kunden an eine moderne Marke entsprach, sorgten durch die subtile Änderung aber gleichzeitig dafür, dass der Wiedererkennungswert nicht verloren ging, denn das Logo sieht aus einiger Entfernung noch fast genauso aus wie früher. Doch das neue Logo wirkt wärmer und zugänglicher und verkörpert das Konzept von „menschlicher Energie". Das aktualisierte Logo wird durch eine neue Identity und ein Online-Brand-Center unterstützt, um seine Implementierung an allen Touchpoints voranzutreiben.

Die Überarbeitung einer Identity, bei der vertraute Bestandteile des Logos beibehalten werden, um den Wiedererkennungswert nicht zu gefährden, aber einzelne Elemente geändert oder hinzugefügt werden, um es moderner und frischer zu machen, folgt dem gleichen Prozess wie die Entwicklung eines neuen Logos: Markenperformance analysieren, Eigenschaften und Persönlichkeit der Marke formulieren, Zielgruppe beschreiben, festlegen, welche Elemente die Markenwerte kommunizieren, entscheiden, was hinzugefügt und was gestrichen wird, Logo neuzeichnen, bis alles wieder gut aussieht.

... Dann eine Weile warten, und das Ganze nun wieder von vorn ...

Fokus auf ... das Überarbeiten eines Logos

Kunde	Delta
Markeninfo	Nach Bankrott und Restrukturierung brauchte Delta eine strategische Repositionierung und eine Überarbeitung seines Images und seiner Kundenerfahrung.
Agentur	Lippincott
Artdirectors	Connie Birdsall, Adam Stringer und Fabian Diaz
Designer	Adam Stringer, Fabian Diaz, Kevin Hammond, Michael Milligan und Michael Tharp
Produktion	Brendan deVallance und Jeremy Darty
Schriftart	Whitney (neu gezeichnet)
Farben	Dunkelrot (PMS 202), Rot (PMS 186) und Dunkelblau (PMS 654)
Designkonzept	Das neue Logo sollte Kunden und Mitarbeitern Stärke, Zuversicht und die Modernisierung der Fluggesellschaft vermitteln. Das vereinfachte Logo in nur einer Farbe (Rot) und der Schriftzug in Großbuchstaben sind eine visuelle Verstärkung der Markenerfahrung, die jetzt differenzierter und internationaler wirkt, ihren Wiedererkennungswert aber nicht verloren hat und auch die 70jährige Tradition des Unternehmens berücksichtigt. Für Werbematerial und die Beschriftung der Flugzeuge wird ein Ausschnitt des Bildzeichens verwendet, um Dynamik zu vermitteln sowie Wachstum und Optimismus zu suggerieren.

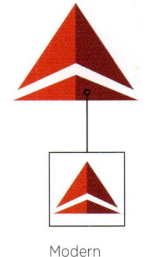

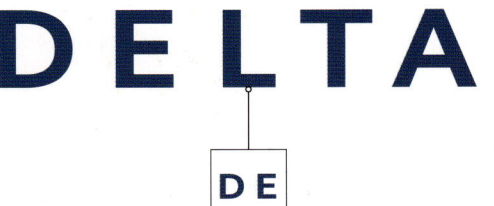

Modern

International

VERZEICHNIS DER BEITRÄGE

Mittelgroße bis große und weltweit tätige Unternehmen

Fitch [www.fitch.com]
360°, Ali Bin Ali, Asyad, Deek Duke, KMC, al Muhaidib, Northgate, Qatar Symphony, Qipco, QTA

Inaria [www.inaria.co.uk]
Flowers of the World, Fraser Yachts, Mason Rose, One&Only Cape Town, Vanquish, WildCRU

Interbrand [www.interbrand.com]
China Merchants Securities, Cresta Hotels, Daiwa House Group, Geeknet, Godrej, Hays, Huawei, Idea, Implenia, Neva Killa Dream, Nigerian Airlines, Schindler, Seattle Childrens, Sochi 2014, This is Rugby, Troika

Landor Associates [www.landor.com]
City of Melbourne, Miller & Green, One Degree, Worldeka

Lippincott [www.lippincott.com]
Bank of New York, Bayn, BrightHeart, Chartis, Chevron, Delta, First Citizens, GLAAD, Hayneedle, Johnson Controls, Mashreq, Power, QuickChek, TACA, UMW, Vale, Walmart, Wana, Xohm

Minale Tattersfield [www.mintat.co.uk]
Artoil, Harlequins Rugby, Luisa, Luxair, Oz, Santa Margherita, Torresella, Sassoregale, Trentino

Siegel+Gale [www.siegelgale.com]
Agility, ITFC, Kaust, Legal Aid Society, Neustar, Pfizer, Phoenix House, Port of Long Beach, Rave, Turn Around

TippingSprung [www.tippingsprung.com]
Arctaris, Brastilo

Kleine bis mittelgroße Unternehmen und Einzelpersonen

Aeraki (Despina Aeraki), Athen, Griechenland [www.aeraki.gr]
Anninos Hairchitecture

Ambient (Scott Mosher), NY, New York, USA [www.scottmosher.com]
Rock Zone

William Anderson, New Hampshire, USA [www.andersoncreative.com]
Fragile X Foundation, Lobkowitz Beer

Artiva Design (Daniele De Batté, Davide Sossi), Genua, Italien [www.artiva.it]
Energy\Company, King-Dome, TonMöbel

//Avec (Camillia BenBassat), New York, USA [www.avec.us]
Chocosho, Cooper Square Hotel, Elemental, Studio 5 in 1, Studio Ma

Jan Barker und David Caunce, Manchester, Großbritannien [www.imagine-cga.co.uk]
Coogan & Morrow

Erik Borreson, Wisconsin, USA [www.erikborreson.com]
Central Wisconsin State Fair, Erik Borreson Design

Bulletpoint Design (Paul Kerfoot), Bradford, Großbritannien [www.bullet-man.com]
Odsal Sports Village

Church Logo Gallery (Michael Kern), Kalifornien, USA [www.churchlogogallery.com]
Bethel Assembly of God, Explore Children's Ministry

Creative Squall (Tad Dobbs), Texas, USA [www.creativesquall.com]
Creative Squall, Joe Allison and This Machine

Colin Decker, Texas, USA [www.frankandproper.com]
Gaslamp Computers, Team Dank

Designation (Mike Quon), New Jersey, USA [www.quondesign.com]
Settlement Housing Fund

Alexander Egger, Wien, Österreich [www.satellitesmistakenforstars.com]
Acherer, Arm the Lonely, Das Comptoir, Evolve, Impulse, Nussberger, Pilot Projekt, Puhm, Re:cycle, redhot

Nils-Petter Ekwall, Malmö, Schweden [www.nilspetter.se]
Falco Invernale, Ich Robot, TRON

Executive Strategy (Ng Lung-Wai), Hong Kong, China [www.esl.ecob.com.hk]
Hong Kong Wetland Park

Jeff Fisher LogoMotives, Oregon, USA
[www.jfisherlogomotives.com]
Balaboosta Delicatessen, VanderVeer Center

Fivefootsix (Algy Batten), London, UK [www.fivefootsix.co.uk]
Banana Split Productions, GotSpot, Graham Gill Carpets, Project Compass

Andy Gabbert, Kalifornien, USA [www.andygabbertdesign.com]
Business Continuity Management, Center for Teaching Excellence, Chef Tested, Family Art Affair, Kool Kat Jackson, Lunch & Lecture

Carol García del Busto, Barcelona, Spanien [—]
RedAIEP, Siece

Virginia Green, Texas, USA [www.vgreendesign.com]
Black Hare Studio, Grace Community Church, Haynie Drilling Co.

Mary Hutchison Design, Washington, USA
[www.maryhutchisondesign.com]
Katherine Anderson Landscape Architecture, Bad Breed, Bristlecone Advisors, IBC, Large Left Brain, O'Asian Kitchen, Røen Associates, The Valley Club

idApostle (Steve Zelle), Ottawa, Kanada [www.idapostle.com]
idApostle, Westboro Nursery School

Imagine-cga (David Caunce), Manchester, Großbritannien
[www.imagine-cga.co.uk]
Forever Manchester, Makin Architecture, Okotie's, Seven Star Soccer, Barry White

InsaneFacilities (Jarek Berecki), Łódź, Polen
[www.insanefacilities.com]
FlashDab, Imminent, Neuroad, Technique, Vivio

Irving & Co. (Julian Roberts), London, Goßbritannien
[www.irving.co.uk]
Artisan Biscuits, Byron Proper Hamburgers, Duchy Originals, Fiona Cairns, No. Twelve Queen Street

Juno Studio (Jun Li), New Jersey, USA [www.junostudio.com]
Development Partner Program, IntelliVue Unplugged

Kanella (Kanella Arapoglou), Athen, Griechenland
[www.kanella.com]
The Olive Family

Tadas Karpavicius, Kaunas, Litauen [www.t-karpavicius.com]
Klaipeda Goes Indie, Oro Pagalves, Promo Phobia

Brett King, Christchurch, Neuseeland [www.frankandproper.com]
Hayden King, One Amigo, Retreasured

Kniven (Emilia Lundgren und Karolina Wahlberg Westenhoff), Mölndal, Schweden [www.kniven.se, www.karolinaw.se]
Uppvunnet

Korolivski Mitci (Viktoriia Korol, Dmytro Korol), Kiew, Ukraine
[www.mitci.com.ua]
Eurofeed, Gala Realty, Green Town, Korolivski Mitci, Pivduima, Quantum Solar, Smartmatic, Tasman

Lavmi Creative Zone (Babeta Ondrová and Jan Slovák), Prag, Tschechische Republik [www.lavmi.com]
Czech Basketball Federation, Czech Ministry of the Interior, CzechPoint, Dock, NERV, ProTrip

McBreen Design (Craig McBreen), Washington, USA
[www.mcbreendesign.com]
Environmental Construction

Clay McIntosh Creative, Oklahoma, USA [www.claymcintosh.com]
Lies That Rhyme, Risk Management Planning

Renaud Merle, Robion, Frankreich [www.renaudmerle.fr]
Accompagnement Individualisé à Domicile (AID), Renaud Merle

MINE (Christopher Simmons und Tim Belonax), Kalifornien, USA
[www.minesf.com]
California Film Institute, C+ Jewelry, Center for Cognitive Computing, Fino, Go Green, Humanity+, Kink, Mill Valley Film Festival, Open Square, Rafael Film Center, San Francisco Parks Trust, Year

Mosaic Creative (Tad Dobbs), Texas, USA [www.creativesquall.com]
CashPlus, Gretta Sloane, H+M Racing, Nobles & Baldwin

Tom Munckton, London, Großbritannien
[www.tommunckton.co.uk]
Stories: Projects in Film

Mariam bin Natoof, Dubai, Vereinigte Arabische Emirate
[www.natoof.com]
La Bouchee, Natoof Design, Zilar

Verzeichnis der Beiträge

Obos Creative (Ethem Hürsü Öke), Istanbul, Türkei
[www.oboscreative.com]
Akadental, VNL Telecom

Paragon Marketing Communications, Salmiya, Kuwait
[www.paragonmc.com]
Amwaj, Anubis Blog, Atyab Investments, Better Homes,
Fresh Productions, La Baguette, Rumors

Pencil (Luke Manning), Bath, Großbritannien
[www.penciluk.co.uk]
Keco, Rock & Road, Ray Watkins

PenguinCube, Beirut, Libanon [www.penguincube.com]
Dekkaneh, IPSIS, Telephone.com

Planet (Phil Bradwick), Hungerford, Großbritannien
[www.planet-ia.com]
St. George's Academy, Mark Snow, Velda Lauder Corsetieres

Playout (Tiago Machado), Maia, Portugal [www.playout.pt]
EmFesta, Rui Grazina—Arquitectura+Design

R Design, London, Großbritannien [www.r-design.co.uk]
BHS Kids, Cocoa Deli, Des gners at Debenhams, Kelly Hoppen Home,
Little Me, Micheline Arcier Aromathérapie, Spa Formula, Sweet Millie

Marc Rabinowitz, New York, USA [www.ijustmight.com]
Chabad at the University of Miami

Raidy Printing Group (MarieJoe Raidy), Beirut, Libanon
[www.raidy.com]
Honest Advice, Honest Aid, Honest Assessment

Riverbed Design (Corbet Curfman), Washington, USA
[www.riverbeddesign.com]
Community Skate & Snow, Northwest Hub

Seven25. Design & Typography (Isabelle Swiderski), Vancouver,
Kanada [www.seven25.com]
Cherie Smith Jewish Book Fair, Fair Trade Jewellery, Garbage Critic,
Home for the Games, LOUD Foundation, TennisXL, Vancouver Foundation

Leila Singleton, Kalifornien, USA [www.leilasingleton.com]
Wink

Starr Tincup (Tad Dobbs), Texas, USA [www.creativesquall.com]
Kilowatt Bikes, Starr Tincup

Stebler Creative (Jeremy Stebler) [—]
Hotelicopter

Studio EMMI (Emmi Salonen), London, Großbritannien
[www.emmi.co.uk]
Agile Films, Concrete Hermit, Lankabaari, Matteria

Studio International, Zagreb, Kroatien
[www.studio-international.com]
Croatian National Tourist Board, IGH, Town of Kutina, Museum
Documentation Center, Optima Telecom, Šimecki

Studio Punkat (Hugo Roussel), Nancy, Frankreich
[www.punkat.com]
Association de Musique Ancienne de Nancy

The House (Steven Fuller und Sam Dyer), Bath, Großbritannien
[www.thehouse.co.uk]
Calbarrie, Julian House, Paladin Group, The Prince's Youth Business,
The Best Of

Think Studio (John Clifford), New York, USA
[www.thinkstudionyc.com]
Alex Coletti Productions, Erickson Longboards, Mariam Haskell,
Porcupine Group, The Retro, Soulpicnic

Transfer Studio (Valeria Hedman, Falko Grentrup), London,
Großbritannien [www.transferstudio.co.uk]
The Smalls, Tapio, Transfer Studio

Chris Trivizas Design, Athen, Griechenland [www.christrivizas.gr]
220, FilmCenter, Housale, Oniro The Bar, Vrionis Music House

Wibye Advertising & Graphic Design, London, Großbritannien
[www.wibyeadvertising.com]
Green Gas

Nancy Wu Design, Vancouver, Kanada
[www.nancywudesign.com]
North Shore Spirit Trail, Paul Wu + Associates, Tenth Church

REGISTER

360° Mall 73

ABA (Ali Bin Ali) 73
Abbot, Rodney 53, 64/65, 90, 132
Acherer 80/81
Aeraki, Despina 51, 234
Agile Films 112
Agility 170-173, 220/221
AID (Accompagnement Individualisé à Domicile) 52
AIG 174
Akadental 51
Al Muhaidib 158
Alasfahani, Louai 38, 82, 134
Alasfahani, Mohammed 33
Alex Coletti Productions 113
Allison, Joe 114
Alternative Production 165
Ambient 114, 234
Amwaj 82
Anderson, Katherine 146
Anderson, William 29, 52, 234
Angebot 12/13
Animation 128, 224, 226
Anninos Hairchitecture 51
Arapoglou, Kanella 26, 235
Arctaris Capital Partners 163
Arm the Lonely 117
Arrowsmith, Tim 131
Art déco 124
Artisan Biscuits 30
Artiva Design 63/64, 87, 234
Artoil 78/79
Assenov, Konstantin 31, 87, 159
Association de Musique Ancienne de Nancy 120
Asyad 67
Attrappen 15
Atyab Investments 159
//Avec 44, 48, 95, 142, 144, 154, 234

Bad Breed Energy Drink 28
Bain, Andy 92, 223
Balaboosta Delicatessen 35
Baldwin, Susan 83
Banana Split Productions 113
Bank of New York 156
Barker, Jan 231, 234
Bayn 136
Belonax, Tim 36, 43, 110/111, 118, 197, 235
BenBassat, Camillia 44, 48, 95, 142, 144, 154, 234

Bengiuma, Anis 73, 86, 158/159
Berardi, Debora 92, 223
Berecki, Jarek 109, 117, 151, 160, 224, 235
Bethel Assembly of God 182
Better Homes 87
Bierut, Michael 126
Birdsall, Connie 61, 156, 162, 174, 213, 232/233
Black Hare Studio 143
Bleistiftskizzen 14, 16, 210
Blog Anubis 134
bmwa 22
Bolton, Edward 224
Borreson, Erik 21, 150, 234
Bradford Bulls 106
Bradwick, Phil 45, 187, 236
Brastilo 59
Briefings 14/15, 176
Briefpapier 8, 16, 80
BrightHeart Veterinary Centers 53
Bristlecone Advisors 166
Bulletpoint Design 106, 234
Burden, Steve 32, 67, 73, 92, 164
Business Continuity Management (BCM) 166
Byron Proper Hamburgers 34

C+ Jewelry 43
Cairns, Fiona 34
Calbarrie 67
California Film Institute 110
Carter, Matthew 126
Cash Plus Credit Services 160
Caunce, David 33, 101, 145, 153, 179, 231, 234/235
Center for Cognitive Computing 185
Center for Teaching Excellence (CTE) at University of California 186
Central Wisconsin State Fair 21
CGB 184, 186
Chabad an der University of Miami 182
Chartis 174/175
Chef Tested 68
Cherie Smith JCCGV Jewish Book Festival 109
Chevron 232
China Merchants Securities 163
Chocosho 44
Chuan Jiang 131, 163

Chun, Peter 37
Church Logo Gallery 182/183, 234
Clifford, John 42, 86, 105, 113, 137, 145, 236
Cocoa Deli 29
Community Skate & Snow 105
Computer 9, 14, 16, 202, 216/217, 226
Concrete Hermit 59
Coogan & Morrow 231
Cooper Square Hotel 95
Creative Squall 114, 148, 234/235
Cresta Hotels 95
Curfman, Corbet 105, 195, 236
CzechPoint 139

Daiwa House Group 161
Das Comptoir 69
Davis, David 78
De Batté, Daniele 63/64, 87, 234
Decker, Colin 65, 119, 234
Deek Duke 32
Dekkaneh 72
Delaney, Ian 27, 40
Delta 233
Design Stories/Uppvunnet 196
Designation 84, 234
Designentwicklung 14/15
Designers at Debenhams 46
Development Partner Pilot Program 165
Dewar, Pete 101
Diaz, Fabian 233
Dobbs, Tad 44, 83, 102, 104, 114, 148, 160, 167, 234-236
Dock 83
Dody, Evan 144
Duchy Originals 31

Earhart, Kate 198
Egger, Alexander 10/11, 22, 69, 80, 117, 189, 196, 206/207, 234
Ekwall, Nils-Petter 116, 119, 124, 234
Elemental 154/155
EmFesta.com 132
Energy Company 63
Environmental Construction, Inc. (ECI) 146
Erickson Longboards 105
Eurofeed 61
Evolve 22
Explore Children's Ministry 183

Fair Trade Jewellery Co. 43
Falco Invernale Records 124/125
Fallstudien 23, 38-41, 48/49, 56/57, 74-81, 88/89, 96-99, 106/107, 122-129, 140/141, 154/155, 168-175, 190-193, 200/201
Family Art Affair 185
Fantaci, Michelle 48
Farbe 7-10, 12, 14/15, 17, 20-22, 38, 48, 50, 56, 78, 80, 98, 106, 122, 124, 170, 202, 210-215, 222, 226
Fibonacci-Folge 154
Fido PR 179
Fino 36
First Citizens Bank 162
Fisher, Jeff 35, 54, 234
Fitch 32, 67, 73, 86, 92, 121, 158/159, 164, 234
Fivefootsix 70, 113, 140, 180, 235
Flash Dab Games 224
Flowers of the World 147
Forever Manchester 179
Fragile-X Foundation 52
Frank & Proper 36, 47, 65, 152, 235
Fraser Yachts 223
Fresh Productions 31
Fuller, Steve 67, 85, 131, 178, 18', 236

Gabbert, Andy 68, 153, 166, 185/186, 188, 235
Gala Reality 85
Garbage Critic 197
Garcia del Busto, Carol 184, 186, 235
Gardner, Paul 59, 163
Gaslamp Computers 65
Geeknet 133
GLAAD (Gay and Lesbian Alliance Against Defamation) 213
Globale Märkte 7, 20/21, 170, 174, 206
Go Green 197
Godrej 225
Golcener Schnitt 154
Gotspot 140/141
Grace Community Church 183
Graham Gill Carpets 70
Greek Film Center 111
Green Gas 58
Green Town 147
Green, Virginia 62, 143, 183, 235

237

Grentrup, Falko 28, 108, 151, 236
Gretta Sloane 44
Gui Grazina—Arquitectura+ Design 144

H&M Racing 102
Hammond, Kevin 37
Hanquet, Gwenael 93
Haskell, Miriam 42
Haslett, Bobbie 45, 157
Hayden King Photography 152
Hayneedle 133
Haynie Drilling Co. 62
Hays 157
Hedman, Valeria 28, 108, 151, 236
Higgins, Christopher 187
Home for the Games 181
Honest Advice/Honest Aid/ Honest Assessment 227
Hong Kong Wetland Park 199
Hotelicopter 135
Housale Property Development 84
Howell, Andy 101, 224
Huawei 131
Humanity+ 66
Hutchison, Mary Chin 28, 30, 32, 37, 94, 146, 165–167, 235

Ich Robot 119
idApostle 150, 187, 235
IDEA 23
Identity 8/9, 11, 13, 17, 20/21, 23, 38, 40, 42, 48, 74, 78, 80, 88, 96, 98, 106, 108, 122, 130, 140, 168, 170, 172, 174, 190, 192, 206, 212, 220, 222/223, 225/226, 230, 233
Ikonografie 6/7, 12, 14, 21, 40, 56, 96, 124, 140, 170, 174, 190, 192, 202, 204, 210, 220, 230
Illustrator 124
Imagine-cga 33, 101, 145, 153, 179, 235
Imminent 109
Implenia 17/18
Inaria 27, 92, 96, 147, 198, 223, 234
Industrielle Revolution 8, 218
Innenministerium der Tschechischen Republik 177
Innovative Beverage Concepts 37
InsaneFacilities 109, 117, 151, 160, 224, 235
Institut Gradjevinarstva Hrvatske (IGH) 227

Integrated Systems (IPSIS) 189
Intellivue Unplugged 56/57
Interbrand 12, 14, 17/18, 23, 53, 74, 93, 95, 100/101, 121, 131, 133, 157, 161, 163, 205, 224, 229, 234
International Islamic Trade Finance Corporation (ITFC) 161
International Private Schools Irving & Co. 30/31, 34, 143, 235
Iskandar Malaysia 205

Janosi, Alex de 162, 232
Johnson Controls 63
Jones, Peter 91
Julian House (Cecil Weir) 181
Jun Li 56, 165, 235
Juno Studio 56, 165, 235
Juriga-Lamut, Julia 69

Kanella 26
Karpavicius, Tadas 112, 116, 118, 235
Kaske, Jürgen 74
KAUST (King Abdullah University of Science and Technology) 205
Keco 69
Kelly Hoppen Home 68
Kerfoot, Paul 106, 234
Kern, Michael 182/183, 234
Kilowatt Bikes 104
Kim, Aline 37
Kim, Young 137, 158
King, Brett 36, 47, 152, 235
King-Dome 87
Kink (CyberNet Entertainment) 135
Klaipeda Goes Indie 116
Klischees 10, 14/15, 96, 126, 168, 194, 200
KMC 164
Kontext 7, 13, 15–17, 38, 56, 74, 126, 140, 172, 190, 210, 220, 222, 230
Konventionen 15, 20, 22, 40, 194
Konzepte 12, 16, 140, 154, 168, 190, 192, 200, 202, 206, 210
Kool Kat Jackson's 153
Korol, Dmytro 60, 66, 71, 149, 235
Korol, Viktoriia 61, 63, 85, 147, 235
Kroatische Tourismusbehörde 98/99
Krugel, Anton 93, 121
Kulturen 7, 9, 12, 20, 23, 96, 170, 174, 202, 206, 212, 216–218
Kutina 176

La Baguette 38/39
LaBouchee 35
Lamberg, Carol 84
Landor Associates 22, 50, 130, 192, 194, 234
Lankabaari 45
Large Left Brain LLC 167
Lauder, Velda 45
Lavmi 83, 91, 103, 139, 177, 235
Legal Aid Society 213
Leong, Karen 205
Leuchtwerbung 226, 228
Lies That Rhyme 115
Lippincott 37, 53, 60/61, 64/65, 72, 90, 132/133, 136, 156, 162, 174, 213, 232–234
Little Me Organics 54
Little, Jason 50, 130, 192, 194
Ljubičić, Boris 47, 98, 138, 176, 184, 227
Lobkowicz Bier 29
Lock-ups 220, 230
Lokale Märkte 20/21, 38, 88, 98, 170, 174, 206
LOUD Foundation 178
Luisa 27
Lunch & Lecture 188
Lundgren, Emilia 196, 235
Luxair 93

Machado, Tiago 132, 144, 236
Makin Architecture 145
Manning, Luke 69, 104, 152, 236
Marken 6–17, 21–23, 38, 40, 42, 48, 50, 74, 78, 88, 98, 100, 106, 108, 122, 126, 154, 170, 172, 174, 176, 190, 192, 194, 200, 204, 206, 210, 212, 216, 220, 222, 224–226, 230, 232/233
Markenüberflutung 11
Marti, Christoph 100, 229
Mashreq Bank 162
Mason Rose 92
Mathews, Su 72, 133
Matsuo, Hideto 23
Matteria 70
Mayer, Birgit 69
McBreen, Craig 146, 235
McDonald's 224
McGreevy, Julia 136
McIntosh, Clay 115, 164, 235
Mechanische Reproduktion 8
Melbourne 192/193
Merle, Renaud 52, 148, 235

Micheline Arcier Aromatherapie 55
Mill Valley Film Festival 111
Miller & Green 50
Minale Tattersfield 27, 40, 78, 91, 93, 103, 234
Minale, Marcello 27, 40, 78, 91, 93, 103
MINE 36, 43, 66, 110, 118, 135, 185, 197/198, 235
Mocafé Organics 30
Modernismus 7, 9, 154, 216
Mosaic Creative 44, 83, 102, 160, 235
Mosher, Scott 114, 234
Munckton, Tom 122, 235
Munger, Kurt 53, 133
Murabito, Valeria 27, 40, 91
Murphy, Brendan 136
Museum Documentation Center 184

Natoof, Mariam bin 35, 71, 149, 235
NERV (National Economic Council of the Czech Republic) 177
Neuroad Ventures 160
Neustar 137
New York Times 126–129
Ng Lung-wai 199, 234
Nigerian Eagle Airlines 93
NKD (Neva Killa Dream) 121
No. Twelve Queen Street 143
Nobles, Ginger 83
Nofrontiere Design 22
North Gate (Equinox) 86
North Shore Spirit Trail 200/201
Northwest Hub 195

O'Asian Kitchen 32
O'Higgins, David 95
Obos Creative 51, 138, 235
Odsal Sports Village (OSV) 106/107
Öke, Ethem Hürsu 51, 138, 235
Okotie's 33
Olympische Spiele 106
Ondrova, Babeta 83, 91, 103, 139, 177, 235
One Amigo 36
One Degree 194
One&Only Cape Town 96/97
Oniro The Bar 94
Onlineapplikationen 16, 222

Optima Telekom 138
Originalität 15
Oro Pagalves 112

Paladin Group 85
Pantone Matching System (PMS) 212
Paragon Marketing Communications 31, 33, 38, 82, 87, 134, 159, 236
Paul Wu & Associates 168/169
Pencil 69, 104, 152, 236
PenguinCube 72, 139, 189, 236
Pentagram 126, 128
Perri, Vincent 60
Peter Windett & Associates 31
Peters, Justin 205
Pfizer 158
Phillips, Peter 14
Phoenix House 180
Piano, Renzo 128
Pilotprojekt 189
Pivduima 71
Planet 45, 157, 187, 236
Playout 132, 144, 236
Poon Ho-sing, Ben 199
Porcupine Group 145
Port of Long Beach 88/89
Postmodernismus 22
Power Architecture 65
Präsentationen 15
Prince's Youth Business International (YBI) 178
Project Compass 180
Promophobia 118
ProTrip 91

Qatar Symphony 121
Qipco Holding 159
Quantum Solar Panels 63
Quick Chek 37

R Design 29, 46, 54/55, 68, 236
Rabinowitz, Marc 182, 236
Rafael Film Center 110
Raidy Printing Group 227, 236
Rand, Paul 10, 22
Rave 134
Re:cycle 196
Red AIEP 184
Redhot 206/207
Retreasured 47

Richmond, Dave 29, 46, 54/55, 68
Risk Management Planning 164
Riverbed Design 105, 195, 236
Roberts, Julian 30/31, 34, 143, 235
Rock and Road 104
Rock Zone 114
Røen Associates 165
Rotzier, Andreas 74
Roussel, Hugo 120, 236
Rumors 33

Salonen, Emmi 45, 59, 70, 112, 236
San Francisco Parks Trust 198
Santa Margherita Group 40/41
Satellites Mistaken for Stars 196, 234
Schindler 74–77
Schrift 13, 20, 38, 172, 216–218
Seattle Children's Hospital 53
Seger, Sven 88, 158, 170
Sellers, Doug 134, 180, 188, 213
Sellery, David 84
Serifenschriften 216–218
Settlement Housing Fund 84
Seven Star Soccer 101
Seven25, Design & Typography 43, 102, 109, 178/179, 181, 197, 200, 236
Siece, Universidad de Alcalá 186
Siegel+Gale 88, 134, 137, 158, 161, 170, 180, 188, 205, 213, 234
Silverstein, Lou 126
Šimecki 47
Simmons, Christopher 36, 43, 66, 110/111, 118, 135, 185, 197/198, 235
Sine elemental 95
Singleton, Leila 115, 236
Smartmatic 66
Smith, Paul 157
Snow, Mark 157
Sochi 2014 100
Sossi, Davide 63/64, 87, 234
Soulpicnic Interactive 137
Spa Formula 55
Sprachen 20, 98, 168, 170, 202, 212, 217
St George's Academy 187
Staniford, Mike 130
Starr Tincup 104, 167, 236
Stebler, Jeremy 135, 236
Steenberg, Belinda 95

Stories: Projects in Film 122/123
Strategie 13–15, 21, 88, 192, 200
Stringer, Adam 233
Studio 5 in 1 142
Studio International 47, 98, 138, 176, 184, 227, 236
Studio Ma/Architecture and Environmental Design 144
Studio Punkat 120, 236
Sweet Millie 46
Swiderski, Isabelle 43, 102, 109, 178/179, 181, 197, 200, 236
Symbole/Symbolik 6–8, 12, 14/15, 56, 98, 140, 156, 168, 170, 172, 174, 206–209, 214/215, 217, 220
Sympathiefiguren 224

TACA 90
Tapio 28
Tasman 60
Team Dank 119
Technique 117
Telephone.com 139
Tennis XL 102
Tenth Church 190/191
The Best Of 131
The Big Game 103
The House 67, 85, 131, 178, 181, 236
The Olive Family 26
The Retro 86
The Smalls 108
The Valley Club 94
The Whole Package 115
Think Studio, NYC 42, 86, 105, 113, 137, 145, 236
This is Rugby 101
Thomas, Andrew 27, 96, 147, 198, 223
Thornby, Herb 42, 86, 105, 113, 137, 145
TippingSprung 59, 163, 234
Ton Möbel 64
Touchpoints 222
Tourismusbehörde von Katar 92
Transfer Studio 28, 108, 151, 236
Trentino 91
Trivizas, Chris 62, 84, 94, 111, 120, 236
Troika Dialog 229
TRON 116
Tschechischer Basketballverband 103

TurnAround 188
Twitter 11
Typografischer Stil 7, 13, 216–219

UMW 60
URLs 20

Vale 61
Vancouver Foundation 179
VanderVeer Center 54
Vanquish 27
Vektorgrafiken 16
Verpackung 8, 15/16, 38, 80, 124, 222, 230
Vivio World 151
VNL (Vihaan Networks Limited) 138
Vrionis Music House 120

Wahrnehmung 17
Walker, David 121
Walmart 72
Wana 136
Waters, Jim 93
Watkins, Ray 152
Websites 80, 128, 130–141, 222, 226, 230, 234–236
Werbung 7–9, 16, 38, 98, 222, 226, 230
Werte 10, 12/13, 20–22, 42, 74, 154, 156, 170, 204, 230
Westboro Nursery School 187
Westenhoff, Karolina Wahlberg 196, 235
White, Barry 153
Wibye, Ellen 58, 236
WildCRU (Wildlife Conservation Research Unit) 198
Wink 115
Worldeka 130
Wu, Nancy 168, 190, 200, 236

Xohm (Sprint Nextel) 132

Yamada, James 174
YEAR 118

Zelle, Steve 150, 187, 235
Zilar 71
Zintzmeyer, Jörg 13, 18
Zukunftstrends 22/23, 192

DANKSAGUNG

Dieses Buch hätte ohne die Inspiration und Zielstrebigkeit des Teams von RotoVision nicht entstehen können, und ich möchte vor allem meiner Lektorin Lindy Dunlop für ihre Ratschläge und ihre unendliche Geduld danken. Ohne die tatkräftige Unterstützung der Designer, die mir ihre Arbeiten zur Verfügung gestellt haben, wäre dieses Buch natürlich nur halb so gut geworden. Dank gebührt nicht nur den brillanten Schöpfern der Logos und ihren Kunden, sondern auch den vielen tüchtigen Assistenten, von denen jeder Einzelne eine wichtige Rolle spielte beim Zusammentragen der Dateien, Einholen der Genehmigungen und all den anderen mühsamen und sich wiederholenden Arbeiten, die einfach unerlässlich sind, aber meist gar nicht erwähnt werden.

Und zum Schluss möchte ich mich bei Professor Bill Burns und den übrigen Mitarbeitern der McGhee Division an der New York University für ihr Interesse und ihre Ratschläge bedanken.